近代稀见旧版文献再造丛书

民国中国文化史要籍汇刊

（影印本）

侯杰 主编

第十三卷

丁留余 中国文化史问答

姚江滨 民族文化史论

缪凤林 中国民族之文化

南開大學出版社

图书在版编目(CIP)数据

民国中国文化史要籍汇刊. 第十三卷 / 侯杰主编
. —影印本. —天津 : 南开大学出版社, 2019.1
(近代稀见旧版文献再造丛书)
ISBN 978-7-310-05713-9

Ⅰ. ①民… Ⅱ. ①侯… Ⅲ. ①文化史—文献—汇编—中国 Ⅳ. ①K203

中国版本图书馆 CIP 数据核字(2018)第 278076 号

南开大学出版社出版发行
出版人:刘运峰
地址:天津市南开区卫津路 94 号　邮政编码:300071
营销部电话:(022)23508339　23500755
营销部传真:(022)23508542　邮购部电话:(022)23502200
*
北京隆晖伟业彩色印刷有限公司
全国各地新华书店经销
*
2019 年 1 月第 1 版　2019 年 1 月第 1 次印刷
148×210 毫米　32 开本　13 印张　4 插页　375 千字
定价:160.00 元

如遇图书印装质量问题,请与本社营销部联系调换,电话:(022)23507125

出版说明

一、本书收录民国时期出版的中国文化史著述，包括通史性文化著述、断代史性文化著述和专题性文化史著述三大类；民国时期出版的非史书体裁的文化类著述，如文化学范畴类著述等，不予收录；同一著述如有几个版本，原则上选用初始版本。

二、个别民国时期编就但未正式出版过的书稿如吕思勉的《中国文化史六讲》和民国时期曾以文章形式公开发表但未刊印过单行本的著述如梁启超的《中国文化史·社会组织篇》，考虑到它们在文化史上的重要学术影响和文化史研究中的重要文献参考价值，特突破标准予以收录。

三、本书按体裁及内容类别分卷，全书共分二十卷二十四册；每卷卷首附有所收录著述的内容提要。

四、由于历史局限性等因，有些著述中难免会有一些具有时代烙印、现在看来明显不合时宜的内容，如『回回』『满清』『喇嘛』等称谓及其他一些提法，但因本书是影印出版，所以对此类内容基本未做处理，特此说明。

南开大学出版社

二〇一八年十一月

总序

侯杰

中国文化，是世代中国人的集体创造，凝聚了难以计数的华夏子孙的心血和汗水，不论是和平时期的锲而不舍、孜孜以求，还是危难之际的攻坚克难、砥砺前行，都留下了历史的印痕，闪耀着时代的光芒。其中，既有精英们的思索与创造，也有普通人的聪明智慧与发奋努力；既有中华各民族儿女的发明创造，也有对异域他邦物质、精神文明的吸收、改造。中国文化，是人类文明的一座巨大宝库，发源于东方，却早已光被四表，传播到世界的很多国家和地区。

如何认识中国文化，是横亘在人们面前的一道永恒的难题。虽然，我们每一个人都不可避免地受到文化的熏陶，但是对中国文化的态度却迥然有别。大多离不开对现实挑战所做出的应对，或恪守传统，维护和捍卫自身的文化权利、社会地位，或从中国文化中汲取养料，取其精华，并结合不同历史时期的文化冲击与碰撞，进行综合创造，或将中国文化笼而统之地视为糟粕，当作阻碍中国迈向现代社会的羁绊，欲除之而后快。这样的思索和抉择，必然反映在人们对中国文化的观念和行为上。

中国文化史研究的崛起和发展是二十世纪中国史学的重要一脉，是传统史学革命的一部分——传统史学在西方文化的冲击下，偏离了故道，即从以帝王为中心的旧史学转向以民族文化为中心的新史学，又和中国的现代化进程有着天然的联系。二十世纪初，中国在经受了一系列内乱外患后，千疮百孔，国力衰微；与此同时，西方的思想文化如潮水般涌入国内，于是有些人开始对中国传统文化产生怀疑，甚至持否定态度，全盘西化论思潮的出笼，更是把这种思想推向极致。民族自信力的丧失既是严峻的社会现实，又是亟待解决的问题。而第一次世界大战的惨剧充分暴露出西方社会的弊端，其文化取向亦遭到人们的怀疑。人们认识到要解决中国文化的出路问题就必须了解中国文化的历史和现状。很多学者也正是抱着这一目的去从事文化史研究的。

在中国文化史书写与研究的初始阶段，梁启超是一位开拓性的人物。早在一九〇二年，他就深刻地指出：『中国数千年，唯有政治史，而其他一无所闻。』为改变这种状况，他进而提出：『历史者，叙述人群进化之现象也。』而所谓『人群进化之现象』，其实质是文化演进以及在这一过程中所进发出来的缤纷事象。以黄宗羲『创为学史之格』为楷模，梁启超呼吁：『中国文学史可作也，中国种族史可作也，中国财富史可作也，中国宗教史可作也。诸如此类，其数何限?』从而把人们的目光引向中国文化史的写作与研究。一九二一年他受聘于南开大学，讲授『中国文化史』，印有讲义《中国文化史稿》，后经过修改，于一九二二年在商务印书馆以《中国文化史稿第一编——中国历史研究法》之名出版。截至目前，中国学术界将该书视为最早的具有史学概论性质的著作，却忽略了这是梁启超对中国文化历史书写与研究的整体思考和潜心探索之举，充满对新史学的拥抱与呼唤。

与此同时，梁启超还有一个更为详细的关于中国文化史研究与写作的计划，并拟定了具体的撰写目录。梁启超的这一构想，部分体现于一九二五年讲演的《中国文化史·社会组织篇》中。在这个关于中国文化史的构想中，梁启超探索了中国原始文化以及传统社会的婚姻、姓氏、乡俗、都市、家族和宗法、阶级和阶层等诸多议题。虽然梁启超终未撰成多卷本的《中国文化史》（其生前，只有《中国文化史·社会组织篇》等少数篇目问世），但其气魄、眼光及其所设计的中国文化史的书写与研究的构架令人钦佩。因此，鉴于其对文化史的写作影响深远，亦将此篇章编入本丛书。

此后一段时期，伴随中西文化论战的展开，大量的西方和中国文化史著作相继被翻译、介绍给中国读者。桑戴克的《世界文化史》和高桑驹吉的《中国文化史》广被译介，影响颇大。国内一些学者亦仿效其体例，参酌其史观，开始自行编撰中国文化史著作。一九二一年梁漱溟出版了《东西文化及其哲学》，这是近代国人第一部研究文化史的专著。尔后，中国文化史研究进入了一个短暂而兴旺的时期，一大批中国文化史研究论著相继出版。在二十世纪二三十年代，有关中国文化史的宏观研究的著作不可谓少，如杨东莼的《本国文化史大纲》、陈国强的《物观中国文化史》、柳诒徵的《中国文化史》、陈登原的《中国文化史》、王德华的《中国文化史略》等。在这些著作中，柳诒徵所著《中国文化史》被称为『中国文化史的开山之作』，而杨东莼所撰写的《本国文化史大纲》则是第一本试图用唯物主义研究中国文化史的著作。与此同时，对某一历史时期的文化研究也取得很大进展。如孟世杰的《先秦文化史》、陈安仁的《中国上古中古文化史》和《中国近世文化史》等。在宏观研究的同时，微观研究也逐渐引起学人们的注意。其中，中西文化交流史研究成绩斐然，如郑寿麟的《中西文化之关系》、张星烺的《欧化东渐史》等。一九三六至一九三七年，商务印书馆出版了由王云五等主编的《中国文化史丛书》，共有五十余种，体例相当庞大，内容几乎囊括了中国文化史的大部分内容。

此外，国民政府在三十年代初期出于政治需要，成立了『中国文化建设会』，大搞『文化建设运动』，致力于『中国的本位文化建设』。一九三五年十月，陶希盛等十位教授发表了《中国本位文化建设宣言》，提出『国家政治经济建设既已开始，文化建设亦当着手，而且更重要』。因而主张从中国的固有文化即传统伦理道德出发建设中国文化。这也勾起了一些学者研究中国文化史的兴趣。

同时，这一时期又恰逢二十世纪中国新式教育发生、发展并取得重要成果之时，也促进了『中国文化史』课程的开设和教材的编写。清末新政时期，废除科举，大兴学校。许多文明史、文化史的著作因非常适合作为西洋史和中国史的教科书，遂对历史著作的编纂产生很大的影响。在教科书撰写方面，多部中国史的教材，无论是否以『中国文化史』命名，实际上都采用了文化史的体例。而这部分著作也占了民国时期中国文化史著作的一大部分。如吕思勉的《中国文化史二十讲》（现仅存六讲）、王德华的《中国文化史略》、丁留余的《中国文化史问答》、李建文的《中国文化史讲话》、范子田的《中国文化小史》等。

二十世纪的二三十年代实可谓中国学术发展的黄金时期，这一时期的文化史研究成就是有目共睹的，不少成果迄今仍有一定的参考价值。此后，从抗日战争到解放战争十余年间，中国文化史的书写和研究遇到了困难，陷入了停顿，有些作者还付出了生命的代价。但尽管如此，仍有一些文化史论著问世。此时，综合性的文化史研究著作主要有缪凤林的《中国民族之文化》、陈安仁的《中国文化史》、王治心的《中国文化史类编》、陈竺同的《中国文化史略》和钱穆的《中国文化史导论》等。其中，钱穆撰写的《中国文化史导论》和陈竺同撰写的《中国文化史略》两部著作影响较为深远。钱穆的《中国文化史导论》，完成于抗日战争时期。该书是继《国史大纲》后，他撰写的第一部系统讨论中国文化史的著作，专就中国通史中有关文化史一端作的导论。因此，钱穆建议读者『此书当与《国史大纲》合读，庶易获得写作之大意所在』。不仅如此，钱穆还提醒读者该书虽然主要是在专论中国，实则亦兼论及中西文化异同问题。数十年来，『余对中西文化问题之商榷讨论屡有著作，而大体论点并无越出本书所提主要纲宗之外』。故而，『读此书，实有与著者此下所著有关商讨中西文化问题各书比较合读之必要，幸读者勿加忽略』。陈竺同的《中国文化史略》一书则是用生产工具的变迁来说明文化的进程。他在该书中明确指出：『文化过程是实际生活的各部门的过程』，『社会生产，包含着生产力与生产关系。这本小册子是着重于文化的过程。至于生产关系，就政教说，乃是权力生活，属于精神文化，而为生产力所决定』。除了上述综合性著作外，这一时期还有罗香林的《唐代文化史研究》、朱谦之的《中国思想对于欧洲文化之影响》等专门性著作影响较为深远。

不论是通史类论述中国文化的著作，还是以断代史、专题史的形态阐释中国文化，都包含着撰写者对中国文化的情怀，也与其人生经历密不可分。柳诒徵撰写的《中国文化史》也是先在学校教习之用，后在出版社刊行。鉴于民国时期刊行的同类著作，有的较为简略，有的只可供学者参考，不便于学年学程之讲习，所以他发挥后发优势，出版了这部比较丰约适当之学校用书。更令人难忘的是，柳诒徵不仅研究中国文化史，更有倡行中国文化的意见和主张。他在《弁言》中提出：『吾尝妄谓今之大学宜独立史学院，使学者了然于史之封域非文学、非科学，且创为斯院者，宜莫吾国若。三二纪前，吾史之丰且函有亚洲各国史实，固俨有世界史之性。丽、鲜、越、倭所有国史，皆师吾法。夫以数千年丰备之史为之干，益以近世各国新兴之学拓其封，则独立史学院之自吾倡，不患其异于他国也。』如今，他的这一文化设想，在南开大学等国内高校已经变成现实。正是由于有这样的文化观念，所以他才自我赋权，主动承担起治中国文化史者之责任：『继往开来……择精语详，以诏来学，以贡世界。』

杨东莼基于『文化就是生活。文化史乃是叙述人类生活各方面的活动之记录』的认知，打破朝代观念，将各时代和作者认为有关而又影响现代生活的重要事实加以叙述，并且力求阐明这些事实前后相因的关键，希望读者对中国文化史有一个明确的印象，而不会模糊。不仅如此，他在叙述中，尽力坚持客观的立场，用经济的解释，以阐明一事实之前因后果与利弊得失，以及诸事实间之前后相因的关联。这也是作者对『秉笔直书』『夹叙夹议』等历史叙事方法反思之后的选择。

至于其他人的著述，虽然关注的核心议题基本相同，但在再现中国文化的时候却各有侧重，对中国文化的评价也褒贬不一，存在差异。这与撰写者对中国文化的认知，及其史德、史识、史才有关，更与其学术乃至政治立场、占有的史料、预设读者有关。其中，既有学者之间的对话，也有学者与读者的倾心交流，还有对大学生、中学生、小学生的知识普及与启蒙，对中外读者的文化传播，及其跨文化的思考。他山之石，可以攻玉。二十世纪二十年代日本学者高桑驹吉的著述以世界的眼光，叙述中国文化的历史，让译者感到：数千年中，我过去的祖先曾无一息与世界相隔离，处处血脉流转，气息贯通。如此叙述历史，足以养成国民的一种世界的气度。三十年代，中国学者陈登原不仅将中国文化与世界联系起来，而且还注意到海洋所带来的变化，以及妇女地位的变化等今天看来都亟待解决的重要议题。实际上，早在二十世纪二十年代，就有一些关怀中国文化命运的学者对十九世纪末到二十世纪初通行课本大都脱胎于日本人撰写的《东洋史要》一书等情形提出批评：以外人目光编述中国史事，精神已非，有何价值？而陈旧固陋，雷同抄袭之出品，竟占势力于中等教育界，垂二十年，亦可怜矣。乃者，学制更新，旧有教本更不适用。为改变这种状况，顾康伯广泛搜集文化史料，因宜分配，撰成《中国文化史》，脉络分明，宗旨显豁，不徒国史常识可由此习得，即史学门径，亦由此窥见。较之旧课本，不可以道里计，故而受到学子们的欢迎。此外，中国文化的海外传播、中国对世界文化的吸收以及中西文化关系等问题，也是民国时期中国文化史撰写者关注的焦点议题。

围绕中国文化史编纂而引发的有关中国文化的来源、内涵、特点、价值和贡献等方面的深入思考，耐人寻味，发人深思。孙德孚更将翻译美国人盖乐撰写的《中国文化辑要》的收入全部捐献给因日本侵华而处于流亡之中的安徽的难胞，令人感佩。

实际上，民国时期撰写出版的中国文化史著作远不止这些，出于各种各样的原因，没有收入本丛书，也是非常遗憾的事情。至于已经收入本丛书的各位作者对中国文化的定义、解析及其编写体例、使用的史料、提出的观点、得出的结论，我们并不完全认同。但是作为一种文化产品值得批判地吸收，作为一种历史的文本需要珍藏，并供广大专家学者，特别是珍视中国文化的读者共享。

感谢南开大学出版社的刘运峰、莫建来、李力夫诸君的盛情邀请，让我们徜徉于卷帙浩繁的民国时期中国文化史的各种论著，重新思考中国文化的历史命运；在回望百余年前民国建立之后越演越烈的文化批判之时，重新审视四十年前改革开放之后掀起的文化反思，坚定新时代屹立于世界民族之林的文化自信。

感谢与我共同工作、挑选图书、撰写和修改提要，并从中国文化中得到生命成长的区志坚、李净昉、马晓驰、王杰升等香港、天津的中青年学者和志愿者。李力夫全程参与了很多具体工作，表现出一位年轻编辑的敬业精神、专业能力和业务水平，从不分分内分外，让我们十分感动。

总目

第八卷　王德华　中国文化史略
陈竺同　中国文化史略

第九卷　李继煌译　中国文化史

第十卷　姚名达　朱鸿禧　中国文化小史
范子田　中国文化小史
常乃悳　中国文化小史

第十一卷　李建文　中国文化史讲话
靳仲鱼　中国文化史要
孙德孚译　中国文化辑要

第十二卷　王云五　编纂中国文化史之研究
陈安仁　中国文化建设问题
陈安仁　中国文化演进史观

陈国强　物观中国文化史（上、下）

第十三卷　丁留余　中国文化史问答

姚江滨　民族文化史论

缪凤林　中国民族之文化

第十四卷　王治心　中国文化史类编（上、中）

第十五卷　雷海宗　中国文化与中国的兵

蒋星煜　中国隐士与中国文化

第十六卷　孟世杰　先秦文化史

罗香林　唐代文化史研究

第十七卷　陈安仁　中国上古中古文化史

第十八卷　陈安仁　中国近世文化史

第十九卷　朱谦之　中国思想对于欧洲文化之影响

第二十卷

张星烺　欧化东渐史

郑寿麟　中西文化之关系

梁启超　中国文化史·社会组织篇

吕思勉　中国文化史六讲

丁留余《中国文化史问答》

丁留余所著《中国文化史问答》全一册，一九三三年十二月再版，发行者沈骏声，由上海大东书局出版，是『百科常识问答丛书』之一。该书专门作为中等学校补充读物、学校考试、文官考试的参考资料出版，因而以白话及浅近易懂的问答形式为写作方法，分绪论和『中国文化开创时代』『印度文化输入时代』『泰西学术东来时代』等三编，共二百二十个问题。

姚江滨《民族文化史论》

姚江滨（1915—1979），江苏泰兴人，先后在泰兴、镇江等地任教。一九三八年考入国民党中央教育部教科书编辑委员会，任『抗战救国教科书』编辑。曾参加发起组织中华全国文艺界抗敌协会，是首批会员之一。一九四二年起，在中央经济部农本局、中国农民银行从事农业经济研究。中华人民共和国成立后重返教育界，编辑出版过《西湖烟雨》《江山情诗》和《归来》等诗集。

姚江滨所著《民族文化史论》共一册，一九四九年由中国艺文出版社出版。全书除自序和后记外分为七节，分别是『论中华民族』『中华民族历史上的文化斗争』『民族战争与民族文化』『民族性能与民族战争』『论侵略与革命的哲学』『世界各国民族革命史训』『权力与知识分子』。全书具有鲜明的时代特征，作者认为历史是人类战争的记录，是文化演进的痕迹，应通过战争与中国文化史研究，在民族危急存亡之时维护民族生存、发扬民族文化、光大民族历史。

缪凤林《中国民族之文化》

缪凤林（1899—1959），字赞虞，浙江富阳人，史学家、教育家，学衡派代表人物之一。一九一九年夏，考入南京高等师范学校史地部，师从柳诒徵。一九二三年毕业后，赴东北大学任教。一九二八年起，在国立中央大学任文学院史学系教授，同时兼任金陵女子大学教职，参与《史学杂志》和《国风半月刊》编务工作。中华人民共和国成立后，任南京大学历史系教授。著有《日本论丛》第一集、《中国通史纲要》和《中国通史要略》等专著。

缪凤林所著《中国民族之文化》共一册，一九四〇年五月由新中国文化出版社出版。全书分为八节，比较中西方文化文明，论述文化与民族文化的定义，民族文化的成立条件、内容与分类，以及中国民族文化的进步、发展等。作者强调通过对通史的研究，激发国民对中华民族文化精神的信仰，从而实现史家在沟通古代历史与近代社会中的关键作用，带有强烈『文化民族主义』色彩。

百科常識問答叢書之一

中國文化史問答

丁留餘著

上海大東書局發行

考試必攜百科常識問答叢書之一

中國文化史問答

上海大東書局印行

編輯凡例

一 本叢書在適應時代環境之需要，以最經濟之時間，供給國人以各種學識。

二 本叢書爲求簡明易解起見，故用白話或淺近文言問答體編輯。

三 本叢書分爲：（一）黨義，（二）政治，（三）經濟，（四）法律，（五）教育，

（六）社會，（七）文學，（八）史地，（九）數學，（十）自然科學，共十類：每類視其重要程度，編書一冊或若干冊。

四　本叢書每冊字數，視其重要程度，至少二萬字至多六萬字。

五　本叢書可作中等學校補充讀物。

六　本叢書可供預備應學校考試，及預備應文官考試之參考資料。

中國文化史問答 目錄

緒論

第一編 中國文化創時代

— 目　次 —

24 問治水與文化有何關係
25 問唐虞之政治區劃若何
26 問唐虞之政治組織若何
27 問唐虞之教育制度若何
28 問唐虞時的社會狀況若何
29 問夏代官制若何
30 問夏代之田制有何特色
31 問夏之教育制度和學術進步若何
32 問忠孝爲我國固有之道德其起原如何
33 問何謂洪範
34 問殷商之政治組織若何
35 問殷商之教育制度若何
36 問殷人之宗教思想若何
37 問研究周代文化所根據之材料是否較前代爲豐富
38 問周禮儀禮二書能否代表西周時代之文化
39 問周代國土之區劃法可分爲

期

57 問西周諸學中以何學爲最發達

58 問周召二公共和行政與近世所設共和有何區別

59 問周代有無民權

60 問春秋之時政治上有何變遷

61 問春秋時吾國兵制有何改革

62 問星相卜筮之術盛於春秋其故何在

63 問春秋以後我國學術思想最盛其故何在

64 問試述老子之事跡及學說

65 問老子在中國文化史上之地位

66 問孔子對於中國文化之關係若何

67 問孔子易的哲學其大旨若何

68 問孔子之正名主義如何

69 問孔子之人生哲學以何爲中

83問秦設官分職綱舉目張其制若何

84問秦漢自治制度若何

85問秦漢闢通道路對於統一有何功效

86問秦統一天下文字之經過

87問焚書坑儒對於吾國文化有何關係

88問古代學術思想衰落之原因何在

89問秦律對於後世法律之影響若何

90問漢繼秦後所闢國土有幾

91問漢代文化之特點何在

92問漢之教育制度若何

93問兩漢同重經學而學術風氣有何不同

94問漢代既重經學對於子學是否不再研究

95問漢代文字學之進步

第二編 印度文化輸入時代

107 問南北對峙對於文化有何影響

108 問何謂清談其結果若何

109 問清談與佛教之傳播有何關係

110 問魏晉時之選舉制度若何其利弊如何

111 問魏晉之時階級制度若何

112 問魏晉時天算之學有無進步

113 問音韻之學何時大興

---

114 問魏晉南北朝文學之特徵有幾

115 問魏晉書法石刻之進步

116 問何謂元魏之均田制

117 問孝文醉心我國禮俗對於元魏之文化有何關係

118 問西域僧徒之來華者有幾其影響若何

119 問吾國翻譯文學自何時始

120 問僧寺之起原若何與吾國建

135 問唐代史學家有何創製

136 問天文曆算及輿地之學

137 問唐代音樂醫藥之進步若何

138 問佛教入中國後以何時爲最盛

139 問中土佛學可分爲幾宗

140 問唐代除佛學外尙有何種宗教

141 問唐宋間異族南侵與中國文化有何影響

142 問唐宋間社會習俗有何變遷

143 我國印刷術發明之經過

144 問印刷術之發明與文化有何影響

145 問宋代理學之產生原因有幾

146 問宋儒學派之系統若何

147 問宋儒理學其特色有幾

148 問宋代舍理學外其他學術有何進步

149 問中國政黨政治自何時始

164 問宋元美術工藝若何其中以何者爲最著

165 問宋元時之金融狀況

166 問試述宋元時之社會狀況

167 問何謂漕運

168 問何以水利東南勝於西北其故何在

169 問明儒學術之系統若何

170 問王陽明的學說之特點何在

171 問明代藏書家有幾

172 問何謂永樂大典

173 問明代科舉最盛其異於前代者何在

174 問有明文學之特色何在

175 問明之學校教育若何

176 問書院制度在明代是否存在

177 問明儒講學制度與前代有何不同

178 問有明工藝之軼於前代者爲何

第三編 泰西學術東來時代

194 問清之刑法

195 問清代學術可分爲幾期何謂啓蒙派

196 問啓蒙期內對於明學尙有何種反動

197 問全盛期之代表人物爲何其特色有幾

198 問考證學之價値何在

199 問淸學分裂之原因及爭點何在

200 問今文學家之主張若何

201 問淸學之衰落期若何

202 問淸之經學及小學有何進步

203 問淸代史學家之著者有幾

204 問淸代地理學之發展共有幾方面

205 問淸代之金石學及何謂龜甲文

206 問淸代天算學之成績

207 問何謂校勘及輯佚

中國文化史問答

緒論

1 問 何謂文化？

答 人類是自始就生長於物質環境與社會環境的中間，為維持生活的原故，不得不調適於這兩種環境的狀況，因此就在不知不覺間創造了許多事物：如禦寒的衣服，充飢的食物，避風雨的房屋，維持生活秩序的道德、法律、政府、宗教等等。凡這種由人類調適於環境而產生的事物，便是文化。換言之，文化就是一個社會所表現一切生活活動的總名。人類學家泰婁氏說：『文化實在是一種複雜體，包括知識、信仰、藝術、道德、法律、風俗、以及其餘從社會上學得的能力與習慣。』

2問 文化的範圍如何？

答 文化可以大別爲物質的和非物質的兩大類。前者是人力所創造的具體的實物，如衣服、房屋、舟車、橋梁、機械、器具等等。後者是人工所創造的抽象的事項。非物質文化，更可以別爲三種：（一）調適於自然環境而產生的，如宗教、哲學、科學、藝術等；（二）調適於物質文化而產生的，例如使用機械器具的方法，凡一切物質文化，都有一種附屬的非物質文化。（三）調適於社會環境而產生的，如語言、風俗、道德、法律等。文化範圍的廣博，於此可見。

3 問 何謂文化模式，何謂普通的文化模式？

答 人類的文化，經一二人創造之後，便有多數人採用牠，後來全社會也仿傚牠，這種經社會採用的文化，成爲社會的產業，不但當時的社會採用牠，並且後代的社會也可利用牠。所以人類除了創造文化，並且能傳播文化。生長在這社會的人，接受這個社會裏的文化，這個社會裏的文化，便是一種一致的文化模式。社會的種類無窮，文化模式的種類也無窮。同是東方文化模式，有中國日本等的不同；同是中國文化模式，也有各省的不同；同是一省的文化模式，如江蘇省也有江南江北的差異；不過在無數分歧的文化模式中間，必有一種類似的普通條件，爲中外古今一切社會所俱有的，這種普通條件，便是普遍的文化模式。

4 問 文化進化可分爲幾階段，何謂野蠻階段？

答 文化進化的階段，據 E. C. Hayes 補充 Alevander Sutherland 的說數有四：（一）野蠻階段，（二）半開化階段，（三）文明階段，（四）文化階段。野蠻階段，人民無耕作無畜牧，散居各方。又可分爲三期：（甲）初期，以石岩蔽風雨，或不穿衣服，且常在和平的狀態；（乙）中期，漁獵，男女裸體，住室不過用簾禦風，能製造木舟及石器，羣居比初期大，無等級，無組織，處在半和平的狀態，團體間有時發生衝突；（丙）高期，仍以漁獵爲生活，無種植，衣服以皮製成，兩性仍常裸體，以幕爲居室，用石骨製器械，有等級，有些部落以和平爲生活，有些則常有戰事，向行食人主義，團體的範圍比中期爲大。

5 問 何謂半開化階段?

答 半開化階段，爲文字前的人民，耕地及馴養家畜，工作多由女子主持，男子仍爲獵者。也可分爲三期：（甲）初期，食品大部份仍靠漁獵，耕田馴養家畜，衣服以獸皮製成，住宅有比較固定的建築，漸製造陶器，組織物發現，人民常從事戰爭，但因爲農業不甚發達的原故，奴隸極少，村落組成，交換亦已開始，團體組織因爲器械改良，種植增進，比野蠻階段爲發達；（乙）中期，食品取資於耕地畜牧，陶器紡織至爲普遍，鐵工亦經發軔，衣服較精，好戰，奴隸常見，食人主義亦極平常，集團而居有多至十萬者；（丙）高期，男子畜牧，女子居家紡織及從事家庭職務，鐵器變爲普遍，人民好戰，君主已立，法律只是團體的習慣，階級傳襲，分業增進，有百萬人團結而成的團體。

6 問 文明階段可分幾時期？

答 文明階段，是有文字的人民，有記載，務農，粗具政府的形式，藝術和科學也漸漸發生。中分三期：（甲）初期，創造文字，文學進步，有成文法；因文學記載法律均以文字出之，風俗遺說得以保存；因有文字而知識漸漸累積起來；一般人民不識字者多，初則有僧侶階級識字，其後亦祇限於政治上或經濟上較高的階級；常用鐵器用犂爲耕田的工具，衣服用毛織，以磚石建築城池，公衆建築物之雕刻甚精，司法衙門正式成立，職業階級分化，政府是專制的，奴隸或農奴非常普遍，宗教是神學的；（乙）中期，經濟寬裕及稍有閒暇的人，讀書成爲常事，所以文學的權威獨；高科學開始發展；統治階級最尊重美術，城市開始美麗化；成文法典，官吏等級劵爲分配政府是專制的，奴隸未解散；宗教仍爲神學的，戰爭仍視爲榮耀之事；（丙）高期各階級的初等教育之建立，科學知識普及於民衆，農業漸趨於科學的，衣食住得到相當的滿足，民主政體確定，文學美術爲一般人所欣賞，宗教變爲人道的，奴隸制度廢除，戰爭仍未停止，教育也沒有普及。

7問 何謂文化階段，現在人類已否達到此階段？

答 文化階段，也可以分爲三期：（甲）文化初期，生產問題測量的解決，用自然力代人力，民衆有閒暇修養精神，教育普遍，人人識字，社會上的地位以經濟充裕或在學問上政治上有建樹而定，法律爲人民代表所

29

製定，國民大半努力於科學知識的傳播，和藝術的提倡，現在先進國家，如法美英瑞士等，已到了這時期。（乙）文化中期，一切人民的衣食住，都無所欠缺，教育普遍化，非戰說盛行，個人在經濟上的勝利，不算是成功，要以對於社會的貢獻而定。這個段階，尚須經過長時期方可達到。（丙）文化高期，科學進步，公衆衛生，非常發達，人人康健，生產平均分配，人民團體管理政治，廢除戰爭，這是一種預言，也許在一二千年後，這種分類，尚須修訂。

8 問　中國文化史可分爲幾期？

答　中國文化史，可分爲三個時代：（一）曰上古期，自邃古以迄兩漢，這個時期是吾國民族本其創造的力量，構成獨立的文化，所以可謂中國文化開創時代。（二）曰中古期，從東漢到明朝末年，這個時代，是印度文化在中國最盛的時代。印度文化輸入中國，在我國固有的文化之外，別開生面，別放光彩，而終於融合一貫，所以可謂印度文化輸入時代（三）近世期，從明季到今日，這個時期，歐洲產生了近世文化，泰西的學術思想宗教政治，漸漸輸入東西二大支文化，乃互相激盪而合成一種未來的世界文化，所以可謂泰西學術東來時代。這個分期，對於顯示中國文化的蟬聯蛻化，比較地近於邏輯的，胡適之先生對於中國哲學史的分期，也大致如此，本書便依此三期，分為三編。

第一編 中國文化開創時代

9 問　試述中國人種的由來？

答　中國人種由來問題—就是建立中國國家最早的漢族，還是從有史以前久已在本部的呢？還是從他處遷來的？—今日考古學家尚聚訟紛紜，不能達到一個確實的結論。威爾斯氏在所著的世界史綱裏面也說過這個有趣味的問題，因吾人對有史以前的知識，過於缺乏，不能求獲滿意的解決。對於這個問題，據著者所知，已有六大學說各有各的相當理由，吾人爲探討較爲合乎邏輯的斷語起見，特地簡單的列舉如下：

（一）漢族來自埃及說　始倡者爲 Prof De. Guignes 一七五八年，他在法國大學演講，證明漢族是從埃及移殖來的，這種學說未始不新穎，但是可以不攻自破。因爲埃及的開化，是否早於中國，迄今尚是一疑問。中國的開化，據中國文字所可考證的，可以遠推至西紀元前四七二一年，而埃及卻祇能推到西元前四二四一年。換言之，就是埃及比中國遲五百年左右，所以此說是不能成立的。

（二）淵源於巴比倫說　始倡者為法人拉克伯里 Prof. Lacouperie 他說黃帝並非漢族底始祖，卻是巴克民族 Bak tribe 的酋長，率領民族從巴比倫到中國的西北；中國人謂盤古氏開闢天地，盤古乃巴克轉音，可以證明。又說中國的八卦，和巴比倫的楔形文字極為相似；巴比倫的數目以六十和十二為單位，所以中國也有所謂六十花甲和十二地支，更足以證明漢族淵源於巴比倫說之可信。不過我們知道中國八卦姑無論是否為伏羲所創，即其形狀和結構，亦與楔形文字不同。

前者係左右平行的橫畫所組成而後者橫直俱有。關於此說德人夏德 Hirth 在所著中國古代史上，已力斥其僞今茲不贅。

（三）漢族來自馬來說　倡此說者理由殊不充分，根據地理的常識，馬來移民至中國，是完全不可能的，因爲亞洲北部氣候較南部爲寒冽，而且假使從南方馬來向北移殖，那末漢族爲什麼不留居於長江流域，而反初起於黃河的上流呢？

（四）漢族來自蒙古說　始創者美國亞洲考察團團長 Andrews，他說蒙古是四足獸最初發現的地方，人類既是從四足獸進化而來，則人類最初之地，自然也是蒙古。紐約博物院 Osborn 於一九二三年旅行蒙古，亦作同樣的結論。此說最是新穎，前途亦最具希望。古代戈壁沙漠，尙爲湖澤，卽史記中所謂瀚海。氣候溫和，土地肥沃，故四足獸在此生長。但是以後氣候寒而地漸瘠，獸類不得不南遷，大槪漢族之南移黃河流域，卽在此時。惜今日古代學家，尙不能加以證明耳！

（五）漢族來自于闐說　現在最爲世所公認的漢族由來問題的解答，就是漢族來自新疆西南的于闐。此說是 Baron von Richtiofen 所始倡，今日中國學者大都皆擁護甚力。最大的理由，就是中國古書提及崑崙的很多。周禮大宗伯「以黃琮禮地，」鄭注「此……禮地以夏至，謂神在崑崙者也。」漢族入神州以後還要祭崑崙之神，可見崑崙是漢族之初起地。至於崑崙的所在，據史記說：「河出崑崙，」又說「河源出于闐。」那末于闐河上源一帶，必是漢族的根據地了。

（六）漢族來自阿母河流域說　漢族二字，是後起之稱，古代漢族自稱或他族稱漢族，爲華或夏。所謂大夏，據史記上看來，就是西史的巴克特利亞 Bacteria 在今中亞細亞阿母河流域。那末阿母河流域，似乎也是古代漢族的居地。其實最後二說，是可以互相補充的。我們綜合二說評定，大致可說漢族是從葱嶺帕米爾高原移殖來的。中亞細亞本爲世界人種的發源地，各大人種，都自此布分而出。在我們不能提出反證以前，不妨承認——至少暫時地接受——此說作爲漢族由來問題底邏輯的解釋。因爲此說既不背於地理的原理，而又合乎中國的史證啊。

10 問　何謂三皇五帝？

答　我們推究中國文化的原始，必先從三皇五帝說起，三皇的人物，言者聚訟紛紜，莫衷一是。現在我們根據尚書大傳和白虎通定以燧人伏羲神農爲三皇。舊稱燧人教民以漁，伏羲教民以獵，神農教民以農作，據近世社會學家所研究的社會進化原理，人類生活進步的階級，必由漁獵而才入於耕稼時期。可見我國古代的進化，亦不外此例。五帝之人物，亦不一其說，今根據史記漢書和風俗通等書，定黃帝顓頊帝嚳帝堯帝舜爲五帝。總之三皇五帝，都是上古智力超衆的首領，究竟有無其人，猶待考據。三皇五帝時代，爲吾國文化起源的時代，和埃及的金字塔時代，巴比侖文化起源時代，有同等的重要。

11 問 三皇五帝時代佔據中國之民族有幾？

答 吾國人種的來源，上面已說過，茲不贅。大概最初來自西北的民族，就

37

是所謂夏族，取道於中國的西北部，再自西而東，沿黃河而下，佔據黃河流域，三皇五帝時，尙有兩種民族：一曰九黎，爲後世三苗之祖，居中國南部，文化在當時已尙發達，能作五刑又作五兵他的酋長是蚩尤，被黃帝所敗，退居洞庭以南。一曰葷粥，在中國的北部，其文化猶遜於九黎，也被黃帝所逐，退居長城一帶。總之在三皇五帝時，吾國民族之可考者有三：夏族夾居黃河流域；在其北者，有葷粥；其南者有九黎；二族曾欲爭居黃河流域，但都歸於失敗。

12 問　三皇時代之發明有幾？

答　記載洪水以前的制作的書籍，以世本爲最詳，據世本所記，三皇時代的制作如下：（一）（燧人，）燧人出火，造火者燧人，因以爲名。（二）

（庖羲，）（1）伏羲以儷皮制嫁娶之禮。（2）庖羲氏作瑟。宓羲氏作瑟，八十二寸，四十五絃；庖羲氏作五十絃，黃帝使素女鼓瑟，哀不自勝，乃破爲二十五絃，具二均聲。（3）伏羲作琴瑟。（4）伏羲臣芒氏作羅；芒作罔。（三）（神農，）（1）神農和藥濟人，（2）神農作琴，曰神農氏琴長三尺六寸六分，上有五絃，曰宮商角徵羽；文王增二絃，曰少宮商。（3）神農作瑟。

13 問　黃帝時代之制作有幾？

答　據世本所載，有下列幾種：（一）黃帝見百物，始穿井。（二）黃帝樂名咸池。（三）黃帝造火食旃冕；黃帝作冕旃；黃帝作旃；黃帝作冕旒；黃帝作冕。（四）羲和占日。（五）常儀占月；羲和作占月。（六）后益作占歲。(七)臾區占星氣。(八)大撓作甲子;黃帝令大撓作甲子。(九)隸首作算數,隸首作數。(十)伶倫造律呂。(十一)容成造曆。(十二)蒼頡作書;蒼頡造文字;沮誦蒼頡作書,並黃帝時史官。(十三)史皇作圖。(十四)伯余作衣裳。(十五)胡曹作衣,胡曹作冕。(十六)於則作屝履。(十七)雍父作舂杵臼。(十八)胲作服牛。(十九)相土作乘馬。(二十)䮾作駕。(二十一)共鼓貨狄作舟。(二十二)女媧作笙簧;女媧作簧。(二十三)隨作笙;隨作竽。(二十四)夷作鼓。(二十五)揮作弓。(二十六)夷牟作矢。(二十七)巫彭作醫。

14 問 我國家族制度始於何時?

答 上古的社會,無所謂家族。人類之生,同於禽獸,男女無別,也沒有男女的名稱。男女之別，起於農業既興以後。說文『男，丈夫也。從田力，言男子力於田也』。可見到了農業時代，男子才以服田力穡爲專職，女子則家居席地作事（古女字象人席地坐）。到了伏羲的時候，才有夫婦之制，創儷皮之禮，定夫婦之道，於是家族也隨之成立。

15 問 私產制度之起原如何？

答 人類有私必有爭，有爭而私心愈熾，於是乃有財產制度。大抵財產制度，在漁獵時代，就已實行。試觀貨財等字皆从貝，貝是貝殼，可見人之私財，是由漁得貝矜爲奇寶而起。由漁獵進而至於農業時代，人民各有定居。因爲有定居，所以愛護私產之觀念也更深切。所以神農之時，日中爲市，使人民可以交換私有之物。至於黃帝的井田制度，雖則將田土作爲公有，但是實際仍為私有，不過求私產平均而已。

16 問 吾國封建制度始於何時？

答 太古時代，無所謂君主，祇有不相統一的各部落。其後才漸由衆部落而集為大羣，大羣中的比較勢盛者，如黃帝之流，乃漸圖倂吞他羣。可是又不能將所有部落一齊平定，如黃帝伐蚩尤，始終不能完全打平。因此撻伐與羈縻的政策，同時並用。凡舉部落來服從號令，就將他的原有土地，封給他，便世襲為侯國，於是遂有封建制度。中國之所以能雄長東亞，成為一統的大國家，其故卽在此。

17 問 吾國之有文字可分為幾階級？

答 可分為三大階級：一曰結繩，二曰圖畫，三曰書契，這三種都有文字的功用。不過書契發生最後，爲用最便，所以現在所謂文字，單指書契而言。結繩一事，現今的蠻族，還有應用的。據說文序結繩在圖畫之後，實則先有結繩才有圖畫。圖畫實始於伏羲。易經說：「伏羲仰觀於天，俯觀於地，觀鳥獸之文，與地之宜，始作易八卦。」八卦的性質，介乎文字圖畫之間。至於書契，在倉頡以前，各部落已經各有契刻之法，不過到了黃帝時代才由複雜而劃一，於是後世就稱文字是倉頡所造的了。

18 問 吾國歷史自何時始漸詳備可考？

答 吾國歷史，自洪水既平以後，才詳備可考。孔子刪書，斷自唐虞，洪水以前的史實很少提及。史記五帝本紀贊：「學者多稱五帝，尚矣，然尚書獨載堯以來，而言黃帝，其文不雅馴，薦紳先生難言之。」可見史記也從唐虞洪水以後開始。總之從洪水以後，吾國的文化，根本方才固定。

19 問 吾國國家種族之名古時有幾？

答 吾國之名爲中國，始見於禹貢，至於所以稱爲「中」者，不僅是因爲地處中央，更因爲當時哲士，深察人類偏激的過失，矯正而調劑之，使他合於中道，故中國者實含有中庸的意義，更可以代表中國的國民性。至於吾國種族，則名爲夏，從唐虞時候就已沿用。說文：「夏，中國之人也，象形字，具頭目手足，以別於四方之衆。」所以夏是中國種族之特稱。後來禹建國，國號夏，是拿種族名做代號，並不是以時代之名代表種族。到了春秋，吾族又有華人的名稱，至今還沿用。現在吾國稱中華民國，其意即本此。

20 問　吾國古代衣裳進化之跡若何？

答　古代男子，上衣下裳，所用的材料，或以絲，或以布，至於顏色，普通都是上玄下黃。史記說：帝堯黃收純衣。當時衣服尚未繪黼黻，虞舜以五彩彰施於五色，於是衣裳才通行文繡。這種繪繡之法，據尚書所載，不僅爲美觀起見，更可以根據文采的多寡，來表示階級的尊卑。尚書大傳「未命爲士者，不得乘飾車朱軒，不得衣繡，庶人單馬木車，衣布帛。」可見衣服實足區別人民的階級。古代尚有象刑，就用冠履衣服，來做刑罰的工具。上刑赭衣不純，中刑雜屨，下刑墨幪云。

21 問　吾國曆算之法自何時始？

答　曆算和農業很有關係，所以古人立國以測天爲急，曆算之法，相傳始於伏羲。史記說：黃帝以前，已經有上元太初等曆制，黃帝時容成著調曆，置閏定歲，建子爲正。但尙祗分四時，還沒有二十四氣的名目。到了唐堯的時候，復實驗於四方，訂定曆法，以閏月定四時，成歲之時。於是農事的播種收穫，以及一切行政，才有了時分可以根據。至定日夜時刻的器具，則黃帝時已有刻漏云。

22 問 唐虞讓國對於吾國民族性有何關係？

答 唐虞讓國，尙書中略有記載。可惜現在所傳的尙書不是完全的，所以對於讓國的事實也沒有完全的記載。比較尙以孟子記載詳細一點，其次史記五帝本紀和夏本紀都有同樣的記載。可見唐虞確是讓國，毫無疑義了。吾國聖哲的教人與夫後世的格言，都以讓爲美德，這是歐美諸國所不及的。推原厥故，實由於唐虞二帝，知人類非相讓不能相安，遂身倡而力行之，將高位大權，舉以讓人。後來歷史上雖多爭奪刦殺之事，但遜讓之美德，已經深入人心，成爲國民性了。

23 問 大禹治水之方法若何？

答 洪水之禍，爲時很久，治水的人，當然也不止一人。唐虞之時，鯀和禹相繼治水。鯀的治水方法，有堙和障兩種，大概是築隄防遏水勢。可是費時九載，一無成功。鯀子禹乃改用疏濬法，先行調查測量，然後從事於疏鑿，其中尤以導河的功績最大。自龍門以至現在天津等地，長約二千里，都是禹用人力開鑿的。鯀治之九年，禹治之十三年，經二十二年的光陰，九州之地完全平治。那時候的治水，蓋集全國人力以圖之，並不是僅恃了一二人的力量而成的。

24 問　治水與文化有何關係？

答　禹治水成功以後，至少有三種便利：一除水患，二利農業，三便交通。從此九州都可以達於河，從河而達到冀州國都。從政治上而言因交通便利的結果，帝都和諸侯之間，消息靈通，天子可以居中馭外，有了構成大帝國的可能。從經濟上而言，九州物產都可以轉輸交易，人民的生計因此日裕。所以治水成功以後，中國在政治上經濟上，都發生極大的變化，文化因之而策進。

25 問　唐虞之政治區劃若何？

答　從唐虞到周，都是封建時代，帝王和諸侯分地而治。帝王直轄的地方，祇等於現一省之地，不過旣爲天下的共主，那末政教必足以作爲各國的模範。唐虞時將全國劃分爲九州，中間又曾經劃分爲十二州，不過到禹即位，又恢復九州的制度。又依照其距天子之國的距離，分爲五服。甸服直轄於天子，侯服綏服則轄於諸侯，至於要服荒服都是蠻夷了。

26 問 唐虞之政治組織若何？

答 諸侯約分五等，公侯伯子男。其長曰牧曰岳曰伯。岳牧對於中央政府，很有大權，但是中央政府也可以黜陟之。中央政府和各州諸侯的關係，以巡狩和述職二事爲最重要。至於財政，中央和各國也是劃分的。冀州（天子直轄地）和甸服的諸國人民，祇要向帝廷的官府繳納粟米，作爲賦稅。其餘各國人民，向諸侯納賦，諸侯再向中央進貢中央政府的官吏，人數不過百人，但一切政務都已齊備。

27 問 唐虞之教育制度若何？

答 唐虞時代的教育，可以分爲普通教育和專門教育兩種。普通教育，專注重於倫理，如父義母慈兄友弟恭子孝等等；專門教育，就是學校教育，學校稱爲庠。學校的功用尙有二種，一曰養老，凡在庠的老者，常年都供給膳食，老者乃各就其所長和多年的經驗，聚集少年學子，在庠中施以教育，於是庠遂爲全國最高的學府。二曰教樂，古人以聲音之道與政通，所以往往注重於聲樂，一則陶冶學子的性情，二則充裕其學識，所教都是詩歌聲律之類。

28 問 唐虞時的社會狀況若何？

答　唐虞之時，已經有邑里都師等區劃。據尚書大傳所載，八家爲鄰，三鄰爲朋，三朋爲里，五里爲邑，十邑爲都，十都爲師，州十有二師。人民的職業很多，而以農業爲大多數，春夏處於野，秋冬則邑居。當時墾田甚多，而人口甚少。據尚書大傳一州四十三萬二千家，九州約有三百八十八萬家，倘使每家以五口計，則僅有一千餘萬人。至於墾田，據帝王世紀有九百三十萬頃，可見當時土曠人稀生計的容易了。

29 問　夏代官制若何？

答　夏代中央官吏，亦不過百人：計六官，三公，九卿，二十七大夫，八十一元士，凡百二十。執政之官，有后稷、司徒、秩宗、司馬、作士、共工等六卿，後改爲五官，便是秩宗、司徒、司空、司寇、司馬。其中司空、司徒、司馬，又號稱三公。此外有遒人、羲和、太史、車正、樂正、虞人、嗇人等官。至於諸侯之長，稱爲九牧；侯國之官，有牧正庖正等。

30 問 夏代之田制有何特色？

答 夏代的社會，尚在農業時代，所以田制很是重要。當時田制有公私之分，孟子曰夏后氏五十而貢，趙岐注民耕五十畝貢上五畝。古來田賦之制實從夏后氏始，洪水既平，土地逐漸開墾，劃定，後來歷代不過因其成蹟而已。方十里之地稱爲成，方八里稱爲甸，農民多住在茅屋土壁華戶，緣屋種桑，男治田，女治蠶。

31 問 夏之教育制度和學術進步若何？

答 夏之教育有序，有校，鄉間的學校，稱爲公堂，國學則稱爲學。每年春仲吉日，爲入學之期，國內的老者亦養在學中，鄉人則於十月躋公堂行飲酒之禮。中國之有史官，亦自夏代始，今所傳之虞夏書，便是夏史官所記載的。夏代的史官，世掌圖法。是什麽圖？已不可考。大約是史官所繪畫的古代帝皇之事，以爲後世昭戒者。金石文學傳世最久者，莫如禹鼎，可是在秦始皇時便已湮沒，後世所傳的岣嶁碑等等，祇是僞作能了。

32 問 忠孝爲我國固有之道德其起原如何？

答 夏道尚忠，凡居職任事的人，都當盡心竭力求利於人，並不專指臣民的盡心事上。墨子所述，多夏代的道德，他所謂忠於民，是以實利爲上，不以浮侈爲利，甚至能以一己的生命，亦盡獻於國民而無所惜，並不是說臣民效命於元首才得謂忠，而元首可以賊國病國無所忌憚。至於孝道亦然。自禹平洪水以後，提倡孝道，遂成吾國數千年來的宗法社會。其實孝的意義，並不限於經營家族，也不僅是順從親意。舉凡增進人格，改良世風，研究政治，保衛國土，都可以賅於孝道。

33 問 何謂洪範？

答 洪範是夏代治國的大法，周武王伐殷得箕子，始傳其法。一曰五行，水火木金土是；二曰敬用五事，貌言視聽思是；三曰農用八政，食、貨、祀、司空、司徒、司寇、賓、師是；四曰協用五紀，歲、月、日、星辰、曆數是；五曰建用皇極；六曰乂用三德，即正直、剛克、柔克是；七曰明用稽疑，擇建立卜筮人乃命卜筮；八曰念用庶徵，即雨、暘、燠、寒、風是；九曰嚮用五福，即壽、富、康寧、攸好德、考終命是；威用六極，即凶短折疾憂貧惡弱是；總之，洪範是古代政治哲學，因爲說理深賾，後世遂以五行妖妄附會之。

34 問 殷商之政治組織若何？

答 禹平水土，始分爲冀兗青揚徐豫荆梁雍之九州，商代無靑梁二州，而將冀兗二州更析置爲幽營。中央政府有二相六太及司徒司馬司空司士司寇等五官，又有六府六工等。其尤異者，當推遷都之多。從契到湯，已經遷都八次；成湯亦遷都三次；其後諸王遷都更多，大概是古代遊牧行國的性質。

35 問 殷商之教育制度若何？

答 殷商的教育，較夏代爲盛。據王制所載，那時有左右二學，又有瞽宗和庠序等，其旨在「以樂造士，所以成其德」也。當時所用的教法，已不可詳考。學記引說命曰：「惟斅學半、敬孫、務時敏、厥修乃來、」可見殷人的講求教育和學術，略有系統，風氣所被，私家之學亦興。

36 問 殷人之宗教思想若何？

答 殷人之尊神先鬼可以成湯的征葛一事來證明。葛伯主張無鬼，不以祭祀祖先爲然，成湯卻是重鬼神的，因此就以葛伯不祀之罪，興師征伐之。其後諸王每歲必祀。商書裏面，也很多關於祭祀鬼神之事。周武王伐紂就以紂之不祀，爲其罪狀之一。殷人尊重鬼神，所以信巫，巫氏世相殷室，並且因爲重祀的結果，祭器的制作甚精，現在所傳的鐘鼎尊彝等古器，泰半是殷商所制作的。

37 問 研究周代文化所根據之材料，是否較前代爲豐富？

答　周代文化，以禮爲淵海，關於禮的典籍，雖經秦火，所存尙不少。據漢書藝文志所載，有禮古經五十六卷，經十七篇，周官經六篇。後世遂以十七篇之經爲儀禮，六篇之周官爲周禮，至於古經五十六卷，除了十七篇以外，則稱爲逸禮。可是流傳至今的，祇有周官五篇，禮經十七篇，和漢世大小戴所傳的逸經古記而已。不過從這種古書裏面，已可以推見西周時代的禮制，和國家社會的組織法。比夏商兩代的祇可約略考見，已迥乎不同了。

38 問　周禮儀禮二書能否代表西周時代之文化？

答　周禮儀禮二書的作者已不可考，近人說儀禮是儒家所創，裏面都是極瑣細的儀節，周禮更是一種僞書，其實尙是沒有根據憑空杜撰，斷不能做成這樣的區分條理，秩然不紊的書籍。而且周禮所述的禮制，和春秋內外傳以及詩書等，都不謀而合。倘使西周時代，並沒有這種制度，完全是出於戰國或漢代儒家的僞造，那末推而至於一切古書都無來歷根據了。大概周禮一書，是根據成康昭穆以來王宮世守的舊典。吾們要研究西周時代的文化，不得不以此爲參考的資料。

39 問 周代國土之區劃法可分爲幾種？

答 周代國土的區劃法可分爲四種：（一）九州，計分揚州、荊州、豫州、青州、兗州、雍州、幽州、冀州、幷州等，每州的民物事利，周禮內都有調查統計。（二）畿服，商時只有五服，周代因爲領土的擴大，增加到九服。（三）封國，大的不過後世之一府，小的祗等於州縣。分公侯伯子男五等：公方五百里，侯方四百里，伯方三百里，子方二百里，男方百里。（四）王畿的區畫，王畿方千里，四面各五百里，五十里為近郊，百里為遠郊，郊有六鄉，二百里曰甸，甸有六遂。

40 問　何謂鄉遂之制？

答　鄉遂是直隸於天子，而實行自治制的區域。王城是中央政府，王城之外，便是郊甸，郊甸分為鄉遂，鄉遂以外則為公邑家邑大都小都，更外才為諸侯之國。鄉之組織如下：五家為比，五比為閭，四閭為族，五族為黨，五黨為州，五州為鄉，所以每鄉有一萬二千五百家。比閭族黨州鄉，各有長，由人民選舉，受天子之命，做地方自治的領袖，總計六鄉六遂十五萬家而比閭族黨州鄉等長倒有三萬七千八百七十五人。遂的組織和鄉相同，不過名稱上的歧異罷了。

41 問 鄉遂之職掌有幾？

答 鄉遂之官所掌的事務有六：（一）校比，便是調查，凡人畜、車輦、旗鼓、兵革、以及田野、稼器、無一不由鄉遂之官，詳細登錄。（二）教民讀法，將全國之法律，由鄉遂諸官，在規定的時期，率民讀之。（三）教育，六鄉共有學校三百六十所，以禮樂射御書數等教民。（四）聯合，便是謀人民的互相扶助，五家爲比，十家爲聯，五人爲伍，十伍爲聯，四閭爲族，八族爲聯，使之相保相受。（五）作民，便是由鄉遂諸官，徵集人民，從事力役，對國家盡義務。（六）徵斂，凡有公共之事，則爲長者徵集其器用於所轄之民家，換言之，便是徵收自治經費。

42 問　周代之官制若何？

答　周有天地春夏秋冬六官，其上有太師太傅太保之三公，少師少傅少保之三孤，合之六官，謂之九卿。至於人數，據杜佑通典所載，周內官二千六百四十三人，外諸侯國內六萬一千三十二人，組織很是嚴密，使各機關互相協助，互相監視。不使各機關發生畛域之分，也不使一機關獨斷一事，致營私舞弊。更注重考試，日有成，月有要，歲有會，三歲又有大計大考核一下。所以官吏都知廉潔而畏法。

43 問　周代天子與諸侯之關係若何？

答　周代天子直轄之地，不過一千四百方里的鄉遂，此外五等的諸侯，都不是天子政治力量所可及。但是天子和諸侯仍有種種關係，使全國成爲一個有機體：（一）命官，諸侯的卿大夫，非受命於天子，祇能稱爲小卿。（二）貢物，分爲每歲常貢和因朝而貢二種，各有定法。（三）盟約，重要的盟約，都須在天子王朝中登記。（四）朝聘，由行人之官掌之。（五）刑罰，凡諸侯有大罪，天子得以伐之。（六）哀恤，國有福事則往慶賀之，其他不幸之事，則遣行人往而哀恤之。

44問 周代授田之制若何？

答 周代的田制有三種：（一）畫地爲井而無公田者，（二）畫地爲井而以其中的百畝作爲公田者，（三）不畫井而祇制定溝洫者。至於授田的制度，則依照每家人口的多寡，定所給土地的上下。大概民年三十而有妻子的授一夫的田畝；年齡在二十以上三十以下，已經有妻的，是爲餘夫，祇授二十畝地；年六十則歸田於官。從事於工商業的家庭，授田比農夫爲少。地稅大致不過什一；人民授田而游惰不事生產者，則施以刑罰。

45 問 周代之兵制如何？

答 周代實行寓兵於農的制度，編制的方法，五人爲伍，五伍爲兩，四兩爲卒，五卒爲旅，五旅爲師，五師爲軍，每軍一萬二千五百人。天子六軍，大國三軍，次國二軍，小國一軍。人民在二十歲至六十歲之間的皆隸軍籍。

46 問 周代國家教育制度若何？

答 周代的教育，可以分鄉遂教育和王朝教育二種。王朝教育，便是國家教育，王朝中關於教育的官吏，有管理小學教育的師氏保氏樂氏和管理大學教育的大司樂大胥小胥等等。大學有五，都在國之南郊，在中央的大學稱爲辟雍，南成均，北上庠，東東序，西瞽宗。其學者，則自天子、太子、公卿大夫的子弟，以及鄉遂中所遣派來的賢能，都可入學。大抵自八歲進小學，十五歲進大學，大學的畢業年限約九年。

47 問 周代地方教育制度若何？

答 周於鄉有庠，於遂有序，卿大夫之家則有塾。民八歲都應入學，教以灑掃應對之節，禮樂射御書數之法。諸侯之國，亦皆有學名爲泮宮。

48 問 周代城郭道路之制是否詳備？

答 周代的都邑，有城郭方九里，旁三門，自五雉至九雉。（每雉長三丈高一丈）至於道路，廣狹都有定數，依照廣狹的差別，可以分爲八等。路旁必有樹，按時修除，禁令甚嚴。凡國野之道：十里有廬，廬有飲食；三十里有宿，宿有路室，路室有委；五十里有市，市有候館，候館有積，所以路政是很詳備的。

49 問 周之宮室建築若何？

答 西周宮室之制，約如下述：（一）明堂，明堂明政教之堂也，古祀上帝，祭祖先，朝諸侯，以及舉行大典禮的地方，東西九筵，（筵九尺）南北七筵，其中分爲五室。（二）宗廟，天子七廟，諸侯五廟，大夫三廟，士一廟。（三）朝堂，天子和諸侯都有三個朝堂，一是燕朝，亦稱內朝，一是治朝，一是外朝。（四）宮寢，天子六寢，一是路寢，其餘五個是小寢，後有六宮，王后治之；諸侯三寢；卿大夫士都是二寢。（五）民居，必有內室五所，室方一丈。

50問　周之市肆若何？

答　市在王宮之北，以其近於後宮，故使內宰掌之，君后貴官都不許往觀，這亦是古代重農輕商的表現。市分爲三，中曰大市，東曰朝市，西曰夕市。大市百族爲主，朝市商賈爲主，夕市販夫販婦爲主。市官有司市，質人，廛人，泉府，司門，司關，掌節等等。市官所居的地方，稱爲思次。凡交易的時候，就在思次懸旌，市官到市上治事。貨物的陳列有法，價值也固定，禁止僞飾和非法定的度量交易，則用泉布。

51問　試述周代治商之政？

答　市肆之稅，有絘布，總質布，罰布，廛布等的名稱。貨物出入門關，都須有符節。對於市肆門關的管理，都定有很重的刑罰。周代的關市賦稅，其用途有二：一則供王之膳服，一則養死政之老孤。當時已訂有商法專條，周官朝士「凡民同貨財者令以國法行之，犯令者刑罰之。」所謂同貨財，便是合錢共買，可惜其法現已失傳了。

52 問 周時吾國醫學有何進步？

答 周代對於醫藥的方法，也極注重。凡醫皆屬於太宰，而萬民皆得從而治之。疾醫，「掌養萬民之疾病，四時皆有癘疾，春時有痟首疾，夏時有痒疥疾，秋時有瘧寒疾，冬時有嗽上氣疾。以五味五穀五藥養其病，以五氣五聲五色視其死生，兩之以九竅之變，參之以九藏之動。凡民之有疾病者，分而治之，死終則各書其所以而入於醫師。」總之，人獸之病，都有專醫，並且根據醫生診病的成績，加以考核而進退差次。

53問　試述周代禮俗之一斑?

答　茲就周代禮俗的重要幾點，略述如次:(一)冠，男子二十而行冠禮，行禮的時候，由賓將緇布冠、皮弁、爵弁、三加其首。既冠者戴了冠，謁見卿大夫鄉先生，表示已經成人了。(二)婚禮，先使媒氏通言，假使女家允許，乃使人納采，繼以問名納吉納徵請期諸禮，及期父命子往親迎。(三)喪，周代喪禮凡始卒必於室，小斂後則奉尸於堂。服制親喪三年，其他服制則自三年遞降凡七等。(四)祭，祭之前卜日，以所祭者之孫爲尸。祭之日主人主婦及執事者，陳設鼎俎，然後迎尸，尸入坐，主人主婦獻。

54問　周之服制飲食若何?

答　(甲)服制，庶人衣服的材料，都須自給。王后和公卿大夫的禮服，則有專官管理之。衣服的材料，或由諸侯進貢，或由徵斂得之。服制等差很多，上得兼下，下不得僭上。（乙）飲食周人之食以穀爲主，而於人民食品尤以平均周給爲要。國內人民的人數，和食物的產數，都有統計，依照年成的上下，定食物的多寡，對於凶年則有預防和救濟的方法。貴族的飲食，取精用宏，非常美備，可見當時研究飲食的進化了。

55 問 周代之音樂歌舞若何？

答 古書中言音樂制度最詳備的，當以周官爲最早，其中大司樂章更爲樂人的專書，世稱樂經。此外對於六律六同五聲八音以及辨聲和樂的方法，周官也有詳盡的記載。至於歌舞，則除了雲門咸池韶夏濩武等古舞以外，周代更有小舞韎舞籥舞燕樂之舞等等。總之，周代的樂舞，一方面上承先代，一方面旁采東野，所以極盛。

56 問　周代文字之進化可分爲幾期？

答　西周文字可以分爲兩期：第一期，是周初的古文；第二期，是宣王以後的籀文。周代尚文，審美觀念也漸發達，所以周初的古文，一變而爲繁飾，不如商代文字的簡約。至於籀文，文飾之風更甚。周代文字的存於今者，有金有石。金器如師旦鼎，毛公鼎等，不下數百種；石器以岐陽石鼓爲最早。周代的書籍有方和策二種。策以竹爲之，方以木爲之，比策較廣而稍短。策長二尺四寸，每策祇書一行，約二三十字，是用筆墨寫的，有錯誤的地方則用刀削去之。

57 問　西周諸學中以何學爲最發達？

答　周代學術本於王官，諸學之中，尤以史學為淵藪。周代的史官，有大史小史內史外史御史女史等職，地方政府又有州史閭史等等。專掌官書的人不下千餘人，凡三皇五帝的書籍，以至閭里生齒之册，莫不齊備。周代史官所可參考的書籍既多，學問因之精深。周代史官以史佚為最著，其後世掌周史。周官：太史掌邦法，內史掌八枋，所以法學實出於史官。至於文學也出於史官，周代歷史實兼散文韻文及小學諸家之長。近人劉師培說：「六藝掌於史官，九流出於史官，術數方伎諸學亦出於史官。」這種說數，雖嫌附會，但周代學術以史學為獨盛，卻是確定不移的了。

58 問　周召二公共和行政與近世所設共和有何區別？

答　周之共和凡有二說，一說是周厲王宣王之間，周召二公共和行政。一說是諸侯奉共伯和行天子事，號曰共和。海通以來，譯人以外國民主立憲的制度，沒有確切的名稱，所以用共和二字來譯民主立憲。其實周代的共和，和近代的民主立憲制度，完全不同。當時的所謂共和，是指公卿相與和而行政的意思，仍是貴族執政，不能算是民主。

59 問 周代有無民權？

答 周代相傳之訓，以爲天降下民，而後才有君主。所以人民之鈐制帝王，似乎有一種潛勢力。周厲王行虐三年，便被人民起而推翻了，可見人民是有勢力的。而當時的公卿大夫，也能直言無隱，指陳民瘼，或代表民意，作爲詩歌，以刺其上，並非一律阿附君主，視人民若奴隸的。所以周代實有民治的精神，不過暴君驅逐了以後，並不主張平民執政，仍將政權委諸大臣，這是古今思想的不同，也足以證明中國古代平民並無仇視貴族的觀念。

60問 春秋之時政治上有何變遷？

答 周初封建諸國多至千八百國，到了春秋初年，祗存了一百二十四國。後於互相併吞，祗餘魯齊晉楚宋鄭衞秦吳越等十國。各國將併吞所得的國家，設立為縣，每縣的區域很廣，和西周時代的所謂縣——二千五百家為縣——大得多了。每縣特派大夫守之，楚國則特置縣尹或縣公以治之。因此封建制度逐漸變而為郡縣制度，這是政治上最大最重要的變遷。

61問 春秋時吾國兵制有何改革？

答　春秋之時，列國互相爭雄，亟亟圖兵制的革新，軍備的擴張。齊桓公因變更軍制而成霸業，晉國文公成公也極力擴張兵力，至有甲車四千乘三十萬人，其兵力之厚，可知矣。並且春秋以後，兵士成爲專業，從事於工商業的人，非至萬分危急的時候，不必出戰。於是遂有士農工商四民的分別，因爲分業的結果，各業都有專門人才，國家也竭力加以保護。

62 問　星相卜筮之術盛於春秋，其故何在？

答　據春秋左氏傳所載，如懿氏卜妻敬仲，知其將育於姜，畢萬筮仕於晉，決其子孫必復其始等等，可見星相卜筮之術，已盛於春秋時代。這是因爲當時諸侯各國，有的興盛，有的衰亡，愚者不能推求牠的原因，祇得求之於術數，從而附會之，於是星相卜筮之術日昌。然而當時也有賢哲之士，如子產季梁等人，都以人事爲重，不以神怪爲然，在一班社會沉湎於迷信的時候，作破除迷信的論調。

63 問 春秋以後我國學術思想最盛，其故何在？

答 我國的學術思想，從羲農黃帝以迄東周初年，尙是萌芽時代。這時候爲貴族專有，未嘗普及於平民，其握學術之關鍵者，爲祝史二職。學既在官，則惟疇人子弟世守其業，不能別有發明。春秋之時，生齒繁而競爭烈，交通便而知見新，官家之學衰，私家之學與官府所藏的書籍，也都散布於民間，好學之士可以展轉假閱。於是聰明睿知之士——老子孔子墨子諸人相繼迭起，——成爲我國學術思想的全盛時代。總之，春秋以前，祇有特殊階級能有研究學術的機會，到了春秋時代學術流入民間，人人有求學的機會，學術思想所以發達，其故卽在此。

64 問 試述老子之事跡及學說？

答 老子，楚苦縣厲鄉曲仁里人，姓李名耳，字曰聃，以其氏老，故稱之曰老子。老子生於周簡王末年，約西曆紀元前五七〇年左右，爲周守藏室之史，因得縱讀上古相傳的圖籍政典，著書上下兩篇，卽今之老子道德經五千言。其學說精深玄衍，現在分幾點來說：（一）宇宙論，以道爲宇宙的本體，道之爲物，神玄祕惚，微妙莫測，故可與「無」相提並論。（二）名學，名與現象都屬虛無，所以主張廢名主義。（三）政治哲學有革命主義，無爲主義，愚民主義，破壞主義，弭兵主義等等，結果近於現代的無政府主義。（四）經濟思想，主義消弭貧富的階級。（五）人生哲學，主張去私寡欲，柔下知足。（六）教育哲學，主張無知無識，使民復返太古的境象。

65 問 老子在中國文化史上之地位？

答 老子是古今學術分合的一大關鍵，老子以前學傳於官，老子以後學傳於民。老子學說之流變有三：第一，先秦諸子；第二，魏晉時之清談派；第三，後世的道教。茲分述之：（1）先秦諸子，皆出於老子。道家以老子為宗，此外得道家之踐實一派者為儒家；得道家之刻忍一派者為法家；得道家玄靈一派者為名家；得道家之陰謀一派者為兵家，為從橫家；得道家之慈儉一派者為墨家；得道家之齊萬物平貴賤一派者，為農家；得道家之寓言一派者，為小說家；傳道家之學而不純，更雜以諸家之說者，為維家。（2）魏晉時王弼何晏創虛無論，葛洪創神仙論，其說均以老子爲宗，是爲淸淡派。（3）後世道敎方士之流，因老子言涉玄虛，故有黃白練丹之術，辟穀導引之法，尊老子爲敎主，乃成道敎。

66 問 孔子對於中國文化之關係若何？

答 孔子是中國文化的中心，孔子以前數千年的文化，都賴孔子才得留傳至今，而孔子以後的數千年文化，則從孔子才開始。中國人道德的社會的政治的生活之點，幾於完全存續於孔子之精神感化之下。所以也可以說無孔子，則無中國文化。

67 問 孔子易的哲學其大旨若何？

答 孔子之學，無所不包，現在祇能略述一班。先述易經的哲學，一部易經有三個觀念，（一）易，（二）象，（三）辭，便是易經的精華。孔子研究那時的卜筮之易竟能找出這三個重要的觀念。第一，萬物的變動不窮，都是由簡易的變作繁賾的。第二，人類社會的種種器物制度禮俗，都有一個極簡易的原起，這個原起便是「象」。人類的文明史，只是這些「法象」實現爲制度文物的歷史。第三，這種種「意象」變動作用時，有種種吉凶悔吝的趨向，都可用「辭」表示出來，使人動作都有儀法標準，使人明知利害，不敢爲非。

68 問　孔子之正名主義如何？

答　正名主義，是孔子學說的中心問題。他眼見當時邪說暴行，以爲天下的病根，在於思想界沒有公認的是非眞僞的標準。他的補救方法，便是正名。據春秋一書，正名的方法有三；第一正名字，訂正一切名字的意義，使一字有一字的確義。第二是定名分，目的在尊天子、抑諸侯、辨上下。第三是寓褒貶的判斷，寄託在記事之中。這種正名方法，對於中國語言文字上和名學上，都有極大的影響，而歷史上的影響更甚。中國歷史處處要定名分寓褒貶，結果使中國歷史，偏於主觀而失卻事實。

69 問　孔子之人生哲學以何爲中心？

答　孔子人生哲學，以仁爲中心。但是孔子的所謂仁，究竟是什麼？曾子說得好，「夫子之道，忠恕而已矣；」涵養內心之仁，就是忠；慈愛他人之仁，便是恕。仁要怎樣才能達到，那末有禮樂二種工具。孔子說「立於禮成於樂，」禮出於恕，所以慈愛他人；樂出於忠，所以涵養內心。禮可以分消極和積極二方面：消除妄動，限制私念，便是消極方面；擴張同情心，慈愛與仁，便是積極方面。樂亦然，就消極方面說，可以使邪污之氣無得接；積極方面，足以感動人之善心。

70 問　孔子之教育哲學若何？

答　孔子是中國唯一教育大家，所以他的教育哲學也值得研究一下：（1）心理上的根據，以為人之天性，可由習慣而變遷。養成習慣之方法有三：一是選擇環境，二是努力不斷，三是有過即改。（2）教育的目的，在改善個人，所以主張修己主義，嘗曰：「古之學者為己，今之學者為人。」（3）教育的功用，屬於個人方面的，在授業解蔽，便是增加知識；屬於社會國家方面的，在教育為公服務。嘗曰：「小人學道，易使人也。」（

4）教育的科目，小學以入孝出弟爲主課，行有餘力則以學文。大學則興於詩，立於禮，成於樂。（5）教育的方法，第一注重推論，所謂一以貫之；第二注重個性，因材施教。（6）師資問題，有二種條件：一是知識，一是品格。

71 問 孔子之經濟思想？

答 儒家的經濟思想，注重於分配問題。孔子說：「丘也聞有國有家者，不患寡而患不均，不患貧而患不安，故均無貧，和無寡，安無傾。」不患寡而患不均，確是孔子根本的經濟思想。其後孟子所說的井田制度，和荀子的度量分界，都注重分配問題，便是受了孔子的影響。

72 問 孔子弟子中於吾國文化關係最深者爲何人？

答　孔子是大教育家，史記說「孔子以詩書禮樂教弟子，蓋三千焉，身通六藝者，七十有二人。」古來門弟子之多，未有如孔子者。孔門弟子之有功於吾國文化的，便是一般講學授經的弟子。子夏爲魏文侯師，今世所傳的五經，都出於子夏之傳。子夏之外，曾子所傳亦廣，曾子深通禮記，孝經便是曾子所傳，而論語和學庸也是曾子門人所傳。這三部書又是孔學的結晶，所以六藝之昌，皆賴子夏曾子等門弟子之功，對於吾國文化關係很大。

73 問　戰國時代吾國疆域較春秋時若何？

答　戰國時拓地之廣，遠過於春秋時代。現今江西湖南之地，大半爲楚越所闢。楚在威王時更使莊蹻將兵循江，上略巴蜀黔中以西，直抵雲南境。

越則南及閩中。秦伐楚蜀，置漢中郡，和黔中郡，土地益廣。秦昭王時伐滅義渠，更有隴西北地上郡。燕趙二國開拓北邊，所置之郡，亦很多。趙置雲中雁門代郡。燕置上谷漁陽右北平遼西遼東郡。因爲秦燕趙楚等國國大力強，所以能揮斥裔夷，拓土如是之廣。

74 問　戰國時代經濟上有何改革？

答　春秋以來，井田制度漸衰。田制變更以後，社會上遂有貧富相距甚遠的二大階級。漢書食貨志說：「秦孝公用商君，壞井田，……庶人之富者累鉅萬，而貧者食糟糠。」這種土地的從國有變爲民有，雖使人民生計不均，但實足以促進經濟的發展。又戰國時代已專用黃金，各國用金動輒千百斤鎰。例如：孟子「於齊王餽兼金一百，宋餽七十鎰，薛餽五十鎰。」—

又戰國策「蘇秦爲趙相，白璧百雙，黃金萬鎰。」考其原因約有三端：（一）各國府藏儲蓄的流通；（二）貨幣與實物交易之量驟增；（三）金礦的發見。

75 問 列國交戰對兵制有何影響？

答 六國之時始有單騎，蘇秦所云「車千乘騎萬匹」是也，於是車戰驟變而爲騎兵之制。並且各國養兵甚衆，據史記蘇秦傳，燕趙韓魏齊都擁兵數十萬，楚國更多至百萬。又據史記六國表秦斬首之數，更可以證明，單就白起破趙長平一役，竟殺卒四十五萬；秦使王翦攻楚則發兵六十萬人。當時著名的大將，如起翦頗牧之流，對於教兵之法，馭兵之方以及作戰時的指揮調度，也都有過人之才，非春秋時將兵者所可及。

76 問 貴族政治在戰國時代是否存在？

答 春秋時代是貴族政治，到了戰國，由布衣崛起驟至卿相的人很多，階級制度因之漸泯。其原因不外下列三端：（一）強宗世族篡位奪國以後，深恐其他宗族大臣，起而效尤，所以羅致疏賤之士，以削貴族之權。（二）疏賤之士握得政權，必排斥貴族世臣，引用平民有才之士。（三）列國間競爭甚烈，人主求賢若渴。有此三因，遂使幾千年來的貴族政治，一變而爲平民政治。

77 問 何謂諸子之學？

答 子是男子的通稱，並非書名。劉歆作諸子略，於是百家之學，專以子名。諸子據漢書藝文志，計別爲十家：便是儒家，道家，陰陽家，法家，名家，墨家，縱橫家，雜家，農家，小說家。其中最重要者，爲儒道法墨等四家。儒家宗孔子，至戰國末有二大師，一爲孟子，一爲荀卿。道家以老莊最著，楊朱亦爲道家重要人物。墨家由墨翟開宗；其後學有惠施一派，專言名學；有宋鈃一派，專弘非攻主義。法家淵源甚古，其在春秋到管仲子產范蠡，戰國末年，有愼到尹文諸子，而以韓非集其大成。

78 問 儒家孟子荀卿二人之學說若何？

答 孟子和荀卿，是孔門下兩大師。孟子在哲學及教育學上的有永久價值之學說，當推其性善主義，教人以自動的擴大人格。至於他的政治哲學，則發揮民衆主義，排斥國家的功利主義，提出經濟上種種理想的建設。荀子的學說又和孟子異旨，他的最大特色，在性惡論，性惡論的旨趣，在不認人類爲天賦本能所支配，而極尊重後起的人爲。惟其如是，所以深信學問萬能，教育可以使人盡變其舊，前後判若兩人；他既重教育而不重性，則不問遺傳而專問環境；環境的改善在禮，所以荀子最重禮學。

79 問　墨子學說之重要者有幾點？

答　墨翟宋人，他的學說最要的在兼愛和節用，大體也出於老子的慈儉主義。兼愛便是孔子所謂博施濟衆。墨子又主張非攻，就是從兼愛主義引申而出的。此外如「薄葬」「非樂」，無非說喪葬和樂器的費用有損而無益，所以不好，就是從節用主義引申而出的。墨子又信鬼神而非天命；明鬼篇說神鬼之應尊重，非命篇則說大家如果聽天安命，恐怕變成怠惰，政令就要不行。墨學最初風行楚越西秦，但不久即衰，原因甚多，而列苦太過，不近人情，和歷受各家的反對，實是致命之傷。

80 問　戰國文學之特色有幾？

答　先秦諸子非但其學說有永久的價值，卽就文學而論，也比春秋時代爲精美，成爲後世文章之宗。諸子之文可以分爲五類：一是紀事；二是箋釋，如墨子的經說韓非的解老喻老等篇；三是論辯；四是寓言；五是韻文。這五種文體，在春秋時就已齊備，但沒有戰國時代的這樣文章光燄騰焯千古。孟墨的論辯，莊列的寓言，多是後世文學進化的關鍵。從莊列以後，文字遂分紀實和寓言兩宗。荀子成相篇，尤爲漢賦之祖。

81 問　秦漢兩代在文化史上可否劃分爲兩時期？

答　秦室統一纔十二年而陳項起，擾亂了七年，天下遂爲劉氏所有。秦雖有統一之功，但是規畫的政策，多半不能實現。例如封建制度的蛻變而爲郡縣制度，自秦始，可是到了漢景武以後，才得固定。其他漢的政治，多沿秦法，往往由秦人啓其端，而漢人竟其緒，也有秦啓其端，而漢代仍未完成的。所以就朝代的嬗變而言，固是兩個朝代，但是就社會消長盛衰之迹看來，卻沒有截然畫分的界限。

82問　封建之變爲郡縣自何時始，歷若干年而臻固定？

答　秦武公初縣冀，是爲郡縣制之始。秦滅六國，將諸侯之地分爲三十六郡。如三川，河東，琅琊，齊郡，上谷，漁陽，右北平，遼西，遼東，代郡，鉅鹿，邯鄲，上黨，太原，雲中，南陽，南郡，九江，鄣郡，會稽，潁川，碭郡，泗水，薛郡，東郡，雁門，九原，上郡，隴西，北河，漢中，巴郡，蜀郡，黔中，長沙，凡三十五郡，與內史合爲三十六郡。此外又有閩中南海桂林象郡不在三十六郡之內。這種郡縣的畫分，一面因各國的舊制，一面根據地理的原則，所以分郡不多不少，後來漢代雖有增損，大致與秦相同。

83 問 秦設官分職，綱舉目張，其制若何？

答 秦代軍民分治，又厲行監察制度，所以官制可以分為三大系統：一為治民之官，在中央有丞相，為天子助理萬機；在地方有郡守；每郡一人，掌治郡。一為治軍之官，在中央有太尉，掌武軍；在地方有尉，掌佐守典職中卒。一為行使監察權的，在中央有御史大夫，掌副丞相，其屬丞督外官，領侍御史受公卿奏事；在地方有監，職務是監督郡守。漢代的官制，大致同秦，不過名稱上偶有變更而已。

84 問　秦漢自治制度若何？

答　漢書百官表「十里一亭，亭有長，十亭一鄉，鄉有三老，及嗇夫，游徼。三老掌教化，嗇夫職聽訟收賦稅，游徼徼循賊盜」…皆秦制也。又高帝紀「令舉民年五十以上有修行，能率衆爲善，置以爲三老，鄉一人，擇鄉三老一人爲縣三老，與縣令丞尉以事相教，復勿繇戍。」那末三老出於人民的選舉，可稱縣鄉的自治職員。並且漢的三老，可以對天子王侯直接言事，是見當時人民言論的自由了。

85 問　秦漢開通道路，對於統一有何功效？

答　秦時最重路政，而尤以開通四方之大道爲有功於統一。秦始皇二十七年治馳道，東窮燕齊，南極吳楚，道廣五十步，三丈而樹。三十五年始皇欲游天下，乃使蒙恬通道，自九原抵甘泉，塹山堙谷千八百里，規模之大可想而知。漢代有馳道，道旁種桐梓之類，又將秦時所不通的地方隨時繼續建築，險遠之地多得交通。總之開通道路，對於統一之功，等於現今的修鐵路，秦漢所以能統一全國，未始非開通道路之所致。

86 問 秦統一天下文字之經過？

答 六國之時不但政治上尚未統一，就是文字上也各有各體。秦統一天下以後，便想使天下文字同於秦文。當時書有八體，說文序『一曰大篆，二曰小篆，三曰刻符，四曰蟲書，五曰摹印，六曰署書，七曰殳書，八曰隸書。』李斯破大篆作小篆，但小篆字不多，似不敷用，程邈乃作隸書，簡約容易，使於書寫。隸書發明以後，不但天下文字漸歸統一，且為數千年來中國全境及四裔小國所通用。

87 問 焚書坑儒對於吾國文化有何關係?

答 中國古代學術思想，至先秦而極盛。到了秦漢統一，忽然中道銷滅，因此平常人都把古學中絕，歸罪於秦始皇的焚書坑儒兩件事。焚書這件事發動於李斯，李斯與韓非同是荀卿的弟子。所以他的政策，第一注重功用，第二主張革新，第三用專制手段。他因守舊的博士，反對新政，所以上奏道，「天下敢有藏詩書百家語者，悉詣守尉雜燒之，有敢偶語詩書棄市，以古非今者族。」可見燒的書，一定很多。不過政府禁書，總是禁不絕的。私藏的人，一定很多。至於坑儒一事，近人胡適根據史記秦始皇本紀，說秦始皇所坑殺的，有百六十餘，乃是一班望星氣求仙藥的方士。所以焚書坑儒並不是古代學術中絕的眞原因。

88 問 古代學術思想衰落之原因何在？

答 中國古代學術思想，所以中道衰落，其原因有四：（一）懷疑主義，眞到莊子一派，以爲天下本沒有一定的是非，以有限的人生，去求無窮的眞理，眞是愚不可及。因此遂養成一種對於知識學問的消極態度，不肯再求進步了。（二）狹義的功用主義，荀子韓非一派，以爲「有益於理能夠富國強兵」的學說，方可成立，此外一切空虛的科學家的學說，都是無裨於實用，應該禁止。（三）專制的一尊主義，荀子韓非李斯一派，主張別黑白而定一尊，罷黜百家，禁止異端，於是學術乃不能互相砥礪，祇能一成不變。（四）方士派迷信的盛行，將墨家的明鬼尊天主義，儒家的喪禮祭禮，以及戰國時代的仙人迷信，陰陽五行，和鍊仙藥求長生的迷信，混合而成一種方士宗教。總此四因，古代學術思想乃漸漸衰落。先秦時代成爲中國黃金時代，以後的文化，反不能超越於此。

89 問 秦律對於後世法律之影響若何？

答 書經堯典呂刑等篇所載的刑法，是我國刑律的淵源。春秋時代已有刑書，魏文侯師李悝，集各國的刑書，編成法經六篇：一盜法，二賊法，三囚法，四捕法，五雜法，六具法。商鞅傳李悝之學，不過改稱法爲律，於是乃成秦律。人民願學律的，可以吏爲師，後來漢相蕭何根據秦律，編爲九章之律。從此輾轉相承，沿用至今，所以講到中國法律，應以秦律爲淵源。

90 問 漢繼秦後後所闢國土有幾？

答　漢繼秦後，用民之力最重，人人習兵，自二十三歲至五十六歲間，必須從事兵役，並須戍邊。因此邊疆日拓，東方如朝鮮，北方諸侯如匈奴烏桓鮮卑，西方如葱嶺內外，西南如今兩廣安南四川雲貴湖北湖南浙江福建等地，都是漢代先民勞苦經營才得開闢。又當時陝甘之地，亦未盡開化。武帝置武都郡，宣帝平先零羌，王莽時置西海郡，闢地已至於青海了。中國文化，所以能傳播甚廣，其功卽在漢代之開闢。

91 問　漢代文化之特點何在？

答　兩漢是結束吾國古代文化的時期，所以漢代的文化，大部份是因襲前代，講到創造，卻不能有特殊的貢獻。但是因爲國基的固定，疆域的擴張，對於古代文化能於保存之中加以補充傳播的工作。因此漢代在中國文化史上實是一個繼往開來的時期，這就是漢代文化的特點。

92 問 漢之教育制度若何？

答 漢有博士官，經保舉策試的手續而任用。博士弟子五十人，以後逐漸增加到數千人。後漢的國學，規模愈宏大，太學有三萬多學生，學生的勢力，足以左右朝政。至於地方教育，武帝以前，郡國還沒有學校，祇在閭里間有書師教授弟子。武帝時才令郡國皆立學校官。王莽柄政以後，無論郡國鄉聚，都有學校，所以班固東都賦說：四海之內，學校如林。同時私家傳授，也極發達，因爲當時家無書籍，非由專家之師教授章句不可，因此往往有不遠千里，從師受業的。弟子人數，在數千人以上，而尤以東漢爲盛。

93 問　兩漢同重經學而學術風氣有何不同？

答　西漢多治今文，罕治古文，東漢則今古文都研究。什麼是今文呢？便是用隸書所書的經文。隸書漢世通行，所以當時稱爲今文。至古文，便是用籀書所寫的經文。漢初傳授生徒，爲便學者誦習起見，必將五經改爲當時通行的今文，所以今文獨盛。到了東漢古文發現以後，遂有專門研究古文的學者，與今文分道揚鑣了，前漢因爲研究今文，所以專尚經文的意義；後漢研究古文，故注重章句訓故。又西漢之人多專一經，東漢的學者，則兼通數經，也可以證明經學的進步了。

94 問　漢代既重經學，對於子學是否不再研究？

答　自來論史的人，多說漢武帝罷絀諸子，崇儒學，是思想束縛的大原因。

其實不然，漢書藝文志載：「孝武時建藏書之策，下及諸子傳說，咸充祕府。」又載「詔光祿大夫劉向校經傳諸子詩賦。」假使孝武禁止諸子之學，又何以使劉向校定諸書呢？並且據兩漢諸傳，研究諸子的人，亦很不少。屬於道家的，有竇太后曹參司馬談楊王孫耿況淳于恭范升矯愼等等。屬於法家的，有鼂錯路溫舒杜延年等等。其他各家，都有。比較的名墨兩家學者稍少。所以漢代對於諸子之學，實是有功的。

95 問 漢代文字學之進步？

答 漢初教小學之書，祇有三千餘字，後來經司馬相如楊雄班固賈魴許愼等人的採輯和創造，四百年間增加了六千五十餘字。例如許愼說文解字，便載有九千三百五十三文，可見當時文化的進步了。漢代關於文字學的書籍，可別爲二：一種是便於學者的記憶的，例如司馬相如的凡將篇，楊雄的訓纂篇之類，便是。一種是載有字義解說的，例如許愼說文解字，便是。後人研究小學，祇根據許書，實是偏而不全。

96 問 漢代史學文學有何特色？

答 司馬遷參酌尙書春秋國語世本諸書的體裁，創爲史記，遂爲文學歷史之祖。班彪及子固相繼做漢書，又爲後世斷代史之祖，這是史學的進步。漢人所著子書，因襲前人，無甚特色，可是漢人的詩文辭賦，卻都是創造的新體。詩體除沿襲三百篇外，更有五言七言三言四言諸體，後漢詩人更多，並且無所謂定格成法。文體中如答客難封禪書七發之類，也都是新體。詩文以外，漢人尤擅賦體，描寫事物，鋪陳刻畫，而又能瑰偉宏麗，爲後世所不及。

97 問 萬里長城是否秦代所建築？

答 春秋戰國以來，因爲連年戰役的緣故，城郭的建築，最有進步。各國的都邑，陸續築起城來。比較重要的地方，遂多有城郭。到了戰國之時，城有二式，一式是周匝之式，那是都邑的城。一式是廣長之式，則爲邊境之城，專爲對外而建築的，延長千百里。燕趙魏秦幾個在北方的諸國都築有長城，不相連續。秦統一天下，遂將不連接的地方，加以併合，從臨洮到遼東，長數千里，侈言萬里長城，成爲漢族和北方諸族間的極大界域，也是中國古代的偉大建築。倘是秦始皇開始建築的，那末怎能在五六年間，成功這樣偉大的工作。

98問 秦漢二代宮殿建築有何進步？

答 古代帝王以卑宮殿爲美德，到春秋時代諸侯才爭爲僭侈，崇高壯麗，遠非前代可比。秦統一後，所建的阿房宮，規模之大，尤爲從古所未有。殿屋複道，周閣相屬，南臨渭水，東至涇渭，竭七十餘萬人的力役，才得築成。漢代宮室的壯麗，也不下於秦，而武帝時的未央宮，周迴二十八里，臺殿四十三，尤爲大觀。漢之官吏皆有賜室，其大者謂之大第室，而外戚權臣如王氏梁氏等的宮室，足以上嬈帝王。

99問 試述秦漢之繪圖石刻？

答 古代宮室中嘗有壁畫，戰國諸子也往往紀畫家之事，可以證明當時繪畫之盛。漢時的壁畫，多爲人物故事，或專畫一二人，或雜畫多人，賢愚成敗，靡不載敍，惡以誡世，善以示後。此外石刻也極發達，凡古今人物以及飛禽走獸之像，皆制作工麗。漢代石刻，現在尚可見到，較諸印度希臘的石刻，簡拙而不及其工細。然漢畫專重人事，亦爲印希所不及，且可由此考見古代車馬衣服之制。

100問 據考工記所述古代工藝有幾特色，漢時有何進步？

答 中國古代工藝據考工記所述，約有四點特色：第一是分工的精密，一種器物，由數工分做，因此製器愈精。第二器物的製造，有固定的度數而所定的度數，又有相連的關繫。第三定名的縝細，往往一器的各部份，都細別爲各種名稱。第四雕刻的精美，所雕刻的事物，都窮極形似。考工記及周代所著，以上所述，尙是周代的工藝狀況，到了漢代更崇尙工藝，金玉之器所刻文字尤極精美。

第二編 印度文化輸入時代

101 問 自漢以降，吾國文化有何變化？

答 秦漢以前，是中國文化的創造和繼續發達的時期，自漢以降，則爲吾國文化中衰時期。一切政教大綱，不能出古代的範圍，並且因爲種族衰弱的原故，不時有內亂和割據的事件，而異族又入據中國。中國雖能以固有的文化，使異族同化於我，但中國文化，在此時期內，確不如太古和三代秦漢時候的發榮滋長。這時期的文化史，有一特質，便是印度文化的輸入，使吾國的社會思想，以及文藝美術建築等等，都發生種種的變化。

102 問　中國文化何以中衰，印度文化何以能輸入？

答　中國文化中衰的原因比較重要的有二點：（一）盜賊無賴的摧殘，秦以前創國創業的，都是聖哲；秦以後，都是盜賊無賴之徒，對於文化不知保護，成則爲王，敗則肆焚掠摧殘文化。（二）科舉制度的麻醉人心，科舉制度是這時期的產物，使人民祇知尙利祿，而不知根本的求學術上之進步。至於印度文化之所以能輸入中國，也有二種原因：（一）中國的缺乏宗教信仰，原有宗教祇足以惑下愚而不能饜上等階級之望，在這種人心渴仰宗教的潮流中，佛教乘時傳入，當然能風行全國。（二）中印交通的便利，吾國東南濱海，北方苦寒，祇西方大陸交通尙易，自漢以降，交通不絕，佛教遂得傳入。

103 問 佛教何時始傳入中國？

答 印度的佛教，爲迦比羅王子釋迦牟尼所創，王子生於西元前五五七年。二十九歲出家修行，三十五歲遂創佛教，約當吾國周昭王時。有的說東漢明帝永平十年，佛教才傳入中國，其實在永平八年已有楚王英建築浮屠祠，可見佛教的傳入中國，當在西漢之末，東漢之初。佛教是時以大月氏爲最盛，所以大月氏遂爲佛教東傳中國的策源地。不過在漢魏之際，佛教尚未盛行，牠的地位，殆與道教相等。

104 問 魏晉之際，諸族並起，而卒同化於吾國，其可徵之處有幾？

答 從漢獻帝建安元年，到隋文帝開皇九年，其間這三百八十二年，是異族蹂躪中夏的時期。當時勃興的種族，有五，世稱五胡。就政治上說，主權不全在夏族，夏族處於被征服的地位。就文化上說，諸族反同化於吾國的文教。這種異族的同化，有幾點可以看得出來：（一）異族的君主，多好中國的文學；（二）他們的教育制度，多仿照中國；（三）諸國的政事，也採取中國的制度。

105 問 諸族所以同化於吾國其故何在？

答 諸族在政治上雖勝於吾國，但在文化上因爲吾國文化程度的高尚，反被中國所吸收。推原其故，約有三點：第一，異族從兩漢之時，就已遷居內地，和漢人雜居，對於中國文教，久已耳濡目染。第二，中國的政教根深柢固，文化冠絕東方，決非異族所可及。第三，異族雖割據中原，但仍多用漢人爲政，例如石勒之用張賓，苻堅之用王猛。

106 問 諸族之興，對於輸入印度文化，有何功績？

答 東漢時佛教輸入，但未能普及。三國時如孫權孫皓之流，對於佛教，也疑信參半，所以印度文化在中國不見有什麼重大的影響。諸族旣與他們對於佛教因文化程度關係，當然比夏人來得容易信仰。如石勒石虎苻堅姚興等，都信仰佛教，提倡不遺餘力，高僧東來，佛經也譯成中文。於是信佛者十有其九，故諸族之興，除了同化於中國的文化，幷能輸入印度文化，將兩方的文化加以混合。

107 問 南北對峙，對於文化有何影響？

答 在統一政府之下，南北本無畛域之見，文化也沒有十分的歧異。三國之時，吳魏二國已成南北對峙之勢，幸不久即為晉統一。西晉遭了五胡之亂，元帝渡江，定都建康，是為東晉。於是南方乃為漢族正統之國，中州人士，僑寄不歸。北方則為異族和留仕異族的漢人，從此文化遂分南北。就經學而言，南人約簡得其英華，北學深蕪窮其枝葉。就文學而言，南人宮商發越，貴乎清綺，北方詞義貞剛，重乎氣質。此外婚制、治家、風操、音辭、雜藝等等，據顏氏家訓所載，南北歧異之點很多。

108 問 何謂清談？其結果若何？

答 漢魏之際，天下大亂，曠達之士，眼見國事的衰亂，往往倜儻放蕩，縱酒昏酣，祖述老莊，排棄世務，專談空談，設之清談。這種風俗，自從魏之何晏王弼開端，到了晉代王衍，則其風更盛，後進慕效，矜高浮誕，遂成風俗。大概清談之風，所以盛行一時，有二大原因：一是故作曠達，以免誅戮，如阮籍便是。一是欲藉清談以成名。清談的結果，乃有五胡之亂：『國亡於上，教淪於下，羌戎互僭，君臣互易。』

109問 清談與佛教之傳播有何關係？

答 清談所談論的，都是玄理，當時稱爲玄學。並且有專門教授玄學的學校，梁時其風益廣。玄理多與佛教教義相通，因此信佛的人多研究老莊；清談的人，也往往與釋子相周旋。梁陳之時，常在僧寺或宮殿講學，所講的有佛教和儒道諸書，可見清談講學，足以傳播佛教了。

110問 魏晉時之選舉制度若何，其利弊如何？

答　魏晉之世，實行一種選舉制度，名爲九品中正。郡邑設小中正，州設大中正，由小中正品第人才，以上大中正，大中正核實以上司徒，司徒再核，然後付尚書選用。中正每三年品第一次，詳加訪問，加以品狀。中正等有過失，即被糾彈付清議廢棄終身。魏晉選舉制度，利弊俱有。魏晉以降朝代時有變更，因爲有了這種制度，將朝廷用人之權，操在地方紳士的手中，朝代雖有變更，社會勢力仍可固定，這是優點。至於流弊，便是中正的徇私情，對於這點，文獻通考提出三難：便是人物難知，愛憎難防，和情僞難明。

111

問　魏晉之時，階級制度若何？

答　九品中正的選舉制度，專論門第，因此高位顯職，都被世族子弟所得。

社會上無形中便有階級之分，職位的高下，都依家牒爲斷，州郡的屬吏，也須用著姓大族充當。南北二朝，皆有此風，甚至帝王所信寵的人，假使出身微賤，帝王也不能使他躋於士大夫之列。士大夫在社會中，成爲一種貴族階級，有特殊勢力。直至唐末五代，因爲種族混亂，不重門閥，階級制度方漸泯除了。

112 問　魏晉時天算之學有無進步？

答　三國以後，天算之學大盛。魏劉徽著海島算經，又注算經十書九章算術等，至今猶存。而北朝之甄鸞，南朝之祖沖之，尤稱算學大家。因算術之進步，又有新奇之制作。如諸葛亮之作連弩木牛流馬，馬鈞之作水車，祖沖之之造千里船是。此外天文地理，亦時時推陳出新。如王蕃陸績等之製渾天儀象，裴秀謝莊等之製地圖。可見魏晉之際，雖尚清談，但也有一部份學者，是務於實用的。

113 問 音韻之學何時大興？

答 中國古樂，到魏晉時代，便已失傳。但音韻之學，卻大興。漢以前尚不知反切，到了魏世，反切大行。高貴鄉公不解反切，當時以爲怪異。及齊永明中，王融謝朓沈約文章，始用四聲，分爲平上去入，於是音韻之學大興，因音韻學的昌明，遂盛行駢文排偶體和五言體。據鄭樵通志，切韻之學，創自西域，那末音韻學實是受佛教東來的影響而才發達的。

114 問 魏晉南北朝文學之特徵有幾？

答 漢魏以降，經子之學衰，而文章之術盛。色澤聲調，都由樸拙而日趨工麗無論南北，皆以華縟爲重，此特徵一。古無所謂文集，東漢以後，始有別集和總集之稱，因爲古代學者，以學爲文，至是遂有以文爲學之文學，所以就文學論，這時期實是進化的極端，此特徵二。批評文學也在此時成立，如鍾嶸的詩品，劉勰的文心雕龍，更有選錄文章的書籍，可以昭明文選爲代表，此特徵三。

115 問 魏晉書法石刻之進步？

答 漢代隸草始興，曹魏以後，由隸而變爲今之楷書，晉之王羲之，遂以書名，爲古今之冠。子獻之，亦工草隸。南北朝時，書法亦分南北。北派雄奇方樸，南派婉麗高悍。南朝的碑版，傳者不多，北魏周齊的石刻，卻很多，字畫往往工妙。近世學書法的人，多以北碑爲宗，大概自秦漢以來，北朝的書法最進化了。

116問　何謂元魏之均田制？

答　元魏入主中原，適在亂大以後，田土無主，地多入官。魏太祖鑒於農業的不振，乃行均田制，將無主之田，變爲國有。依照農戶每家的人數，給以田土，並發給耕牛。到了孝文帝時，更將均田制，普行全境，下詔均給天下民田。諸男夫十五以上受露田四十畝，婦人二十畝。促成均田制的原因有三：（一）無主之田容易引起爭訟，不如均給；（二）戶籍有詳實的調查；（三）連年兵亂，戶口稀少，實行均田，不患田土不足。這種制度，北周北齊都沿用，的生計的不平賴以消弭。

117問　孝文醉心我國禮俗，對於元魏之文化有何關係？

答 元魏自太祖以來，已漸染我國禮俗。到了孝文帝卽位，尤提倡不遺餘力。茲分兩端言之：第一是改良本國的風俗，如（1）禁止同姓結婚，（2）廢除一切淫祀，（3）禁其國人胡服胡語。第二是取法我國的禮教，如（1）制定律令，（2）建明堂太廟，（3）祀孔子立史官，（4）改其姓氏與漢族通婚姻，（5）定車服禮樂。又特地從平城遷都洛陽，孝文帝汲汲同化於華夏的結果，便是同化於漢族。

118 問 西域僧徒之來華者有幾，其影響若何？

答 西域僧徒，在漢魏以後，到中國來的，不計其數。據高僧傳已不下四五十人，大抵多從西域入關，到洛陽鄴中，也有到青州或南海的，隨緣所至，並無定所。其中尤以姚萇時的鳩摩羅什為最著。他到長安，受姚興的會僧，與羣僧共譯經三百卷，爲三論宗之開祖，自是以後，佛教乃大盛。

119 問 吾國翻譯文學自何時始？

答 西域僧徒來華，第一件弘法之事，便是翻譯經典。自漢起以迄北齊，共計譯經的有一百十八人，所譯經律論一五六七部四〇一八卷。這是據開元釋教錄，其實必不止此數。至於翻譯的方法，大都是根據梵文本，然後轉梵爲漢。但有時則祇憑譯人口誦，不用梵本。及中國人至西域求法歸國以後，如法顯法勇之流，都到西域學習梵文，再用本國的文字翻譯，當然所翻經典比前精進了。

120 問 僧寺之起原若何，與吾國建築有何影響？

答 僧寺的起原，在東漢之季。晉時洛陽一城，就有四十二所。到了南朝，則金陵一城，已有四百八十寺之多。這種僧寺或由僧尼建造，或由帝王創造，如梁武帝之同泰寺。也有由個人捨宅而成，也有由僧徒募化而立的。至於北朝，則魏延昌中，有僧寺一萬餘所，其後增加到三萬有餘。而洛陽的永寧寺，建築尤爲宏大，有九層浮屠高九十丈，於是吾國建築之式又加入了一種印度制度。

121 問 佛教鼎盛時之奉教狀況？

答 佛教鼎盛之時，人民奉教狀況，約有下列幾種：(1)受佛戒剃髮爲僧，曹丕之時才有此風。(2)僧尼的服制，與俗家不同，初衣赤布，後乃易以雜色，雖被人嘲笑，也不以爲辱。(3)高僧作公開的講學，僧俗兼教，可以互相討論。(4)鑿石鑄佛像，君后倡於上，士民應於下，今日所存的佛像，尙不計其數。(5)佛經的刻石，如泰山金剛經徂徠般若經風峪華嚴經，至今尙存。

122 問 佛教輸入中國，在社會上發生何種變化，並有何種反動？

答 佛教傳入中國以後，社會上多一種無家族無君臣，信奉他國宗教的佛教徒。他們的衣食居處和舉止聲容，都與我國禮教風俗不同，於是社會上遂發生重大的變化。同時社會上也引起對於佛教的反動，以爲佛教徒的習慣和本國不同，其中最顯著的有三點：(1)佛教是印度輸入的，所以有人力斥中夏之人效西戎之法，這是國界的不同。(2)我國素重倫理觀念，禮教之信條，深入人心，佛教是出世法，打破倫理的，因此遂被人深惡痛絕。（3）在佛教輸入以前，中國已有道教，信道教的人，當然反對佛教。可是雖有以上三種的反動，佛教仍綿歷歲年，和儒道二教成爲鼎立之勢。

123 問 隋唐之開拓與中國文化有何關係？

答 吾國疆域，從三國兩晉以來，仍繼續開拓。如孫吳之平山越，蜀漢之定南蠻，凡前代所未開闢的地方，都分途開拓。隋又伐高麗，發見琉球，通使倭國，南招赤土，西達波斯。唐繼隋後，國威更振，突厥回紇的酋長，到長安入朝；新羅日本則派學生到國學讀書。當時又不專恃武力，卻用懷柔遠人的手段，來撫綏夷落，因此中國文化傳播日廣，至今華人猶有唐人之稱。

124 問 中國運河係何代所修建？

答 運河在春秋吳王夫差時便已開通，歷久又復湮沒。隋煬帝，在大業元年，開通濟渠溝通黃河長江。大業四年，開永濟渠，從黃河北至涿郡。大業六年，又穿江南河從京口（今鎭江）到餘杭。於是南至餘杭，北至涿郡，二千二百里的運河，遂告成功。而西至洛陽，也可以舟航直達。唐代財賦，完全仰給於東南，就因爲有運河，才能舟航無阻。其實運河除了便利漕運以外，更有溝通南北文化之功。

125 問 隋唐之政治區劃若何？

答 唐太宗繼隋之後，將全國分爲十道：一曰關內道，二曰河內道，三曰河東道；四曰河北道，五曰山南道，六曰隴右道，七曰淮南道，八曰江南道，九曰劍南道，十曰嶺南道。道下分州縣二級。四萬戶以上爲上州，三萬戶以上爲中州，不滿爲下州；六千戶以上爲上縣，二千戶以上爲中縣，一千戶以上爲中下縣，不滿爲下縣。州縣下，又有鄉里村坊之別。

126 問 隋唐之職官制度若何？

答 唐代的官制，大都照隋制略加增損。中央分三省：一是門下省，二是中書省，三是尙書省。門下省的最大職掌，是掌封駁，凡皇上的詔敕，事有不當，可以規駁非宜，糾正其違失；又如國家大獄的判決，若刑名不當，也可以退而裁之，實爲一代極善的制度。中書省專掌詔誥，宣旨勞問，換言之，是宮中的書記，所以稱爲中書。尙書省辦理政務，其下分六部：隋置吏禮兵刑民工等六部尙書；唐則將民部改稱戶部，自此沿用至淸末。

127 問 有唐之租賦及兵備制度若何?

答 唐的賦役有四種:一爲租;(每丁租粟二石)二爲調;(綾絹絁各二丈)三爲役;(歲役二十日)四爲徭。開元以後,行楊炎兩稅法,專重田賦,分夏秋兩稅,依照各地所收舊數而定高下,不計土壤的厚薄。後世都採用此法,所以唐制爲中國賦稅制度改革的大樞紐。兵制亦然,唐初行徵兵制,便是就人民中擇魁健材力之士,蠲租調,使刺史在農事暇時教其兵戰,尚是古者寓兵於農的意思。開元後,改爲募兵,徵兵之制乃失,而流弊亦百出。因爲募兵都是亡命之徒,當然和有身家的農兵不同。

128 問 唐之教育及科舉制度?

答 唐代的京師學校有六種:一曰國學,二曰太學,三曰四門,四曰律學,五曰書學六曰算學，都隸屬於國子監。文武官三品以上的子弟入國學；五品以上，入太學；七品以上，入四門；後三種學校，是給八品以下及庶人之子弟讀的。學生的人數，和肄業的年限，也各不同。地方學校的學生人數，也有定額。唐代學校，祇是科舉的預備，每年仲冬舉行考試。京師及地方學校保送學生與試，不經保舉的，也可以自列於州縣。考試科目有明經，（考五經）進士，（試時務策）明法，（考法律）明算，（算術）道舉，（道學）史科，童子科（十歲以下通一經及孝經論語等者）等。

129 問 唐之居室飲食服制及市政交通若何？

答 唐人之居室飲食服制，莫不以貴賤為差等：（1）居室，五品以上，三間兩廈，六品以下及庶人，一間兩廈。（2）衣服，文武官皆戎衣，五品以上通著紫袍，六品以下兼用緋綠，胥吏以靑，庶人以白，屠商以皂，士卒以黃，和隋代相同。（3）飲食三品以上，常食料九盤；四品五品七盤；六品以下九品以上五盤。（4）市政商店聚於市集，和民居不相混雜，由市令管理之。日午擊鼓三百聲，而衆以會，日入前七刻，擊鉦三百，而衆以散。（5）交通，凡三十里一驛，天下凡一千六百三十九個驛，京師和地方，賴以互通消息。（6）倉積制度唐代爲維持民食，調節經濟起見，置常平倉及義倉，前者積穀或錢，後者專積穀，於是荒年無虞。

130 問 唐代工商業進步之特徵有幾？

答 唐代工商業都甚進步，特徵有四：一曰互市，中國和外國通商，在漢代已有。隋代置交市監，於是有互市專官。唐代除設互市監外，更在廣州設市舶使，當時通商地點，除廣州外尚有揚州營州登州夏州安西安南和中受降城等處。二曰飛錢，秦漢兩代黃金與銅錢並用，隋唐之時，民間悉用官鑄之錢，可是不敷當時之用。因此政府禁民運錢出境。而商民乃發明飛錢，以紙代錢，便於攜帶，祇須票據符合，便可取錢。這是我國紙幣和匯兌的起原。三曰茶鹽的徵稅，鹽爲富國之本，春秋時已然，飲茶則唐時始成爲風尚，並運銷外國，所以茶鹽乃爲唐代之大商業。政府課以重稅，而劉晏就場征稅之法，尤爲後世鹽法的權輿。四曰瓷器，古代日用飲食的器皿，多用竹木，其後用銅，及唐瓷器大盛，製瓷之地甚多，而以昌南鎮爲最著。

131 問 隋唐藏書之盛？

答 隋唐藏書之盛，可分帝王及士大夫兩方面言之。隋在開皇三年，下詔搜訪異本，內外之閣藏書凡三萬餘卷。至唐又分爲四類，曰經史子集，開元之時，藏書尤盛，惜燬於安史之亂。當時設有專官掌邦國經籍圖書之事，並分寫精美的副本貯本間以貯本賜人。至於士大夫方面，自晉以來，代有藏書家，唐代更多，隋唐學術文藝之所以能鼎盛者，藏書之風也有相當的功績。

132 問 唐代文學之特色何在？

答 有唐一代，爲文學最盛時代。唐太宗崇尚詞賦，而王勃楊炯盧照鄰駱賓王之四傑，遂翩然以徐庾爲宗。玄宗時燕（張說）許（蘇頲）二公，遂皆體六朝，而詞兩漢。元和以還，元結韓愈遂盛倡復古，柳宗元李翺皇甫湜和之，其文始一變而爲周秦。以上就文而言。至於唐詩，可分爲四大期：開元以前爲初唐，猶未脫齊梁舊習。開元至大曆，爲盛唐，李白號爲詩仙，杜甫號爲詩聖，爲一代中堅。自大曆迄太和，爲中唐，韓愈白居易柳宗元稱雄一時。太和以後爲晚唐，杜牧之李商隱溫庭筠皆以詩聞。總之李杜之詩，韓柳之文，極雄奇深秀之致，實爲有唐文學之特色。

133 問 唐代書法有何進步？

答 唐代美術足與其文學競美：（1）書法，唐以書爲教，立書學博士，故善書者特多。國初尙勁健，如歐陽洵虞世南褚遂良以及唐太宗本人，皆具魏晉遺意。開元以後，字尙肥厚，顏眞卿上傳張旭筆法，下開少師（柳公權）近代學者無不宗之。元和以後，柳公權又以淸勁勝。總計一代書法，凡三變。惟唐以書法取士，字尙平正，無復魏晉瀟灑縱橫之氣，此其失也。

134 問 唐之畫學分爲幾派？

答 自古書畫並重，隋置寶蹟臺妙楷臺二所，一以置書，一以藏畫。唐尤注重繪事，李思訓及子昭道並工金碧山水，自爲一家法。同時吳道子亦善山水，尤工人物，嘗畫地獄變相圖，觀者不寒而慄。世與歐陸張三人，並稱爲畫家四祖。吳道子嘗畫嘉陵江山水，一日而就，開後世之寫意一派。同時王維亦善畫破墨山水，風致特勝，因此畫家分爲南北二派。

135 問 唐代史學家有何創製？

答 唐代史學盛於經學，對於正史有許敬宗的晉書，姚思廉的梁書陳書，令狐德棻的後周書，李百藥的北齊書，魏徵的隋書，李延壽的南北二史。

對於考證輯錄方面，有司馬貞的史記索隱，張守節的史記正義，顏師古的漢書注。此外劉知幾的史通，杜佑的通典，前者批評歷代史籍，後者網羅典章文物，都是史家創製，定為後世範本。

136 問　天文曆算及輿地之學？

答　隋唐皆重天文曆算及輿地之學，茲分述之：（1）天文曆算，隋唐對於天文曆算，各有博士及生員。貞觀中，李淳風製儀象，至為精審。開元中，命西域人瞿曇悉達制曆譯書。武德中算學博士王孝通著緝古算經，為後世立天元術所本。（2）輿地學可分地圖地志兩種，唐人地理書，今存李吉甫元和郡縣圖志，為後世地志之祖。至於地圖，州府三年一造，據唐書經籍志所載，有長安十道圖、開元十道圖，惜今失傳耳。

137問 唐代音樂醫藥之進步若何？

答 唐代對於音樂和醫藥，都視爲專門之學。（1）音學設太樂署掌教樂人，以供邦國之祭祀，丞爲之貳。玄宗尤好音樂，於聽政之暇，教太常樂工子弟三百人，爲絲竹之戲。音響齊發，有一聲誤，玄宗必覺而正之，號爲皇帝弟子，至今梨園猶奉玄宗爲祖。此外卿相百官以及著名優伶之工於音樂者，更不勝舉。（2）醫藥亦然，設太醫署掌諸醫療之法，丞爲之貳。其屬有四：曰醫師，曰鍼師，曰按摩師，曰呪禁師，皆有博士以教之。如甄權孫思邈等，都是唐代的醫藥專家。

138問 佛教入中國後以何時爲最盛？

答 佛教以隋唐二代爲最盛，煬帝置翻經館及翻經學士。唐代譯經更多，據續高僧傳等書所載，西域僧到中國來的不下數十人，都從事於譯經。中國人到西方求經的也很多，最著名的便是唐太宗時的玄奘，在西域十七年，經百餘國，得梵本六百五十七部歸國。太宗命他在弘福寺翻譯。唐之寺廟，開元中有五千餘所，武宗時增至四萬餘所。唐代整理佛教經籍，也具功績，開元釋教目錄爲後世藏經的藍本。而禪宗語錄以俗語說經典，可爲後世白話文學之先河。

139 問 中土佛學可分爲幾宗？

答 自晉至唐言佛學者，可分爲十宗：卽俱舍、賢首、慈恩、律、密、三論、成實、淨土、天台、和禪宗。是三論和成實二宗，至唐已漸衰。淨土天台禪宗三宗，皆始於前代，而盛於唐。其餘五宗，都在唐代興盛起來的。俱舍以玄奘爲開創世祖，賢首以華嚴經爲本，慈恩以彌勒爲初祖，律宗從所主律藏得名，密宗以祕密眞言爲宗，淨土從其歸依淨土得名，天台從智者大師所棲天台山得名，以法華經爲本，禪宗以達摩尊者爲中華初祖，梁時至中國。

140 問 唐代除佛學外尚有何種宗教？

答 唐姓李氏與老子爲同姓，所以特崇道教，封老子爲玄元皇帝，莊子南華眞人，文子爲通玄眞人，列子爲沖虛眞人。對於玄學各置博士助教，又置學生一百員。天下道觀，凡一千六百八十七所，內五百五十所爲女道觀，每觀觀主一人，由祠部掌天下道觀。除道佛兩教外，尚有祆教摩尼教景教等。景教便是後世的耶教，但是三教的勢力，都不及道佛二教。

141 問 唐宋間異族南侵與中國文化有何影響？

答　唐代中葉以後，沙陀據汾晉之疆，契丹起於今之滿蒙，党項據天銀諸州，勢力日盛。五代時的諸帝，如唐太祖晉高祖漢高祖多是西戎雜種。到了北宋，屢困於遼夏，卒亡於金。遼金南下，漢族都為所虜。又因女真契丹之民，皆自本部徙中土，漢族遂與異族雜處。中國文化大受摧殘，巨室世家被異族虜去以後，盡沒為奴婢。於是崇尙世族之風漸泯。還有一點，便是中國南北文化之所以歧異，實自此始。因宋朝南渡，所以北方優秀的人士，皆南下，北方文化遂在江淮以南之下了。

142 問　唐宋間社會習俗有何變遷？

答　唐宋間社會習俗多與上古異趨，茲舉三者言之，以見一斑：(1)居處，七人席地而坐，所以朱子說古者坐與跪相類，至於高坐的極少。唐時始高坐，有木榻穿以繩，名曰繩牀，垂脚而坐。宋初乃有椅子，而杌子墩子之名，亦始於此時。(2)行路，古人乘車，晉代乃有肩輿，俗稱轎子。唐宋間普通多騎馬，及南渡以後，仕宦都棄馬而乘輿。(3)女子纏足，是否起於唐代，無可考，不過唐時已以纖小為貴。至於五代乃盛行扎脚，說者謂自李後主始。婦女因為纏足，身體孱弱，子女都不強壯，自唐以降，漢族不振，這也是各種原因之一。

143. 問 我國印刷術發明之經過？

答 雕板刻書之法，在隋唐已具萌芽，惟尚未發達。五代官刻儒書一百三十册，歷時二十四年，費時甚鉅。北宋則雕印之法，大有進步，十二年的工夫，刻成佛藏五千餘卷。但是按書雕刻，還不十分便利，所以畢昇又發明活字排版，用膠泥刻字，薄如錢唇，每字爲一印，火燒令堅。重要的字模，如之也等字同時製就十餘印。此時約當西紀元後一千零四十餘年至今西人猶稱印刷術是中國傳過去的。

144 問　印刷術之發明與文化有何影響？

答　印刷術發明以後，對於文化所產生的影響有三：（1）書籍的衆多，除了官印的書籍以外，又有書肆，自刻自售。書肆大多聚於福建的建安。至於書籍的式樣，與今西書相同，稱爲蝴蝶本，甚長大。此外則有巾箱本，縮小而易於翻閱。（2）藏書之日盛，宋初有崇文院藏書三萬餘卷，徽宗時有宣和殿等，數亦如之。至於士大夫藏書逾萬卷者亦甚多。（3）學者得書之易。

145 問 宋代理學之產生原因有幾？

答 理學卽性理之學，漢人治經多詁其義，宋人乃疏其理，故有理學之稱。其實便是玄學禪學和儒學混合而成的一種哲學，爲宋儒之學之主體。推原其發生之原因有五：（1）溝通佛老，以治儒書，而闢新途徑。（2）漢以來，學術衰，社會墮落，宋儒乃研窮心性，思以道義矯正之。（3）以前訓詁詞章，無裨實際。（4）自韓愈作原道，以後文士乃欲以文闡明道理。（5）印刷術之發明，使書籍流通愈廣。

146 問 宋儒學派之系統若何？

答 趙宋理學的開創者，是邵雍和周敦頤。而敦頤弟子尤廣，程顥（明道）程頤（伊川）皆受業於敦頤。明道以誠爲本，伊川則以窮理致知踐履躬行爲從入之方。二程的三傳弟子朱熹，承伊川的思想，集兩宋哲學的大成。同時有陸九淵（象山）與之對抗，成爲朱陸二派。朱主道問學，陸主尊德性。朱的治學方法，是歸納的，所以主張即萬物而窮其理，格得一物，便是一理，積久而貫通之。陸是演繹的，主張萬物皆在吾心。大約元及明初，朱學爲盛；明至中葉以後，陸學爲盛。

147 問　宋儒理學其特色有幾？

答　宋儒理學之所以超越前代，在有下列幾個特色：（1）躬行實踐，不專事空談，注重修養方法，諸儒都以修養方法教人。（2）私家講學之風極盛，注重以身作則，師生相從，講習不倦。（3）諸儒哲學不限於個人的人生觀，尚欲窮究宇宙原理，如論「無極」「太極，」爲以前哲學家所逮。

（4）宋以前儒者注重於人倫日用之間，道佛二家則作絕人出世之想，宋儒融會貫通，對於心理討論得很精微但同時也顧及人事。

148 問 宋代舍理學外，其他學術有何進步？

答 有宋爲中國學術最盛的時代，除了空疏的理學外，其他學術亦特昌：（1）音韻文字如徐鍇，徐鍇的研究說文，邢昺的研究爾雅，司馬光之治切韻。（2）史學，如司馬光的資治通鑑鄭樵的通志袁樞的紀事本末馬端臨的文獻通考都是不朽之作。（3）經學，或專主復古，或勇於疑古，派別甚多。（4）此外如對於地志，年譜，鐘鼎款識，泉貨文字等，考訂述作也不少。

149 問 中國政黨政治自何時始？

答　宋之政治，是士大夫的政治。宋仁宗慶曆中，范仲淹歐陽修等爲黨，但雖有黨議，並無兩黨對峙的形式。宋神宗時乃有新舊兩黨，中國於是始有政黨。神宗時用新黨爲政，黨魁爲王安石呂惠卿章惇諸人，執政十六年。哲宗初立，高太后秉政，用舊黨司馬光等。越九年，哲宗親政，用新黨章惇曾布等，執政凡六年。徽宗初立，向太后秉政，復用舊黨。及徽宗親政，又用新黨蔡京曾布等，凡二十年。到了北宋被滅於金，黨爭始已。

150 問　北宋新舊兩黨之政見，其異點何在？

答　北宋神宗時，積弊甚深，所以用王安石改革舊弊，創立新法。不過施行太驟，陳義太高，人民狃於積習，難免咨怨，奉行的官吏措施，又常不當。於是守舊者如司馬光富弼韓琦文彥博范純仁都紛紛責難。總之新黨近於管商，間雜意氣，舊黨近於黃老，偏徇俗見，各有得失。不過政見雖有不同，目的皆在純潔救國，初無私憾，及利祿之見參雜其間。至於神宗哲宗以後，黨爭漸不純潔，往往對於敵黨誣加罪狀，尤以蔡京當國時為甚。

151

問　試述遼之文化程度，及與吾國文化之關係？

答　遼是契丹興盛後的國號。契丹進化甚遲，自後梁開平元年，安巴堅稱遼太祖，建國以後，遂竭力採取漢族文化。其後諸帝對於官制朝儀，用人行政，都一用漢法。不過遼人所得於中國之文化之成績，卻少得很。契丹本無文字的，遼太祖時始以漢人隸書之半，增損之，制契丹字數千，成為遼文。不過祇翻譯漢籍，而罕有創作。據遼金元三史藝文志，遼人著作很少，大都工遼文的，也工漢文，所以不用遼文著作。

152問 試述夏之文化？

答 宋仁宗寶元元年，夏景宗乃立國於我國的西北。景宗本名元昊，通蕃漢文字，所以能刱製物始。到了其子繼立，更傾向中國文化，改用中國衣冠，並向宋求九經唐史等書。其後又建國學，設弟子員三百，立養賢務，以廩食之。至於西夏文字，是元昊命野利仁榮製成的，其字分行楷篆各體，亦猶漢字之有行隸篆諸種，形式雖不同，但終不出漢字的系統。近年已經東西學者發現西夏遺文多種。

153問 金之文化勝於遼夏者何在？

答 遼所愛的中國文化，祗是石晉及唐之遺；金則兼有遼宋南北兩方的文化。茲僅就教育及文字二者言之：（1）教育，金之暴主海陵庶人亮初置國子監，乃有國學，學者數百人，其後又在京府節鎭等處設立學校，學生數千人，國學中也印行書籍，雕刻極精。（２）文字，太祖命完顏希尹倣漢人楷字和契丹字，制爲本國字，卽所謂女眞字，學者得以女眞文字譯書教學。

154 問 蒙古文化及其文字，是否可屬中國系統？

答 蒙古疆域最廣之時，除中國外，分爲四大汗國，有內外蒙古，天山南北路，阿富汗波斯之北部，和俄羅斯的南部，所以蒙古所吸收的文化，兼有中國印度亞剌伯和歐洲等四種，不是專屬於中國系統以內的。蒙古最初也無文字，成吉斯汗時，襲用囘紇文字及世祖滅宋統一中國，始命八思巴作蒙古新字，以西蕃文字爲藍本，應屬梵文一支系，所以也不屬於中國系統以內。

155 問 元之官制若何？

答 元世祖定制，總政務者曰中書省，秉兵柄者曰樞密院，司黜陟者曰御史臺。其次，在內者有寺、有監、有衞、有府；在外者有行省、行臺、宣慰司、使、廉訪使。其牧民者，曰路（卽今之省）曰府、曰州、曰縣，官有常職，位有常員，其長皆以蒙古人爲之，而漢人南人副焉。總之，當時以蒙古人握實權，而法令雜亂，家自爲政，眞可謂極無法之弊。

156 問 元時蒙古所撫馭之部族有幾？

答 元代疆域闊遼，所以撫馭的部族，也最複雜。當時有蒙古色目漢人南人之別。蒙古族中，有七十二種。色目人，是被蒙古征服的異族，而又非漢人南人，如回回族藏族于闐族等，凡二十三族。漢人是指契丹高麗女眞渤海及滅金所得的北部中國人。至於南人，都是蒙古所征滅的南宋人。女眞人蒙古色目人，多改易漢姓。而散居各地的蒙古色目人，又與內地漢人聯姻。所以蒙古入中國，實爲異族與漢族的大混合時期。

157 問 元之宗教及風俗？

答 蒙古的宗教，最初祇有原始式的神教，當征討歐亞各地的時候，對於回耶各教，備極摧殘。及統一中國以後，各教遂並立，計有天方教，天主教猶太教，和中國的釋道二教。蒙古人民反同化於他族宗教。不過元人所奉的釋教，是西藏的喇嘛教，教徒足以害民病國。各教之人，皆轄於宣政院。蒙古的風俗最陋，並無屋宇，氈帳爲家，得水草卽住，獸皮爲衣。及受了中國文化的影響，始有城郭，風俗亦漸改良。

158 問 元之立國根本在民治與封建，試分述之？

答 元有立社制度，縣邑所屬村疃，凡五十家立一社，擇高年曉農者一人為之長。增至百家者，別設長一員。不及五十家，與近村合為一社。社長以教督農桑為事，舉凡農田、水利、樹藝、漁畜、教育、勸懲，都由社處理之，這是民治的方法。元朝疆域，亙古無匹，所以行封建制度，以團結國家。凡擁立大汗，必由諸王宗室，集會推舉，其後封建制度紊亂，元室也跟着衰亡了。

159 問 宋元之學校教育？

答 學校教育，到了唐季，已成強弩之末。宋初雖立太學，規模還不如唐漢。仁宗以後，行太學三舍制，將生員分為三等。初進的為外舍生，定額七百人，外舍升內舍，員三百；內舍升上舍，員一百。到了徽宗罷科舉，太學生多至三千八百人。太學生對於當時政治，也能屢次伏闕上書言事。至於地方教育，則州郡無不有學。南宋的學制，亦同。當時太學生對宰相臺諫也可以攻之使去，足見宋室養士之效。元代有蒙古國子學，教蒙文；回回國子學，教回文；至國子學之教漢文者，亦沿宋制。

160 問 何謂書院，其勝於學校者何在？

答 學校近於科舉，不足以饜學者之望，並且師弟子也不能自由講學，於是在學校之外，更要有一種講學機關，便是書院。書院起於唐，而以宋元為最盛，對於中國近代教育學術的變遷，關係很大。書院可分為兩種：一種是官立的，一種是私立的。私立書院，都由私人置立田產，政府不至沒收，並且可自以其意，延師講授，絕無拘束。所以淡於榮利，志在講求修身治人之法者，都願意進書院。南宋諸儒，多講學於書院，故南宋書院最盛。元時書院之著者，亦不下百數。

161 問 宋元文學之特產有幾？

答 宋元文學的特產有三種：曰詞，曰小說，曰曲。前二者以宋為盛，後者以元為著。詞起於唐而盛於宋，名家如蘇軾周邦彥柳永秦觀以及辛棄疾吳文英等，足為一代文學的特色。小說起宋仁宗時，國家閒暇，日欲進一奇怪之事以娛之，小說用當時語言，且多分章回，今所傳宣和遺事可為代表。曲為元代文學的特色，表情述事，眞摯秀傑，如關漢卿馬致遠王實甫等，都是當時著名作家。近世歐洲諸國，翻譯元曲已有二三十種，可謂我國之白話文學。

162 問 宋元書畫之特色？

答 宋代對於書學的進步，便是法帖。集古今名人的書札，摹勒上石。徽宗時，刻續法帖和大觀帖，使學書的人，可以取法於帖。宋元的繪事，比唐代尤有進步。徽宗好書畫，設書畫學博士，繪事成爲專家之學。曾由御前書畫所諸名家編訂宣和畫譜錄，所載凡六千餘軸，分爲人物、宮室、山水、鳥獸等十門。南宋沿宣和舊制，設御前畫院，知名的畫家不下百數。故宋畫集古之大成，在十五世紀時，世界各國無有能及者。元代亦崇畫學，當時有鑒畫博士，一代畫手著名的有二百多人。

163 問 天算與地學之進步？

答 宋重算學，設校教士，宋人之精於天算者，名家輩出，而以沈括蘇頌爲最著。沈括有渾儀浮漏景表三議，蘇頌著新儀象法三卷，他所製的儀象也最精巧。元則郭守敬參取回回之法，尤爲集古今天算之大成。宋代地志極夥，並且多附地圖，至於郡邑地志，也按時修編，爲後世地志之祖。元代關於輿地的最大製作，曰大一統志，其書凡六百册一千三百卷，附有地圖，惜乎現已失傳了。

164、問 宋元美術工藝若何，其中以何者爲最著？

答 宋代民族審美的觀念，並不因講求理學而喪失其高尚優美之概。就大體而論，且更勝於唐代。元代亦重工藝。宋元的美術工藝，以磁器爲最著。宋眞宗時景德鎮之名大著，天下咸稱景德鎮瓷器，至今猶然，其實宋代著名產瓷之地，尙不止景德鎭一處，所以宋代可謂中國陶瓷業大放光彩的時代。除了瓷器以外，建築術也有進步現存宋李誡所著的營造法式，列論至精。元代則繪塑佛象之術，亦卓絕古今。

165 問 宋元時之金融狀况？

答 唐代已有飛錢，爲後世紙幣的權輿。到了宋初，乃有完全的紙幣，宋會要：「蜀中以鐵錢重始爲劵謂之交子，以便貿易，同用一色紙印造，印文用屋木人物鋪戶押字，各自隱密題號。」其後又有錢引會子關子，都是紙幣，金入宋後，置局於汴京，造官會，謂之交鈔，與現錢並行。金章宗用生銀鑄造元寶，是爲銀錠之始。元代雖銀鈔並用，但鈔法不完善，大部份都用現金，故元代可謂專用生銀時代。

166 問 試述宋元時之社會狀況？

答 宋元時之社會狀況如下：（1）工商業團體，當時稱爲團行，各業俱有。（2）集會如文士集合的西湖詩社，武士的射弓踏弩社等等，大都偏於娛樂方面，詳見吳自牧夢粱錄。（3）慈善事業有米場、柴場、藥局、及慈幼院、養濟院之類，以濟貧病無告之人。（4）工商業的發達，宋時各地始以木棉織布，元代特設專官提舉木棉，浙東江東江西湖廣福建，都是產棉最多之區。

167 問 何謂漕運？

答 運地方的金帛粟米，都供給政府，謂之漕運。民國以前，賦稅尚以實物繳納，而非完全貨幣，所以有漕運的麻煩。宋都大梁，有汴河黃河惠民河廣濟河等四河，以通漕運。元明都燕，賦稅卻仰給於東南，乃不得不注重於漕運。漕運經過的河流，便是運河，經隋煬帝開掘以後，更經元明的修築，運河益稱捷徑。元代以來，雖漸行海運，但大部份仍經運河，而運河對於溝通南北文化之功，亦因漕運而益顯。

168

問　何以水利東南勝於西北，其故何在？

答　三代之時，田有溝洫，戰國以降，溝洫制度漸廢，於是一省農業的興廢，要以地方官吏治水的成績而定。在宋以前，西北各地官吏，對於農田水利，尚知修舉，所以富力不偏於南方。到了南渡以後，西北水利不修，於是南北饒瘠不同。西北之地，旱則赤地千里，雨水一多，又要釀成洪水，難得有雨暘時若，樂歲無饑的時候。歷元明清三朝，西北水利終不及東南，至今猶然。

169 問 明儒學術之系統若何？

答 明儒亦崇心性之學，而帝王提倡尤力。明成祖訂定周易大全四書大全和性理大全作為科學時試題的根據。因此之故，明儒之學其初大都墨守程朱學說，例如吳與弼便是。與弼傳婁諒和陳獻章。婁諒傳王守仁，創立陽明學派。陳獻章則自創白沙學派。及湛若水受業於陳獻章，又別開甘泉學派。三派之中，以陽明學派為最盛，其中復分浙中南中楚中粵閩北方諸派，所以明儒之學，以王陽明之學為中心。

170 問 王陽明的學說之特點何在？

答 王陽明的學說，其唯一特色，在主張知行合一。自宋以來，學術日昌，著述日富，但往往徒託空言，世人的立身行事，反與所言相背馳，遂致人心日壞。王陽明有鑒於此，乃主張知行合一。傳習錄曰：「古人所以旣說一箇知，又說一箇行者，只爲世間有一種人，懵懵懂懂的任意去做，全不解思惟省察，也只是箇冥行妄作，所以必說箇知，方才行得是。又有一種茫茫蕩蕩懸空去思索，全不肯著實躬行，也只是箇揣摸影響，所以必說一箇行，方才知得眞。此是古人不得已補偏救弊的說話。」王陽明這種學說，實足以藥當時的世俗通病。

171 問　明代藏書家有幾？

答　據明史藝文志，明代人的著作，多至十萬零四千四百六十九卷，可見文化之發達。又因爲當時刻書的進步，所以藏書之風大盛。明太祖定元都，貯宋遼金元之書於南京，其後歷朝搜訪，所以文淵閣貯書近百萬卷，爲歷代所未有。至於藏書家更不勝枚舉，每家收藏在二三萬卷以上者，也有十餘人。政府又雕造官書，將歷代正史一再雕印。燕京金陵閶闔（即今蘇州）臨安（即今杭州）四處，尤爲書肆薈萃之區。

172 問 何謂永樂大典？

答 永樂大典，是明代最偉大的製作，自永樂元年，奉敕撰起，至永樂五年，方才纂成。全書二萬二千八百七十七卷，以韻爲綱，而以古書字句排列於下，以便檢尋。但是體例不一，有時竟將全部大書，納於一韻一字之下，不過因爲並非割裂原書，所以元以前佚文祕典，世所不傳者，賴此得以全部全篇收入。明時共有寫本三部，到了清代尙存一部，及庚子拳亂八國聯軍奪去不少，藏各國圖書館中，視爲珍物，我國則祇存六十四册而已。

173 問　明代科舉最盛，其異於前代者何在？

答　清代科舉制度爲世所詬病，而清制實沿明舊。明代科舉，雖非獨創的制度，大部仍與唐宋相同，但專取四子書及易詩書春秋禮記五經命題試士，三年大比，以諸生試之直省曰鄉試，中式者爲舉人；次年以舉人試之京師，曰會試。中式者天子試於廷曰廷試，分一二三甲以爲名第之次，一甲止三人，曰狀元榜眼探花，賜進士及第，二甲賜進士出身，三甲若干人，賜同進士出身。子午卯酉年鄉試，辰戌丑未年會試。

174 問　有明文學之特色何在？

答　昔清儒焦循以為一代文學有一代之所勝，如漢代的賦，魏晉六朝的五言詩，唐代的律詩，宋代的詞，元代的曲，至於明代，因以制義試士，所以八股文獨盛，稱為時文。王鏊、唐順之、歸有光、胡友信都是此中大家，當時有八股盛而六經微，十八房興而廿一史廢之歎。除了八股以外，小說尚有創製，今世所傳三國演義、水滸傳、西遊記、金瓶梅等皆明人所著，但當時以小說卑不足道，所以不及時文之盛。

175 問　明之學校教育若何？

答　明初最重學校，凡學校出身的，可不必由科舉，所以國學中的學生人數，遠過於唐宋。各地的土官，以及日本、琉球等國，都派官生入國子監讀書。政府任以整理田賦，與修水利，學習翻譯，巡狩從行等事，並且隨時派學生分部辦事，所以並非徒事空談，卻有實習政事的機會。國家學校，有南北兩監；地方學校，則府州縣衞，無不有學。惜後來學生徒知埋首於時文，於是科舉盛而學校衰了。

176 問 書院制度在明代是否存在？

答 明初因國學獨盛，故書院漸衰。及科舉盛而學校衰，於是書院又興。王陽明嘗講學於龍岡貴陽濂溪稽山敷文等書院；及陽明逝世，門人建築書院，以祭祀陽明的很多。政府雖屢有嚴禁的命令，可是禁者自禁，設者自設。明末有東林書院顧憲成講學於此，因為忤宦官魏忠賢被毀，各地方的書院因之連帶波及。到了魏忠賢被誅，書院又盛。

177 問 明儒講學制度，與前代有何不同？

答 明儒講學之風甚盛，除了書院以外，更在寺觀祠宇，作定期的集會，以互相討論。當時講學的鉅子，到任何地方，都集會開講，至老不衰。而且無人不可聽講，甚至樵夫陶匠農工商賈，都可以與會。這種公開式的講學，確是以前所無的。不過到了明末，藉講學之名，作聯結黨朋之實，出而干預政事，如東林黨等，流弊遂多。

178 問 有明工藝之軼於前代者爲何？

答 明代工藝，以陶器及銅器爲最著。江西景德鎮的磁器，莫盛於明，以諸帝年號作爲窰的名稱，所以一朝有一朝的特色。宣德爐的銅鑄的鼎彝爐鬲，將一斤的銅，鍊十二次而得銅精四兩，用以製器，所以光色煥發，非普通可比。此外漆器，以及北京宮殿，曲阜孔廟，南京報恩寺塔等處的建緻，都精深華美，可以證明明代對於工藝的注重。

179 問 明之社會狀況？

答（1）宗教。明太祖出身釋氏，所以極重佛教，明代刻經之多，爲歷代所未有，而明儒之研究心學的，也多出入於釋氏，對於學術思想影響極大。（2）服制。明太祖統一天下，詔衣冠如唐制，上自袞冕，下至深衣，大抵皆周漢之舊。（3）階級制度。宮室衣服都依照階級而定，平居相見，官民也有分別，不能淩亂。已告退的官吏見異姓無官的人，可以受禮不答。（4）民治。耆民可以聽斷鄉閭獄訟，並有鄉約制度，同約中舉約長數人，以輔官治的不足。

第三編 泰西學術東來時代

180 問　中國近世文化史與上古中古之區別有幾？

答　中國近世文化史，與上古中古有三大區別：（1）在這時期內，東化的文化，沒有特殊的進步，祇能繼續保守，而一方面西方的宗教學術物質思想，卻逐漸輸入。（2）上古中古的歷史，純爲一國的歷史，在這時期內，中國與西方諸國，漸列於對等的地位，中國歷史也得植身於世界各國之列。（3）以前是大陸的歷史，自此因海洋交通的發達，遂變爲海洋的歷史。

181 問　元明時海上之交通若何？

答　宋代置市船司於廣杭明泉諸州，元明因之，這是國際貿易的起原。元世祖專務遠略，遣使招諭海外諸蕃，而西人馬哥博羅也在此時，到中國來。明初亟遣使海外，成祖時鄭和出使南洋，於是東南諸島，幾乎沒一處沒有漢人足跡。同時歐人也垂涎東亞，相繼遠航。葡萄牙人華斯哥德噶馬和馬基倫相繼發現新航路，自歐至亞。前者於弘治十一年（西一四九八年）至印度，葡人以之爲殖民地。後者於正德十六年（西一五二一）年到菲列賓，西班牙人以之爲殖民地。荷蘭英法諸國繼之而起。明武宗時，葡萄牙乃至中國通商。嘉靖中乃租廣東香山縣外的鏡壕爲居留地。荷蘭人也欲通商，中國不允，荷人據澎湖臺灣。於是中西文化，因海洋航行之便利，而逐漸交通。

182 問 中國耶教之盛自何時始？

答 耶教傳入中國已久，唐朝稱爲景教，宋稱一賜樂業教，元稱也里可溫

164

教，雖也譯有經典，但信教的人不多。自西一五一七年（明正德十二年）馬丁路德改革宗教以後，教士到中國來的日衆。萬曆中利瑪竇入中國後，文士信從者愈衆，明末信教者達數千人，而顯宦如徐光啓楊廷筠瞿式耜也都奉教。到了清朝康熙年間，教民竟至十幾萬。當時教士都學習華語，讀經籍，改易華服，信從儒教，和後世教士的凶獷粗鄙截然不同，所以能得中國人士的信仰。

183 問 滿清之勃興其故何在？

答 滿族文化鄙塞，初無文字。明萬曆二十七年，始參照蒙文製成滿文。至於官制朝儀，更沒有訂定。及得漢人的指導，方加以整飭，可見清之所以能滅明，並不是文化的優勝，而實由於明室朝野上下的腐敗。明末官府受胥吏的操縱，地方被鄉紳的騷擾，士卒將領又不加訓練，而清流名士又黨同伐異，滿淸人雖文化鄙塞，但沒有明人的腐敗氣習，所以能乘流寇之亂，一舉而統一中原。

184 問　滿淸之兵制若何？

答　滿淸入關以後，因爲猜忌漢人的緣故，以兵力刑力劫制漢人，使不得逞。在重要各地方，分置滿蒙八旗之兵，名爲駐防。盛京吉林黑龍江綏遠江寧福州杭州荊州西安寧夏伊犂成都廣州等十三城，各有將軍一人，以節制駐防軍隊。張家口熱河二地，各設都統一人。此外山海關等處，各設副都統一人，共計三十有三人。至於漢人的軍隊，稱爲綠營，朝廷不之注意，一切征伐，專恃旗兵。

185 問 淸初治術之異於明者爲何？

答 明季學校中人，結社立盟，劫制官府。所以淸初治術，就注重在摧殘紳權，抑制士氣。對於武斷鄉曲肆行無忌的紳士，概加以懲治。此外凡抗繳錢糧，或在科場中通關節的，也都被擒獲枷責。這種明代的積弊，至是漸次肅淸。康熙又欽定臥碑，曉示生員，其中最重要的二件事便是不准對於軍民利病有所建白，和不准立盟結社把持官府。從此以後，官權日重，士氣銷沈，對於地方利病，漠視無睹，中國民治的摧殘，實以淸爲最甚。

186 問 西方學術之傳入中國，其著者有幾？

答 西方教士，除到中國傳播宗教外，更輸入西方學術：（1）曆制。如湯若望南懷仁等教士，用新法製成時憲曆，推測至精，直至民國，改用陽曆，始不用。（2）儀器。湯若望南懷仁等新製儀器多種，及庚子八國聯軍入京，被德軍擄去，近已歸還我國，陳列觀象臺。（3）輿地學中國之知有五大洲，自利瑪竇來中國始。清康熙中各教士，又繪製全國地圖。（4）製造火器。明嘉靖間葡荷二國人，東來製造紅夷大礮。康熙中南懷仁迭造大礮，清廷用以平亂。

187 問 清代開拓疆土成功若何？

答 歷代疆域，以元為最廣，明僅及其半，西北各地仍為蒙古所有。清朝起於滿洲，有東胡和內蒙古之地；入關後除奄有明代兩直隸十三布政使之地以外，更收臺灣，平外蒙古，平準部回部而合為新疆省。康雍間又用兵平定青海蒙古西藏，至湖北湖南四川廣西雲貴川邊等處的土司，也逐漸改爲州縣，派漢官治之。可是對於清代發祥地的東三省，則深閉固拒，不許漢人擅往。對於蒙古也用喇嘛教以愚民，西藏青海亦然，祗有新疆尚不禁漢人移殖。故結果東三省蒙古等地文化日趨閉塞，可見就推廣文化的力量而言，滿人遠不及漢人。

188 問 滿清之官制若何？

答 清初官制，略仿明制。置大學士以參機務，六部以掌庶政，都察院以掌彈劾，通政司以掌傳遞，大理寺以掌審讞。又有理藩院則清所特設，以掌蒙古藩部，其品位在六部之下，三法司以上。此外如太常寺、光祿寺、鴻臚寺、太僕寺、翰林院、詹寺府、國子監、欽天監、與約束宗室之宗人府，都是沿明之舊。雍正中設立軍機處，於是大政皆出於軍機，權在內閣以上。至於地方，以總督巡撫爲長官，其下設布政司按察司及分守分巡道，再下則有府廳州縣，到了光緒末年，施行憲政，官制略改。

189 問 清代賦稅制度之利弊如何？

答 清代賦稅制度之唯一特點，便是將丁賦攤入地糧，並且規定從康熙五十年以後，永不加賦。這確是歷代所無的盛舉，但是因爲丁賦取消，無田地的人不必繳納國賦，所以大多數的人民，對於國家不知道更要盡何義務。並且因爲規定了永不加賦的辦法，國家支出每感不足，因此到了末年不得不徵鬻金借外債開捐納而人民也以加賦爲戒，寧願政府間接騙取，不肯直接負起賦役的責任。再者國庫支絀，官俸菲薄，於是養成了貪汚之風。

190 問　清之科舉制度若何？

答　入學者有廩、增、附生之分；再進則爲貢生，有恩、拔、副、歲、優、貢之別；再進則爲舉人；再進則爲貢士；貢士殿試者爲進士；然進士有三等：一甲爲賜進士及第；二甲賜進士出身；三甲爲賜同進士出身。至於科目，乾隆以後，大率首場制藝文三篇，詩一首；次場五經制藝五篇；三場策五道；殿試策一道。武則入學爲武生，無廩增附之分，亦無貢之階級，自舉人至進士，則與文同一程序。

191 問　康乾諸帝提倡文化，具何功績，其纂修之書，以何者爲最鉅？

答　康熙雍正乾隆三朝，爲滿清極盛時期，三帝皆好中國文學。康熙間武英殿雕刻御製欽定之書，經史子集四部各數十部。其中纂修之書，以圖書集成和四庫全書爲最鉅。圖書集成，共六彙編，三十二典，六千一百九部，都一萬卷，是我國類書最偉大之一，歷康雍二朝才得成功。乾隆朝又編訂四庫全書，搜羅海內各種遺書，共六千餘部，九萬餘卷，歷十年始告竣。同時繕錄七部，分貯文淵、（在北京紫禁城）文源、（圓明園）文溯、（奉天）文津、（熱河）文匯、（揚州）文宗、（鎮江）文瀾、（杭州）等七閣，後三閣，准好學之士前往檢讀。

192 問 何謂文字之獄？

答 清康乾諸帝，對於中國文化，雖有提倡之切，但一方面也有摧殘之罪。最著的便是鉗制言論思想的文字獄，凡漢人在字裏行間，稍露民族思想，輕則將原著銷毁，重則處以死刑流刑。（1）在康熙初年，有莊廷鑨的明史獄，戴名世的南山集獄。（2）雍正時，有查嗣庭的命題獄，呂留良的著述獄，胡中藻的毁謗獄。（3）乾隆時，有王錫侯删改康熙字典之獄，徐述夔的一柱樓詩獄。並頒布禁書令，對名人著述，摧殘不少。

193 問　清之學校制度？

答　清自入關後，修輯明朝國子監爲大學，萃八旗子弟，與直省貢監肄業其中，諸生沿明制，必應科舉而後入仕，這是京師學。至於地方學，有四種：即府縣學，社學，旗學，義學。府學設教授一人訓省四人州學正一人訓導三人；縣教諭一人，訓導二人。至於社學和義學，則爲教育幼童及孤貧者而設。此外尙有書院以輔學校之不足。不過這種學校士子，肄業多在學外，僅具虛名。到了清季，遂仿西制，設立學校，爲中國學校制度之一大改革。

194 問 清之刑法？

答 清初有斬、刑、鞭、扑，入關後採明法笞、杖、徒、流、死五刑，此外尙有凌遲、梟示、族誅、充軍、發邊遠、安置邊外爲民、邊外安置等。庚子後，除去梟示、凌遲、族誅等法，又改充軍爲安置，然死刑尙有絞斬之慘。地方審刑，擬罪之權，皆在州縣。由州縣、而府、而道、而按察使、而督撫、而刑部，層層覆訊，所以不服的很容易上訴。

195 問 淸代學術可分爲幾期，何謂啓蒙派？

答 清代的學術思想，是宋明理學的一大反動。其目的，在復古。綜計二百六十餘年的清學，可分爲四期：一、啓蒙期，二、全盛期，三、蛻分期，四、衰落期。啓蒙派的第一人，也就是清學的始祖，便是崑山顧炎武。他對於晚明王學，首作猛烈的攻擊，並且主張舍經學無理學，教學者直接研究古經，勿輕信宋儒的注疏。其次推閻若璩和胡渭，閻著古文尚書疏證，喚起學者鑑別僞書的觀念。胡渭著易圖明辯，說宋以來的河圖洛書，是出於道家，和孔子的所謂易相去很遠。有了這三個人，於是清學的基礎——實是求是的研究古經——才樹立起來。

196 問 啟蒙期內對於明學尚有何種反動？

答 啓蒙期內，對於明學作反動者，尚有三別派：一派是主張力行的，有顏元李塨等人，說學問固不當求諸瞑想，亦不當求諸書册，惟當於日常行事中求之；一派以史學爲根據，如黃宗羲萬斯同等人，黃著明儒學案明夷待訪錄，萬著明史稿，其後衍爲全祖望章學誠等，全續成宋元學案章著文史通義；一派是專治天算的，有梅文鼎王錫闡等人，開自然科學的先河。三派之中，祇顏李一派不傳於後。

197 問 全盛期之代表人物爲何，其特色有幾？

答 清學的全盛期人物可稱正統派，亦稱漢學或樸學，注重考證，是清學的中堅。其代表人物，在吳有惠棟，在皖有戴震，震尤爲盟主，弟子有段玉裁王念孫，王念孫之子引之也有名，世稱戴段二王。其他學者不可數計。考證學的特色如下：（1）凡立一義，必憑證據。（2）選擇證據，以古爲尚。（3）孤證不爲定說，必得續證始漸信之。（4）羅列同類的事項，作比較的研究。（5）所見不合，則相辯詰，辯詰以本問題爲範圍。（6）專治一業，作精深的研究。總之清代考證學實合於近代科學的歸納法。

198 問 考證學之價值何在？

答 清代樸學以經學爲中心，此外如小學、史學、天算學、地理學、音韻學、金石學、校勘學、都用同樣的研究方法，將漢代以來的書册上的學問，加以一番整理。其價值在：（1）難讀的古書經此種整理，可以讀可以解；（2）對於僞書，或書中竄亂蕪雜的章節，加以剔選，使學者知所別擇，（3）開發前人向不注意的學問。此外樸學家銖積寸累的求學精神，和細心忠實的研究方法，也足以獎示後人。

199 問 清學分裂之原因及爭點何在?

答 道咸以後,清學已至蛻分期,其原因由於學派的本身者有三:(1)清學正統派,以提倡實學而盛,到了後來專講古代名物典章制度等,也流於空談,遂以不能貫澈實學而衰。(2)當時有漢學專制之局,勢必盛極而衰。(3)正統派教人以尊古爲尙,又教人以善疑,於是人皆漸疑漢學之本身。此外關於環境方面的原因也有三點:(1)道咸以後,專制稍衰,人心漸獲解放,不甘於空泛的樸學。(2)江浙是漢學家產生地,道咸以後,受禍最烈,學者四散。(3)西學逐漸輸入,於是以經學今古文之爭爲導線,而清學遂分裂。

200 問 今文學家之主張若何?

答 經傳之用秦漢通行篆書者爲今文，用科斗文者爲古文；東漢古文大盛，今文大衰，僅存春秋公羊傳之何注而已。到了清代閻若璩考證僞古文尙書，於是對於古文的信仰大減。莊存與劉逢祿龔自珍魏源等人，都起來研究今文學的公羊傳，而康有爲實集今文學派的大成。他嚴畫今古文的界限，說凡西漢晚出的古文經傳，都是劉歆所僞造，同時對於正統派所最尊崇的許愼鄭玄，排擊尤力，著新學僞經考。有爲又宗公羊，立孔子改制說，謂六經皆孔子所作，堯舜皆孔子依託，對於數千年的經籍，作一大解放。至於宣傳今文學最力的，則有梁啓超。

201 問 清學之衰落期若何？

答 清學到了衰落期，已無復創作精神，爲正統派作死守後壘的，祇有一二大師，便是俞樾孫詒讓章炳麟等。俞樾和孫詒讓，都得傳於王引之。俞樾的弟子章炳麟，治小學極謹嚴，中年以後究心佛典，治俱舍唯識，有所入。既亡命日本，涉獵西籍，以新知附益舊學，日益宏肆。所著文始及國故論衡中論文字音韻諸篇，都精到異常，然亦以好談政治，稍荒厥業。

202 問 清之經學及小學有何進步？

答 清人對於經學的唯一功績，便是諸經的新疏。擷取一代經學的精華，加以別擇結撰，凡易書詩禮左傳公羊論語孝經爾雅孟子都有新疏。小學是治經的途徑，名著也多：如段玉裁的說文注，王筠的說文句讀，朱駿聲的說文通訓定聲等等。而馬建忠的文通，嚴復的英文漢詁，又為西文字典的嚆矢。至於附屬於小學的音韻學，清代也特盛，初則考證古音，繼則推出聲音變化的公例，今之注音符號卽本於此。

203 問　清代史學家之著者有幾？

答　清初諸師，都研究史學，黃宗羲萬斯同最著，其後有全祖望章學誠等。清代史學可分爲五類：（1）以經學方法，考證史學，或偏考各史考證一史，或對於古代別史雜史，加以考證箋注。（2）研究史法，如章學誠文史通義。（3）私人獨力著史，如萬斯同的明史稿，魏源的元史聖武記，柯劭忞的新元史，和畢沅的續資治通鑑。（4）學術史，如黃宗羲的明儒學案宋元學案等。（5）地志，如阮元的浙江通志廣東通志，章學誠的湖北通志。此外各府州縣的地志，也都出於碩學之手。

204 問　清代地理學之發展共有幾方面？

答 清代地理學有各方面之發展：（1）水道。以戴震著水地記校水經注爲發軔，自此水經遂爲一時研究的中心。（2）考古。以閻若璩四書釋地開端，以後學者往往考證古史中的地理。（3）西北地理。嘉道以降，西北邊境多故，學者如龔自珍徐松張穆何秋濤等，遂專治西北新疆青海蒙藏等處地理。（4）外國地理。有徐繼畬的瀛海志略魏源的海國圖志，惜祇開端緒，不能作更進一步的研究。（5）輿圖。光緒季年，有鄒代鈞精習測繪地圖，成中外各國地圖七百餘幅，爲以前研究地理者所不及。不過就大體而言，清代地理學，偏於考古，地理本爲活學，至是反變爲死學。

205 問 清代之金石學，及何謂龜甲文？

答 清代金石學，以顧炎武的金石文字記爲濫觴，大致可分爲二：一爲石學，或從碑版中考證經史，或專講碑版的鑑別，或專講書法，而葉昌熾的語石實集諸派之長。二爲金文字，則考證商周銅器，如阮元潘祖蔭吳大徵端方張之洞等達官都酷嗜收藏古器，對於小學起一大革命。此外復在河南湯陰縣發見龜甲文，據近人研究的結果，斷爲是殷文，正在繼續探討中。

206 問 清代天算學之成績？

答 從明代徐光啓以後，天文算學漸成爲士大夫所喜研究的科學，其開山之祖，則推宣城梅文鼎。溝通古代舊算法和泰西輸入的新法，如三角比例等，著書凡八十餘種。自後學者輩出，清聖祖也篤嗜算術。同治初，曾國藩設江南製造局於上海，翻譯西洋科學名著，算學當然也在內。於是學者除專究天元四元之精理外，更兼習代數微積分諸法，算學本是我國舊學，清代又光大之。

207 問 何謂校勘及輯佚？

答 校勘和輯佚，都是書籍考古學。清儒之有功於古學，這也是其一，凡古書傳習愈希的，譌謬的地方也最多，使閱者不堪卒讀，其書遂廢。清儒博徵善本，以校讐之，這便是校勘學。校勘學最大的成績，便是諸子學的復興，因為先秦諸子，經一番校勘工夫之後，研究的興趣日增，近則諸子與經並重了。至於輯佚，是從別的古書中，輯出已佚的古書，自乾隆時修四庫全書，從永樂大典中採集數百種，遂開輯佚之始。以後輯出的古書日衆。馬國翰玉函山房輯佚書，多至數百種。

208 問 清代文章可有幾派？

答 清當漢學昌盛宋學銷沈的時候，桐城人方苞姚鼐等，尊宋學，而又好爲文，誦法曾鞏歸有光，造立所謂古文義法，號曰桐城派。桐城派的文章，以清雅二字爲其特色，然格律謹嚴，往往流於乾枯。其後陽湖惲敬自桐城受義法，而稍變其體，汪浩雄肆，不如桐城派的謹嚴，自謂其文得力於左史，號曰陽湖派。此外駢文一派，清人自以爲特色，其實做駢文極工的，祇有汪中一人，其次則龔自珍譚嗣同，其餘如洪亮吉等，則堆垛柔曼沒有生氣了。

209 問 清之詩詞小說是否發達？

答　清代文學，實不發達：（1）詩，以吳偉業王士禎爲開國宗匠，已靡曼脆薄。經學大師多不善詩，龔自珍號稱新體，又粗獷淺薄。咸同後競宗宋詩，只益生硬。（2）詞，有納蘭性德張惠言王鵬運等，駕元明而上，可是當時指詞爲小道。（3）曲，除孔尚任桃花扇洪昇長生殿外，無可稱者，李漁蔣士銓之流，就淺薄寡味了。（4）小說，紅樓夢和儒林外史尚稱特色，其後林紓等則以翻譯西洋小說著稱。

210 問　前清佛學與思想界有無關係？

答　前清佛學極衰微，清初王夫之研究相宗。乾隆時，則彭介升羅有高也篤志信仰佛學。其後龔自珍魏源都在晚年受菩薩戒，著有佛書多種。今文學家受龔魏二人的影響，多兼治佛學。譚嗣同從楊文會學佛，本其心得著仁學一書。康有爲梁啓超都好言宗教，往往以己意進退佛說。章炳麟亦好法相宗有著述。所以今文學家，無不受佛學的影響，與西洋輸入的哲學，作一種比較的研究。

211 問 前清書學之趨勢爲何？

答 前清學術，由研究近世而日趨於古，書法亦然。清初書法，尚董香光。雍乾以後，金石文字之學興，書法乃漸入於古。出土之碑日衆，學者從碑版中研究書法，是爲碑學。碑學以外，雖尙有學帖的，是爲帖學。然大部份的書家，多是學碑的。如鄭燮往往以隸意入楷，卽劉墉翁方綱諸人，亦有六朝氣息。迨伊秉綬起於閩，鄧石如起於皖，碑學尤盛。近世碑學以趙之謙張裕釗爲最，而康有爲又爲有淸書法的結局者。

212 問 清代之畫家其宗派若何？

答 清代畫家輩出，順治中有八大山人，其後山水有四王，花卉有惲南田，人物推陳老蓮。學四王的，有時敏鑑翬原祁所學都是南派山水，北派山水有藍瑛，然未能免俗。晚近名家，山水有王宸秦儀花卉有蔣廷錫鄒一桂奚岡戴公望，大率以王惲為宗。此外金農的墨梅，鄭燮的蘭竹，邊壽民的蘆雁，費丹旭的士女，則雖不為宗派所拘，也很有名。

213 問 鴉片戰爭前後我國智識界有何種趨勢？

答 鴉片戰爭前後我國智識界有三種趨勢：（１）對於清學正統派所提倡的古文學起一種反動，而發生所謂今文學。（２）智識界目覩國運之淩夷，知道詞章考據是沒有大用的，乃漸重經世致用之學。我們從龔自珍魏源的著作，已可見到這種趨勢。洪楊以後，尤講求實用。（3）我國智識界見西洋汽船鋼礮的利害，知道不得不效法泰西。所以在洪楊亂定後，曾國藩等就興建福建造船廠江南製造局江南譯書局，並且派人出洋留學。其初注重於器械和戰術，以後更漸及於政治。

214 問　清季外患迭侵與吾國文化有何關係？

答　清季雖有效法泰西的趨勢，但尚屬塗飾。到了光緒初年，外患相續不絕，國勢岌岌不可保。甲午中日戰後，門戶洞開，於是德宗同康有爲梁啓超等變法圖強，廢八股取士，設立學堂，譯新書，是爲戊戌變法。其後乃有庚子拳亂，是戊戌變法的反動。拳亂後，守舊者奪氣，對於新政不再反對。光緒二十七年張之洞等三次會奏變法：（1）廣派遊歷，（2）練外國操，（3）廣軍實，（4）修農政，（5）勸工藝，（6）定礦律、路律、商律、交涉刑律，（7）用銀元，（8）行印花稅，（9）推行郵政，（10）官收洋藥，（11）多譯東西各國書。其言多見於實行，二十年來舊制日趨消滅，新法日有增加，所以清季外患迭至，是促進泰西學術輸入的一大刺戟。

215 問 清季西洋哲學之輸入經過？

答 西洋哲學之輸入，自嚴復始。嚴為初次留美學生，歸國後譯英國赫胥黎天演論斯賓塞爾羣學肄言。此外關於法學的，有孟德斯鳩的法意；關於經濟學的，有斯密亞丹的原富；關於論理學的，有耶方斯的名學淺說。其後王國維譯汗德叔本華尼采諸家哲學。馬君武譯物種原始盧梭民約論此外梁任公也努力於介紹西方哲學，國人之得聞亞里士多德、倍根、笛卡兒、斯塞挪莎、康德、霍布士和邊沁諸家的哲學，也應歸功於梁氏。

216 問 民國以來文學之流別若何？

答 當代之文，理融歐亞，詞駁今古，五光十色，各體俱有，大別之可分為古文學與今文學兩派。今文學又分：（1）文，有章炳麟黃侃師弟的魏晉派，林紓馬其昶姚永概的桐城派。（2）詩，有易順鼎樊增祥之學中晚唐，陳三立鄭孝胥陳衍之學宋詩。（3）詞，有朱祖謀況周頤之學常州派。（4）曲，有王國維吳梅的研究元劇。至於今文學的流別又有三：（1）為通俗之文言者，曰梁啓超。（2）創邏輯之古文者，曰章士釗。（3）創白話之詩文者曰胡適，勢最盛，號為新文學運動。

217 問 國語文學之特色何在？

答 民國六年胡適歸國，任北京大學教授，提創中國文學革命之論，一時風靡，駸駸乎白話代文言而興。據胡適自言新文學之要點約有八事：（1）不用典，（2）不用成語，（3）不用成套語，（4）不講對仗，（5）不避俗字俗語，（6）須講求文法以上爲形式的一方面；（7）不作無病之呻吟，（8）不摹仿古人，須語語有個我，在須言之有物，以上爲精神內容的一方面。到了民國九年，教育部頒布小學課本改用國語之令，於是白話文的勢燄愈盛。同時有周作人者主張歐化的國語，語氣文句悉倣歐文，惟詞意拖沓，字句格磔，讀者多非難之。

218 問 何謂新文化運動？

答　對於西方學問的介紹，在清季已有嚴復翻譯經濟政治等書籍，林紓等翻譯文學名著。但尚不能作有系統的介紹。所以在民國六年國語文學方興之際，又有新文化運動。以北京大學為發祥地，新青年為宣傳機關，胡適陳獨秀錢玄同諸人實為主幹。對於中國舊禮教作一種有力的攻擊，對於婚姻問題婦女問題勞動問題，都有討論。而風氣所及，繼起應和的，北京則有新潮日刊每週評論；上海則有民國日報附張之覺悟時事新報之學燈。此外如晨星改造與解放太平洋勞工進步新潮等等，同時並興，推波助瀾盛極一時。

219 問　民國六七年後之新漢學運動若何？

答　胡適是漢學極盛的安徽績溪地方人，在美國研究哲學，歸國後著成中國哲學史上卷一部，用西方科學的方法，根據新的觀察點，來批評中國古代哲學，對於我國學術，作第一次的重行估價。於是民國六七年後的新漢學，乃與起了。所謂新漢學者，就是國故整理運動。同時爲此運動之健者，有梁啓超氏，著先秦政治思想史墨子學案老子哲學中國佛學史和清代學術概論等等，影響很大。各大學都有關於國學的研究刊物，這種風氣，至今方漸熄。

220 問　我國文化之將來？

答　泰西文化輸入後，我國文化所受的影響很大，上而至於政體制度，下而至於起居服飾，推而至於文化各方面的一切一切，無不起了重大的變化，這是很顯著的。中國文化，一方面有歷代所遺傳下來的舊制舊說，一方面有西洋輸入的各種文明。東西文化，本是背道而馳的，經了這次互相接觸互相影響之後，五十年或一百年後，或竟能產生一種新的中國文化，正如佛教輸入後的中國文化一樣地融合而成一綜合體。

——完——

中華民國二十年七月初版

中國文化史問答 全一冊

■（定價大洋五角）
（外埠酌加郵費匯費）

編著者 上海北福建路二號 丁留餘
發行人 上海北福建路二號 沈駿聲
出版者 上海北福建路二號 大東書局
印刷者 上海北福建路二號 大東書局

發行所 上海四馬路暨各省 大東書局

考試必攜

百科問答

自然數學叢書

上海大東書局出版

生物學問答	毛起鵰編	一冊三角
動物學問答	毛起鵰編	一冊三角
物理學問答	毛起鵰編	一冊三角
植物學問答	毛起鵰編	一冊四角
礦物學問答	毛起鵰編	一冊三角
化學問答	毛起鵰編	一冊三角
數學問答	章淪清編	印刷中
代數問答	章淪清編	印刷中
三角問答	嚴幼芝編	印刷中
幾何問答	嚴幼芝編	印刷中

考試必攜 百科問答

史地教育問答

上海大東書局出版

世界地理問答	毛起鵰編	一册四角
世界文化史問答	毛起鵰編	一册四角
生理衛生學問答	毛起鵰編	一册四角
倫理學問答	章淪清編	一册四角
論理學問答	章淪清編	一册四角
教育學問答	曹無逸編	一册三角
社會學問答	毛起鵰編	一册五角
心理學問答	毛起鵰編	一册四角
平時國際公法問答	邱培豪編	一册五角
戰時國際公法問答	邱培豪編	一册三角

姚江濱著

民族文化史論

中國藝文出版社發行

民族文化史論

姚江濱著

中國文藝出版社發行

民族文化史論

著作人　姚江濱

發行人　中國藝文出版社　上海南京路一六六號

代表人　羅敬典

經售處　上海書報雜誌聯合發行所　上海(11)福州路三七九弄一二號

中華民國三十八年一月出版

自序

世界上自有人類就有戰爭，自有人類就有文化。戰爭一方面破壞文化，一方面又創新文化，它一手推動着時代的巨輪在轉，在變，所以歷史是人類戰爭的記錄，是文化演進的痕跡。

二十世紀可以說是「大戰的時代」。這時代，民族意識特別伸張，民族主義已是政治思想的主潮，民族的組織已成爲世界政治的集團；這時代，國家民族的利益高于一切，各個民族無不嚴于「內外之分」，要求個人對國家民族要負道德上和歷史上的責任，也就是要以個人的人力財力加强整個民族的權力，使能足以維護民族的生存，使能發揚民族文化，光大民族的歷史。所以這時代主要的現象是爭，是力，是活動，是緊張；人與人之間是「唯力是視」，世事內關係是「一切皆戰」；個人要求的是生存，全民族爭取的是自由和解放！

惟其有强權侵略的戰爭，弱小民族也就必然的起而發動革命的戰爭；一方面在維護文化，一方面在摧毀文化；一方面企圖「吞併天下」，置正義公理于不顧，一方面又艱苦鬥爭，日夕祈求人類永久的和平。

我們不幸生在這大戰之世，出生還沒有親眼看到什麼和平。著者生在第一次世界大戰爆發之年，對于戰爭毫無記憶；第二次世界大戰親歷其境，深知這次我們全民族的抗戰是民族生存之戰，是人類正義之戰，是革命戰爭，是文化戰爭。這個長期的戰爭是我們民族的生死大事，歷經無數悲慘壯烈偉大的史實。這時期在我國文化史上具有劃時代的意義，說明我們民族不能抗戰就必趨于滅亡；同時給人類的思想有一個劇烈的轉變，就是人類惟有和平，才能謀取文化的發展和世界的進化，這次大戰，給我們民族無數血汗死亡的教訓，給全人類一個嚴格的考驗——你們究竟是要戰爭還是和平？

原子彈的發明，表示善良的人類似乎可以捍衛和平，日本無條件的投降，說明法西斯主義侵略的暴力已歸消沉。可是勝利並沒有換得和平，各個民族之間還沒有「勢力均衡」，以致兩年來「天下大亂」的現象使國際風雲萬變，使戰爭給人類的威脅有增無減，表示和平必須正義的武力才能爭取，才能維護。人類必須打消民族的偏見和歧視，才能免除「恐懼的自由」。

民族的智慧，民族向上的意志和民族革命的力量，原是民族文化問題的中心，時已二十世紀的五十年代，人類的聰明才力，應該發展到可以尊重理性愛護文化的程度，應該可使人類的命運不再讓自然來支配，讓上帝來支配，不再給強權暴力控制，讓它任意的毀滅于無形；應該自己能安排自己的命運，自己走自己的路！

我們民族向有「中國一人，天下一家」的崇高理想，可惜至今還沒有爲世人普遍的重視，在抗戰的血火之中，我們民族的弱點，大都暴露了，但日本八年的侵略沒有能使中國滅亡；戰後國內的各種惡勢力，在戰亂之中表現無遺，但如何能在這樣廣大的內戰裏而不使其滅亡，就看我們民族自救的努力如何了！

現在的人類，大多苦在飢餓不安之中，普遍的遭受戰爭痛苦。但歷史又指示我們：「天下非一人之天下，乃天下之天下」，人民大衆怎能無言？事實上時代的洪流已逼使一切被壓迫的人們必須流血革命，必須創出一個「人民世紀」！必須要寫一部自由和平民主進步的歷史！世界上已不容許那些侵略吃人的暴徒再來發動殘酷的戰爭；各個民族必須互相諒解共同團結，才能和平相安，人類才有光明的前途；所以最卑劣最愚蠢的，就是只知內戰只知互相殘殺的民族！「聯合國」的組織是時代的要求，但要「天下一家」的理想能够實現，還需要許多民族組成一支世界性的十字軍，也就是保衛和平的十字軍！她不但打擊那些自私、狂妄、暴虐的侵略主義者，同時還要扶植弱小民族，使他們能够自由解放，轉變歷史的行程！

近來物價普遍的飛漲，大多數人受着生活上最嚴重的威脅，米潮、工潮、學潮，到處泛濫，一片請願聲，像春雷似的轟響起來；一切的現象是煩惱，苦悶，是混亂，是崩潰，是不可收拾的樣子，政府窮於應付而不知所措，人民怨聲載道而不知何從。這時候，勢利支配着人們的行動，饑餓逼着人民一個一個的死亡，戰亂使國家陷于風雨飄搖之中。這是我們民族空前的浩刼，這是說明我們民族的弱點雖然暴露，還沒有把它克復，我們民族革命的任務還沒有完成。

但，我不相信中國的事，就此走頭無路，毫無辦法，我只怕大家泯滅理性，只問小我的利害，不顧國家民族的生死存亡，我只怕大家對事不辨是非，對人不分善惡，大家如果能大覺大悟，能恨其所恨，愛其所愛，嫉惡如仇，使得是非善惡分明，才能使善良而可憐的人民選擇他的前程，才能使我們民族有以自救而不陷于自殺的絕境。

歷史已經指示我們：過去抗戰的功勳決定于忠奸之分，今天建國的成敗，歸於誰是忍讓爲國的開明的和平統一者！

在抗戰期間，著者爲了反對侵略的戰爭，爲了喚起知識份子對民族革命和歷史文化的責任感，先後寫了三十幾篇論文，其中除「中華民族與亞洲總解放」一種單行出版外，大部份原稿已經散失。這幾篇要在說明我對我們民族文化歷史的看法——我們民族究竟是怎樣融合而成的，我們民族具有怎樣的特性和能力，歷代民族文化是怎樣演進的，戰爭與文化是怎樣的因果相關，在大戰之世，我們應該如何接受世界各國民族革命的歷史教訓，知識份子在文化歷史上應該負怎樣的責任……這些都是就愚見所及有感而發的，這幾篇有的是在重慶南京舊書店裏搜集到的，有的是由雜誌的編者和朋友們寄贈和借抄的，現在復予增刪，重加校訂，編為一册，題為「民族文化史論」。全書共七篇，撰文時期，由于原稿散失，已不能記憶；但每篇都註明發表的刊物名稱和年月日，藉以表示當時寫作的時間性和空間性，也可以說明著者思想發展的過程。

今天重讀這幾篇文字，雖時隔數年，但處此戰亂未已的時代，目怵第三次世界大戰的蘊釀和我們民族的危機，覺得還沒有失去它的意義。回憶當年戰魔的瘋狂暴行和全世界的戰火，猶在眼前！但，我不知道戰爭究竟能給人們多少教訓？

中華民國三十六年端陽節姚江濱於鎮江

民族文化史論

目　次

一 論中華民族

——聖人能以天下一家，中國一人。

（一）

我們全中華民族，現在處在極艱苦的大時代，正拚着空前的威力，共同致力於民族抗戰，爭取民族的生存和光榮的歷史。其所以能如此的，大多由於民族革命精神的發揚光大。而這革命精神的發揚光大，實在是由於民族思想的指導和民族文化的培養。

在四五千年前以至春秋時代，「華夏」和「夷狄」，還是錯綜雜處在四方。所謂「披髮左衽」，「飲食衣服不與華同，贄幣不通，言語不達」（左傳襄公十四年）的「諸戎」、「赤狄」、「白狄」、「長狄」等族，因其風俗習慣言語文字有異於「華夏」，以致他們一有內向的攻掠，便激起了所謂「漢族」的狹隘的種族觀念。如「非我族類，其心必異」，就成爲一般人「內外之分」的心理，「尊王攘夷」，已成爲歷代統治者最有力的號召。

不過經春秋戰國五百年間諸族的互相頡頏以後，各地的「戎狄」，不但都被「諸夏」所同化，就是當時邊陲的各族，如北之燕，西之秦，南之「南蠻鴃舌」的荊蠻和「斷髮文身」的吳越，也都加入了中華民族的範圍。由於統治者習用同化的政策——「修文德以來之，既來之則安之」，南蠻北狄也就同爲中國人了，所謂「夷狄而進於中國，則中國之」。因此，周朝也就成爲當時民族文化的正統，久之，就消滅了種族的界限，形成整個中華民族的大系統。

（二）

「中華」既爲國家之全稱，那麼我們就應該認淸：建立「中華民國」的人民是「中華民族」；「中華民族」是統指中國史乘上所有人的全體宗族而言。例如漢、滿、蒙、回、藏、苗等等，均在其列。但所謂「漢人」和「滿人」、「藏人」……不過同是中國境內全體民系的一份子，根本不是一個什麼純粹的民族。所謂「漢族」「滿族」「蒙族」……充類至盡，也只能視爲各宗族之稱，而不能當爲什麼民族的。由此可見中華民族是由於許多宗族經過文化的洗煉融和而長成的。

辛亥革命時的採用「五族共和」一詞，實際上是上了滿淸政府的當。因其統治中國以後，一向是把人民分格看的。「滿人」當然是至尊至貴；其次，才是「漢」、「蒙」、「回」、「藏」、「苗」……由於統治的方式和差別的待遇，造成其他同胞對於「漢人」的歧視，使得整個中華民族，在心理上留着五個不同的觀念，一方面影響全民族的團結；一方面使敵人藉「漢族本位說」，從事挑撥離間，破壞民族戰爭的陣線。

「漢族」這個名詞，本不妥當。因爲「漢」原是一個朝代的稱號，並不是什麼種族的稱號。歷史上的「夏」、「商」、「殷」、「周」、「秦」、「漢」以及「唐」、「宋」等，當初都是以地方封國的名字，不過以前沒有「中華民族」這個名詞，同時「漢朝」統治的地域較廣，經歷的時間較長，由於主觀與客觀上的需要，它也就由朝代的稱號變成中華民族的代名詞了。其非民族的本稱，梁任公在「中國歷史上民族之研究」裏曾這樣說：

「吾族自名曰諸夏，以示別於夷狄；諸夏之名立，即民族意識自覺之表徵；以其標用夏名，可推定爲起於大禹時代，何故禹時能起此種意識？以吾所度，蓋有三因：第一、文化漸開，各部落交通漸繁，公用之言語習慣已成立。第二、遭洪水之變，各部落成遷居高地，日益密接；又以捍大難之故，有分勞協力之必要；而禹躬親其勞以集大勳，遂成爲民族結合之樞核。第三、與苗族及其他蠻夷相接觸，對彼而自覺爲我，自茲以往，『諸夏一體』的觀念，漸深入於人人之意識中，遂成爲數千年來不可分裂、不可磨滅之大民族。」

梁氏已經說明：我們民族在「夏禹時代」爲了空前的洪水大難，已經融和而團結了，而且團結得「諸夏一體」。由此可以理解到「諸夏」，就是一個集合無數原本複雜的部落、宗族、民系而成的團體。而「夏禹」呢，不過根據其若干部落、宗族、民系、逐漸發展而爲他們的共主能了。

「諸夏」和「夷狄」是我們民族兩個籠統的代表名詞，而「諸夏」，又是當時具有共同文化的大多數部落、宗族的總稱，其所以稱「夏」的，是表示起於大禹時代。這由於當時的文化已漸漸的發展，文化的力量，已逐漸融和了「諸夏」的生活，奠定了新社會的基礎。所以時到周朝，就有封建制度的確立，使得各部族的諸侯，都得在王室的支配之下，各行其統治。這時候，周朝已是全民族文化的正統，而身爲商王後裔孔子所說的「周監於二代，郁郁乎文哉，吾從周」的話，實足以說明周代的文化力量，已融和了大大小小的民族；構成大中華民族的組織系統。

春秋以降，「四夷」也由「諸夏」所同化，「夷蠻戎狄」加入以後，造成歷史上偉大的時代。戰國之世，以長期戰爭，激起了澎湃的學術思潮，形成我國文化史上的黃金時代。秦朝開拓五嶺，使得政治和文化的勢力，積極的向外擴張，結果，南方的西南夷、甌越、南越等族先後同化，形成民族上的大一統。西漢之世，民族的勢力，差不多經過半個亞洲的範圍。迄至魏晉南北朝時代，又有匈奴、烏桓、鮮卑、氐羌、巴氐等新血統的融和；隋唐時代，則有高麗、百濟、突厥、鐵勒、沙陀、黨項、吐蕃等新血統的融和。而五代、宋、元時代契丹、女貞、蒙古人的漢化，明清時代大批滿苗人的漢化，都足以說明大中華民族的構成與成長，不只是所謂「諸夏」和「漢族」的勢力，所謂「蠻夷戎狄」，在整個民族融和的過程中，均有其一定的地位和供獻。

（三）

不過中國歷史上的各個宗族，向以漢族爲文化的中心。古來各族之間，經歷無數次的戰爭，使各個宗族社會的組織由小而大，由合而分，復由分而合，久而久之，融和統合爲一個集體的大民族了。然而漢族爲什麼易於融合其他各族而始終不失爲中華民族的中心呢？梁啟超曾有這樣的說明：

「一、我所宅者爲大平原，一主幹的文化系，既已確立，則凡棲息此間者，被其影響，受其函蓋，難以別成風氣。二、我以用者爲象形文字，諸侯言語雖極複雜，然勢不能不以此種文字爲傳達思想之公用工具，故在同文的條件之下，形成一不可分裂之大民族。三、我族素以平天下爲最高理想，非惟古代部落觀念，在所鄙夷，即近代國家觀念，亦甚淡泊，懷遠之教甚，而排外之習少，故不以固有之民族自域，而歡迎新份子之加入。四、地廣人稀，可容各民族之交互徙置，徙置之結果，能增加交感化合作用。五、我族愛和平，尊中庸，對於他族雜居者之習俗，恆表示相當的尊崇，坐是之故，能減殺他方之反抗運動，假以時日，同化自能奏效。六、同姓不婚之信條甚堅強，血族婚姻，既在所排斥，故與他族雜婚盛行，能促進彼我之同化。七、我族經濟能力，發展頗達高度，常能以其餘力，向外進取，而新加入之分子，亦於經濟上組織上同化。八、武功上屢次失敗退嬰之結果，西北蠻族侵入我文化中樞地，自然爲固有文化所薰育，漸變其質。一面則我文化中樞人，數次南渡，挾固有文化以灌東南，故全境能爲等量的發展」。

許多部落，宋室經過長期民族同化和文化融和的過程，他們的文化模式，就隨着提高而與所謂「諸夏」或「漢族」合爲一體。由於歷史的進化，也就沒有什麽古今不變的「漢族」了。

今天的所謂漢滿蒙回藏苗等同胞，實際上在歷史的演變裏，都已不知經過多少的融和與同化。例如苗夷（即上古時代的九黎），藏族（氐羌），滿蒙（中古時代的東胡鮮卑——滿蒙並非兩族，實同出於靺鞨，都是東胡族），回族（近古時代的突厥回紇），大多早就和漢人相互同化了。古代的所謂「四裔」就是東夷、西戎、南蠻、北狄，在秦漢而後，也和漢人過着一樣的民族生活了。至於那些少數的蠻戎番人，稍有言語文字的相異（如契丹文字係摹仿隸書而成），習慣的差別，那只是文化上的問題。這樣，誰又能誰說是純粹的漢人呢？

談到「滿洲」，根本就是清太宗一手捏造的假名，原是代表金遼後裔的，可是事實上，就是金人。金和遼以及蒙古，在當時並非一族，只是統稱爲東胡人（見元史譯文補證和新元史可知，在此與解說蒙古是匈奴不同；實則蒙古匈奴是因地域相同而強加附會的）。到如今，除掉蒙古還保存一部份而外，至於遼金何在呢？也許還有人說在滿洲或東三省。然而三千萬東三省的同胞、差不多全是河北、山東以及山西的移民，「旗人」，只是極少數的。其中所謂漢軍八旗、蒙古八旗（就是蒙古人）只有三分之一；漢人有三分之二；至於「旗人」，老早與漢人同化而改稱漢名了。滿人的改用漢姓漢名，也和以前的元魏、遼、金、元的改爲漢姓漢名一樣，表示早已進入同化的過程。

滿人同漢人的生活無異，實際上早已漸濡在漢人文化集團之中。清朝規定滿人不與漢人通婚，這是政治上的歧視；漢人梳髻，滿人梳髻，漢人剪髮，滿人也剪髮；滿漢是同樣的語言文字，加之清朝對中國政治二百九十六年的統治，使得滿漢同胞，形成同樣的生活習俗，彼此實在沒有什麼區別。

談到回民，主要的是宗教信仰與漢人不同，而宗教信仰的不同，也不是民族分別的特徵。關於這，齊思和氏曾在「民族與民族主義」一文裏說：

「近來回教徒金吉堂君作了一篇回教民族說（禹貢第五卷第十一期）證明在中國的回教徒是屬一個民族，對於這一點我很不敢苟同。金君所舉的理由，如『譬如一是摩洛哥信回教的男，別一個是馬來信回教的女，他們萃聚一處，因兩情相悅，便可結婚，雖所處遠隔重洋，因信仰不同，自有作親之可能；不如此，雖同里已五百年，但一漢一回，便永遠不能作親。因此之故，回族的血統，永遠是整個的』。我們知道：摩洛哥人是黑色人，馬來人是棕色人，兩種人配合後，而血統仍『是整個的』，這個道理我不能了解。金君又說：『回人永遠絕對不食豬肉，故回族人之生活上，絕對無一絲豬之營養分在內』，就但我們看來，豬的營養成分，也不過是脂肪，蛋白，水，少量礦物質等化學成分而已，與牛羊僅有量上的不同，並沒有質上的區別……況且不吃豬肉，乃是古時小亞細亞一帶人普通的習慣，因爲那一帶地方本屬熱帶，猶又屬於骯髒的動物，爲注重衛生的關係，才把禁食猪肉，列爲信條之一。如猶太人同回民，并非同族。又如金君謂『天津穆家回民與天津本城回民之發音，亦微有不同』，還是從語言上證明回民是一個民族；但我們不知內地的回民，究竟有多少人能說亞拉伯話？……『發音亦微有不同』，卽可構成一民族，我不知道應該把中國人分成幾十萬個民族」。（見大衆知識第一卷第五期）

回民信奉伊斯蘭敎，漢人也有信仰伊斯蘭敎的，不能因信仰伊斯蘭敎，就成爲一個民族。何況我國西北的回民多是突厥族，內地各省的回敎徒，除了極少數傳敎的人是阿拉伯或土耳其人的後裔外，至少有百分之九十以上是漢人。而移住的突厥和漢人過同樣生活，不知經歷幾千年了。如漢代的南匈奴，唐代的回紇，就是顯著的例證。寧夏省主席馬鴻逵氏，身爲回敎徒，但他就反對信仰回敎的人是一個獨特民族的說法。無怪他這樣的說：「倘若回敎徒可以喚爲回民族，那麽中國信佛敎的人爲什麽不叫作印度民族？信基督敎的人爲什麽不叫作猶太民族？」足見以宗敎信仰的不同說是民族的不同是別有用心的。

所謂「藏族」，原爲羌族，世居西域，卽今之西藏、靑海、西康等地，後漢書曾載：「西羌之本，出自三苗，姜姓之別也」（藏族最古者爲氐羌，亦曰西羌）；通鑑外紀載有「神農長於姜水」（今之陝西寶雞縣）之語，可見今日的西藏同胞，並不是另外一個特殊民族。

談到藏民對於佛敎的信仰，也不足以說明是一個民族的特徵。何況西藏因爲喜馬拉亞山的阻隔，佛敎並不是印度傳入的，而是由中原人傳播的。在唐以前，西藏的人是奉信巫敎，直到唐太宗時代，文成公主嫁到西藏以後，因爲她絕對信仰佛敎，佛敎才漸漸普遍爲西藏人民所信仰。而唐朝的文物制度，也早就爲藏民所沿習了。

就是一般人認爲文化最落後得苗夷同胞，根據歷史的記載，自始就與漢族同源。如後漢書南蠻傳曰：「高辛氏，以女娶槃瓠，子孫滋蔓，是爲後世南方蠻夷之祖。高辛氏卽五帝中之帝嚳，爲黃帝之後」。關於「槃瓠」，有謂就是世人盛傳的「盤古氏」（夏曾佑著中國古代史卽持此見解）。而苗之得名，係由於古代之「三苗」。漢代著名大經師鄭康成、馬融等，對於「苗」字，都解釋爲「苗裔」，如此，「三苗」者，就是三個著名帝族的苗裔」。但從無一人說「三苗」爲異族的。

其實一般人錯認爲異族的苗夷同胞，實在也是所謂「漢族」。清朝有一江南人陳鼎氏，因隨其叔父生活於雲南，得與滇東龍姓土司女結婚，陳氏曾在「滇黔土司婚禮記」詳記其事：「滇之東，土司稱文物者以龍氏爲最，蓋其先於周漢上諸姬也。其族通漢書漢語者十九，而一秉周禮，翩然風雅。彬彬乎，禮樂之鄉」（該書收入「小方壺齋輿地叢鈔」）。由此可見苗夷同胞也多習於漢人的文物風俗，不失爲漢文化集團的主要份子。

（四）

就婚姻關係說：歷史上各宗族間的互相通婚，使得我們民族的血統有無數次的混合，如春秋戰國和五胡亂華的大戰時代，都是我們民族大混合的時期。早在周代，周襄王就曾娶狄后，晉文公曾娶狄女叔隗爲妻，這是君主貴族和異族通婚的顯例，但是周女也有出嫁夷狄的，如晉文公的姐姐，就是嫁給狄族路子嬰兒的，由此可見，我們民族自古以來就有着混合血統的婚姻關係。

漢武帝時代，張騫奉命出使西域，在建元二年（元前一三九年）被匈奴所擒，前後歷經十年，在此期間曾娶匈奴女子爲妻，並生有子女。元朔三年（元前一二六年）脫險歸漢，當以深知烏孫和匈奴的實情，極力主張聯合烏孫打擊匈奴，並且以「和親」爲獻策，結果爲朝廷所採納。例如武帝的命江都王劉建的女兒細君出嫁烏孫國王昆莫，使她成爲所謂烏孫公主，成爲中原與新疆人民血統交流的先聲。嗣後蘇武出使匈奴，被囚十九年，李陵大將軍等屈降匈奴，先後都在西域留有妻子；漢元帝時代，王昭君和番，更是可歌可泣的史實。昭君下嫁匈奴，在人情上說：她的遭遇是值得後人同情的，如「環佩影搖青塚月，琵琶聲斷漢宮秋」，就是盡情的描寫。可是就我們民族通婚的關係講：王昭君的出嫁，在民族的血統上以及當時的國際關係上有着偉大的貢獻。她在匈奴曾生育一子二女，使得漢胡的和親政策得到成功，使得許多人民免於殘酷無情的戰爭。

談到人民的雜居，更是民族血統大混合的說明。例如漢武帝在平定烏桓以後，就移民到漁陽、上谷等地；漢宣帝招降呼韓邪單于以後，就把他們移居西河、美稷等地，使羌人與漢人同居中原；東晉五胡十六國大亂，更造成全民族的大混合；晉惠帝時江統曾有「徙戎論」的文章，其中有謂：「帝王之都，每以爲居，未聞戎狄宜於此土。而因其衰弊，遷之畿服……以貪悍之性，挾憤怒之情，候隙乘便，輒爲橫逆。而居封域之內，無障塞之隔，掩不備之人，收散野之積，故爲害滋擾，暴害不測，此必然之勢」。由此可知關中各處都有所謂戎狄之居。並且可以說明當時各族之間由於生活的差異，心理上不免許多距離，作者鑒於當時各族雜居中原的情形，主張將許多邊地人民作有計劃的遷移，就是「徙馮翊、北地，新定界內、風翔、平涼諸羌，着先零、罕幵。析支之地，西南徙扶風、始平、京兆之氐，出還隴右；著陰平、武都之界，稟其道路之粮，令足自致；各附本種，反其舊土，屬國撫夷，就安集之，戎晉不雜，並得其所」，當時我們民族血統交流的情形，於此可見一斑了。

鮮卑族的魏文帝拓跋氏統一了北方，傾心漢人的文物敎化，並且獎勵各族通婚，以政治力量促成民族血統的混合。資治通鑑有謂：「魏主雅重門族，以范陽盧敏、清河崔宗伯、滎陽鄭羲、太原王瓊四姓，衣冠所推，咸納其女，以充後宮，隴西李冲以才識見任，當朝貴重，所結姻連，莫非清望，帝亦以其女爲夫人」。並詔會皇弟娶漢女爲妻，「咸陽王禧可聘故潁州太守李輔女，河南王幹可聘故中散大夫代郡穆明樂女，廣陵王羽可聘驃騎將軍參軍滎陽鄭平城女，潁川王雍可聘故中書博士范陽盧神寶女，始平王勰可聘廷尉卿李冲女，北海王詳可聘吏部郎中鄭懿女」，他不但主張與漢人通婚，而且以身作則的改用漢姓，使得許多後人無法分辨他的祖先是漢人還是鮮卑人。

隋唐時代，由於國力的伸張，全民族血統的交流，益爲激盪。例如隋煬帝即於「大業中令裴矩道使往說高昌王伯雅來降，遂封伯雅爲弁國公，尚宗女華容公主，伯雅爲公主歸番後下令國內解辮削衽，取悅煬帝，帝聞賜衣冠及製造之式」(隋書)；唐太宗的令文成公主下嫁西藏，更是歷史上的佳話。據唐書中有謂：「十五年妻以宗女文成公主，詔江夏王道宗持節護送，築館河源王之國，弄贊率兵次柏海親迎見宗道，執婿禮甚恭。」這是中原人士和西藏同胞血統交流的史例。

元清兩代，由於蒙古和滿清統治數百年，漢蒙和漢滿人民通婚者無數，各族血統的交流，可無須詳說了。

（五）

姓的不同，也不足爲區分我們民族的理論根據。顧頡剛氏曾說：「我姓顧，是江南的舊族，想來總沒有人不承認我是中國人和漢人了。但我家在周秦時還是斷髮文身的百越之一，那時住在閩浙的海邊，不與中國通，實在算不得中國人，自從我們的祖先東甌王心向漢朝，請求漢武帝把他的人民遷到江淮之間，其子期視受封爲顧余侯，他的子孫姓了顧，於是東漢有顧綜，三國有顧雍，再不能說我們是越民族而不是中華民族的一員了」。

蕭一山氏也曾以自己的姓舉例說：「譬如姓氏是代表民族血統的，然而現在的姓氏，最不可靠。以我的姓——『蕭』來說，本是殷氏大族之一，封爲蕭而後得氏，可算是老牌的漢族了。五代時，契丹大將侵入開封，羨慕漢姓，讓書記替他起一個名字叫蕭翰，因此遼的后族，都姓蕭，最有名的蕭太后——和楊家家對壘的——也就是這一族內人。有誰知道現在姓蕭的，還是『豐沛故家』還是『蘭陵舊族』呢？還是『契丹之後』呢」？（見中央週刊第一卷第廿六七合期）

事實上邊疆同胞改稱漢姓的史例，確是很多，遠在三代之上，即有百姓黎民之分。史稱黃帝子二十五人，其得姓者十四人。嗣後邊疆同胞由帝王「錫土姓」（禹貢）而改稱漢姓者，更是不勝枚舉。如唐太宗就賜契丹王窟哥姓李，太宗以後的君主也常賜姓給其他的宗族，像吐谷渾、沙陀、西羌各族的酋長都先後被唐朝賜冠李姓。還有一個史例可說的，就是太宗時，突厥族的頡利可汗被李靖擒獲以後，太宗爲了要招撫突厥人，卽以頡利可汗爲順州右衛大將軍。不久，突厥人佈列朝廷，因而入居長安者數千家，五品以上的將官逾百餘人（見新唐書）。西安一帶回教同胞之衆多，實有原因。隋書經籍志中曾說明鮮卑、氐羌、羯族與匈奴改稱漢姓還居洛陽的史實，如「後漢遷洛，有八氏十姓，咸出帝族。又有三十六族，則諸國之從魏者，九十二姓世爲部落大人者，倂爲河南洛陽人」（史部譜序篇）。新唐書中也有這類記載。如「康國本月氏人，始居祁連北昭武城，突厥所破，稍南依葱嶺，卽有其地，技庶分王，曰安、曰曹、曰石、曰米、曰何、曰火尋、曰戊地、曰史，世稱昭武九姓」（康國傳），而胡姓的普遍，尤其是顯著的例子。

現在我們能不承認孟子所說的「舜是東夷之人，文王是西夷之人」？還有五胡的匈奴首領劉淵、劉聰，建國以後，曾奉劉邦、劉備爲遠祖；突厥的沙陀族者，李克用、李存勗，自以爲是唐代的嫡派，其實是不是呢？

邊疆同胞漢化以後，因已忘却原有生活意識，而胡化的同胞，以其久居邊疆，一切生活習慣，當然也喪失固有的形態。例如北齊朝的高歡，他是繼承北魏的漢人，因爲世代都隨從鮮卑人服務，以宅他的宗族觀念以及生活習慣與鮮卑人無異，所謂「漢兒學得胡兒語，站上城頭駡漢人」。安祿山對哥舒翰所說的「我父是胡，母是突厥，公父是突厥，母是胡，與公族類同，何不相親乎」？這更可以說明漢人胡化的史實了。

歷史上每有一次戰爭，胡人改用漢姓漢名的人就增加一次，我們民族的組織也就擴大一次。多少的匈奴、鮮卑、羯、氐、羌人的歷史如遼元史書等典籍，我們早應把它看作大中華民族的正史了。因爲根據史籍研究，中華民族的同化與演進，恰如水波的一起一伏，有一次的戰爭，就有一次的混合，就有一次統合，前推後進，愈演愈廣，愈演愈强，所加入的份子也愈繁多，活動的範圍，也就越漸擴大。民族的威力，也就益發雄偉。否則，今天也不曾有這麼優秀而廣大的民族，我國也不曾有這樣大的版圖，也不會發動全民族革命的力量對日本抗戰到今日！

但是民族的演進，卻少不了一個中心，就好比我們抗戰需要領袖一樣，因爲沒有一個中心和領袖，很容易失去民族的自信力和自尊心。無疑的所謂「漢族」，就是我們中華民族的中心，是民族演進的基礎。同時，一個民族在共同的歷史過程中，有着共同的榮辱，共同的苦難與幸福，共同崇拜的民族英雄豪傑，以及共同的希望和目標。因此，歷史最能維繫民族的感情，增進民族的團結，發揚民族的文化。

誰都承認我們是「黃帝的子孫」，這當然不錯；可是歷史家又說我們是「炎黃之胄」。炎是炎帝，黃是黃帝，由此可以知道我們民族在黃帝時代的中心人物，就不只是黃帝，另外還有炎帝，還有蚩尤，因爲那時候的局面是：黃帝「邑于涿鹿之阿」，炎帝就是西方氐羌的領袖，蚩尤爲南方九黎的代表，北方還有熏鬻玁狁等族，可是誰是主居說是客處，無從考證；而在歷史上可以找到的，只是黃帝與炎帝之戰，只是黃帝與蚩尤之戰，至於當時炎帝的被逐，蚩尤被殺，僅是減少了兩個領袖人物，而與其同族，實在無關，反是以促成我們民族的大融和與大團結，使得整個民族得在同一個領袖——黃帝的領導之下，作共同的生活，創出輝煌的民族文化。

無疑的，當年黃帝是十足的代表着民族的中心，並且領導全民族作長期的鬥爭，使得萬世的子孫流傳下來，樹立在天地之間。如此，黃帝不單是漢人的祖先，也是滿蒙回藏苗人的祖先；而炎帝、蚩尤，也是大家的祖先；更可以進一步說：我們中華民族，也是熏鬻、玁狁、畎戎、匈奴、東胡、鮮卑、突厥、氐羌……的子孫；而今日的所謂漢滿蒙回藏苗，根本就不能代表一個民族。

（六）

世界上大多數民族，自古到今，都必定經過無數的變化，而人類在自然的移力之下，事實上也少不了移動和變化，少不了自然的發展。華格納（N.Wagnor.1813—1887）——一個探險旅行家，他認爲實是事實。含有特殊重大的意義，包括許多問題。並且說明：人類中的差異，就是它們激動起來的；而且一個民族，如果經過一番遷移，他們整個社會生活，在比較短促時間，就會改變，或是造成一番新的局面，形成一個新的時代。

事實上每個民族都處在「熙熙攘攘」的狀態之下，無論在和平或戰爭的時候，都免不了彼此往來的關係，各種人事的接觸，釀成了多方面的演化，造成民族文化的中心，因民族文化的進步與落伍，形成民族的興盛與衰危。我中華民族的文化，如不經過幾千年來民族戰史中無數血的教訓，決不能同化亞洲大部份的民族，構成燀煌的歷史。使得印展的佛教文化向各處發展，使得回教的勢力向歐洲推行，使得羅馬帝國統一地中海，使得一切不同的民族與文化統合在我們中華民族的勢力之下。

在前面已經說明我們民族的血統，是混合的血統，不是單純的血統。假使要根據一個褊狹的「民族血緣論」說，那麼我們就是中華民族的血統，根本不是五個民族的聯邦。在今天，所謂漢滿蒙回藏苗等名詞，也就沒有什麼意義，只是民族史上的一個陳跡。過去的發展是同樣的重要，當代的同胞，實不應存有任何主觀的褊狹的優越的或歧視的心理。拿民族的祖先說：黃帝發明指南針，創造各種制度文明；炎帝和黃帝一樣，他在五千年前已替我們民族打好了江山，奠定了國家的基礎；蚩尤發明銅器弓弩，作爲今日工具武器的原型；成吉思汗發明火藥，成爲發明武器的先進；瑪墨特傳入回教，形成今日的回教文化；秦始皇統一中國，融和了多少民族；努兒哈赤統一建州，團結蒙藏及回教同胞，造成五族一家的先聲。

就在日常生活裏也有許多事例，普通食用的胡桃、胡瓜、大蒜（胡蒜）、胡麻、胡椒、胡蘿蔔、番紅花等，都是邊疆同胞傳入的；一般人所穿的長袍子，就是滿服；而通用的馬褂子，也不是漢人原有的，而是蒙古人的服裝；又如羌笛，就是西藏同胞發明而傳用全國的；胡琴、胡床等，都是匈奴傳來的。諸如此類的例子，眞是不勝枚舉。

有些人以爲漢滿蒙回藏各種人信教不同，就說中國有這幾個民族。我們知道：宗教固然與文化有着特殊的關係，但就不能以此爲根據，前面已經提及。因爲一般漢人所信仰的佛教，同時也被滿蒙回藏同胞所信仰；回民所信仰的回教，同樣的也爲其他人所信仰。但過去竟因宗教信仰的差別而引起不幸的戰爭。如漢回的衝突，就留下慘酷的史實（甘肅一帶就有些「白骨塔」與「萬人坑」的遺跡）；其實回民不信回教，漢人及其他同胞反而信仰回教的，也不在少數。就拿姓孔的說，照理只信儒教佛教，可是西北各省許多姓孔的就特別信仰回教或是喇嘛教，並且與回民媾通婚姻；談到蒙藏同胞，固然大多崇拜喇嘛，但自外國傳教士到達西藏蒙古以後，信仰基督教或是天主教的，也一天多一天了。

我國現在不但有人信仰回教，不但有人信仰佛教、道教，還有人信仰天主教、基督教，如果說信仰回教的回教徒可以說是回族的話，那麼那些信仰基督教和天主教的人，該叫什麼民族呢？所以說：宗教雖然是構成我們中華民族的一個因素，但我們民族的範圍，並不等於我們宗教的範圍。世界上也不只是我們的民族如此，像美國人民，他們有信仰基督教的，有信仰天主教的，也有信仰猶太教的，但從沒有聽說美國有什麼「天主民族」或「基督民族」。

也許還有人以爲漢滿蒙回藏苗各個同胞所處的地域不同，而有區分民族的憑藉，那也錯了，因爲上面我們已經說過，我們民族在歷史上已不知經過多少的融和與同化，根本就分不出什麼純粹的漢人或滿人……很明顯的，歷史上的天災人禍，已使得我們的祖先「熙熙攘攘」的東西往來，形成無數次的移民運動，在這一點上就表示我們民族老早不受地域限制了，尤其在交通發達不分彼此的近代，中國什麼地方沒有所謂漢人呢？什麼地方沒有滿人回民或是蒙藏同胞呢？就是僻處在西南的苗夷同胞，有些早已改稱漢姓漢名到處做生意了。特別在太平天國以後以及抗戰以來（據日人統計：我國沿海一帶的人民因抗戰移到西南各省者達一千三百萬人），我們民族已爲了空前的大難，造成了極大的人口交流。

如果還有人固執的說：在滿洲的人是「滿洲民族」，在西藏蒙古的人說是「藏族」「蒙族」……那麼住在廣東的人不就是「廣東民族」嗎？住在江蘇的人不就是「江蘇民族」嗎？那怎麼說得通呢？

要是以語言文字和風俗習慣的差別，說我們民族是幾個絕對不同的民族，那也是不合理。談到蒙藏同胞的語言文字與我們日常用的有所不同，以及他們的風俗習慣有些大同小異，這是一個教育文化問題，而不是民族問題。這是地理上的阻隔和交通不發達的原因，而文字和言語又是時刻在演進的，所以福建人有福建人的話，廣東人有廣東人的話……四川人與江蘇人，廣東人與河北人的風俗習慣，也有差別。如果以這一點而定爲民族的差異，中國將要分成多少民族呢？

一個民族或一個國家，有幾種不同語言和文字的人民，根本也不足爲奇。因爲語言文字乃是文化環境的產物，與種族很少連帶的關係，例如瑞士，雖是一個很小的國家；但他們民族就有法、德、意三種語言；又如斯拉夫族以及拉丁族的語言相差就很大。菲列賓人普遍都用西班牙文，但他們不是西班牙民族；比國南部用法文，北部用德文，但這並沒有使比國分成幾個民族。

（七）

總之，我們中華民族的構成，是由於全國同胞團體意識與情操的發展，由於大家團體志向與力量的表現。因爲歷史流傳與政治關係已久，知道我們同是一個祖先，應該光宗耀祖，爲發揚光大民族的新生命而奮鬥下去。說到這裏，我們可以採用密爾氏（John Stuart Mill）的民族定義了：

「民族是具有共同意識感情，因歷史流傳，政治上結合已久，各自願同隸於一個政府下的人類集團」。

如此，我們很容易理解到：無論漢滿蒙回藏苗……在歷史上和政治上說，早已融和爲一個民族了—大中華民族。抗戰以來，全國同胞爲了反抗日本的侵略，都在民族戰爭的號召之下，團結禦侮，爭取民族的自由和國家的獨立。這是由於民族正氣的感動，民族主義的昭示，同時也是由於民族融和團結的具體表現。

那些堅信東北同胞是「滿洲民族」的，只是溥儀之流，然而溥儀是否算是純粹的滿族，還有問題；同樣的，德王這些人，他們也曾力說蒙古同胞是一個獨特的「蒙古民族」，因爲他們都是甘心出賣民族國家的。

其實孫中山先生老早昭示國人了：「吾人既欲實行民族主義，當以美爲模範，以漢人之文明，另造一混合之新民族，如儻滿蒙等族懷疑及併吞，則必以平等待遇之。平等待遇之先，須先之以調和，則須放棄漢族之名稱，另造一民族名稱，如美國然，曰「中華民族」。民國廿七年中國國民黨臨時全國代表大會宣言裏也曾有所指示：「日本口中之民族自決，語其作用，誘惑而已；語其結果，領土之零星分割而已。日本知此廣大之領土與繁庶之民衆，非可一口吞併，故必取而臠切之」。

這全是敵人給我們的教訓。近年來，他們派了無數的浪人潛來中國，專門從事分化我們同胞團結的力量。在東北，在蒙古、綏遠、西藏、西康……誘騙煽惑各地的同胞，挑撥是非，離間我們邊區同胞與政府的感情，期能有利於他們的侵略，葬送我們民族的前途！

還有，就是我們自己的不謹慎，無意中給以敵人乘機利用的機會。例如「漢奸」這個名詞，在大家認爲這是專指爲害我們國家民族而供敵人利用的同胞。其實爲敵人利用的出賣國家民族的人，不只是所謂漢人，那麼爲什麼不稱「華奸」或「國奸」呢？由此可以想見：這是由於我國過去的許多民族鬥爭，大都是自相殘殺的，也就是所謂「漢族」與「滿族」「蒙族」「回族」的鬥爭。如果大家認爲他是「漢族」而有害於「漢族」有利於他族的話，那他就是「漢奸」，像秦檜之流。這是過去的史實，我們不談；爲什麼在全中華民族抗戰的今天，還用上這個不合理又不合情的名詞呢？

當前的民族抗戰，根本是整個中國和日本的全體民族戰爭，抗戰既不單是爲了所謂漢人；而參加抗戰的，也不只是漢人，如蒙古西藏的同胞，回教同胞，以及苗夷同胞，都已直接間接的參加了抗戰工作。所以「漢奸」這個名詞用得不妥，這正好使日本人利用名詞，從事挑撥，從事欺騙我國國內各地的同胞：說我國大多數的漢人早已投降和日本人合作了，你們滿洲人和蒙古人以及西藏人，還能不答應嗎？於是大批的收買和利用所謂「漢奸」了，敵人利用了我們同胞，削弱了民族抗戰的力量，還要使我們民族間發生糾紛，造成互相猜忌和歧視的心理，這是多麼可恥可恨的事情？

不但如此，敵人還進一步的以「漢奸」的活動作爲國際宣傳的資料，欺騙世人：說我們中國不但有「滿洲國」，並且代表中國大部份人的漢人也都接受日本人的指導和統治了；二十七年五月間，日本人付在東京召集了四十幾個國家的回教代表，舉行一個盛大的祈禱會，以後他們就很快的把那祈禱會上的照片，拿去向國際間宣傳，說我們中國已經組織「回教國」了。意思就是說：中國的回教徒也反對國民政府的對日抗戰了。還有德王跑到東京去，只是和溥儀一樣的搖尾乞憐的行爲，怎麼可以說是代表蒙古同胞的意志呢？可是敵人又是宣傳一番：「蒙古民族的首領都來了」！

我們民族自黃帝開國五千年來，在歷代民族先哲的領導之下，經歷無數次的戰鬥，才保全這片大好的江山，造成一個國家，使我們中華民族成爲最有歷史的民族。如周代春秋戰國文化之燦爛，如漢隋宋三代之統一，漢唐前後兩代的拓展以及明朝的復興，民國的創立，都是我們民族偉大力量的表現。今天遭空前的大難，使得我們全中華民族更加英勇的團結起來。日本帝國主義者瘋狂的侵略，威脅着每個同胞的生存，我們也非發揚列祖列宗先聖先賢的革命精神，不足以摧毀強敵，爭取國家的獨立和民族的自由！

民族的利益高於一切，人類的正義與和平的眞理已廣大的喚起反侵略的人們，指出我們應走的方向。墨子曰：「聖人能以天下一家，中國一人」，全民族普遍的受着生命的威脅，子孫存亡的禍福，繫於我們這一代的努力與否。今天，爲了「抗戰」，爲了「建國」，我們還應不應該假狹隘的種族觀念，分裂民族的團結，削弱民族革命的力量呢？

二〇

二十九年三月十五日民族公論第三期

二 中華民族歷史上的文化鬥爭

—民族文化演進的歷程

（一）

一個民族的特性，是由文化來表現，兩個民族生活的不同，是依照文化的差異而判別。乃至一個民族的存亡盛衰，也是緣於文化的前進與落伍。而人類歷史上的所謂民族問題，實在可以說就是文化問題，民族間的戰爭，多半是文化的戰爭。

文化，本是人類社會生活的各種活動的表現。無論任何民族，都是隨人類社會的發展而循同一路向前進的，所以從人類文化發展史上看，各民族間文化的差異，只是民族生活的前進與落後的歷史階段不同而已。例如封建的社會，就是封建社會的文化，資本主義的社會，就要產生資本主義社會的文化，社會主義的社會，當然要產生社會主義的文化。這是說：民族文化的形態，決定於社會生活的發展，所以大多民族的歷史，都是另一個前進民族歷史的演進。而民族生存的力量，就是文化的力量，民族的歷史，就是民族文化發展的過程。

由此可以理解到：人類是社會組織的基礎，未有社會，則人類之集團無所寄託；社會生活以文化為進步的原動力，未有文化，則社會機能亦無從發展；同時，文化是社會生活的產物，社會變遷，文化變澀，文化又是個人創造的結果，個人進步，文化進步。因此，文化在個人，表現一種機能，在社會的集體生活裏，表現一種力量。喪失文化機能的個人，就沒有人類生活的動力，喪失文化力量的社會，就沒有進步的可能，喪失文化力量的民族，自然也就難以發揚其民族精神，維護其民族的自由與生存，繼續創造光榮的歷史。

日本作家沂滕操曾如此譏說我們民族：「中國彷彿是個下等動物，但是其唯一的好處，也就是像下等動物，因爲高等動物的器官，一受到打擊，全體便發生障礙而致死命；下等動物却不然，它的本身，無所謂重要不重要，被損壞一部份，仍然可以生存」。這種比喻，當然有些侮辱我們民族，但也可以看出他對我們民族文化力量的認識。

要發揮全民族的力量，一定先要與時代精神相適應而後力謀民族文化的發展。這樣，才能把握艱苦奮鬥的時機，創出民族的新生命。例如我國這次的全民抗戰，就是爲了維護民族生存的自由，爲了發揚我們的民族文化。這是一個空前的民族革命運動。也是一個偉大的神聖的民族文化戰爭！

戰爭對於民族的生存，具有莫大的威脅，戰爭對於文化，尤多破壞和毀滅的可能。但也可以發生自衞的力量和建設的力量。而敵人瘋狂的侵略與殘酷的破壞，在在都足以激發民族禦侮圖存的決心，加强全民族建設的力量。所以侵略戰爭之愈擴大，愈足以發揚全民族革命的精神，加强文化鬥爭和建設的力量。一切文化建設的成果，將都變爲民族革命的武力，抗戰的勝利，亦必造成輝煌的民族文化。現在如斯，過去如斯，將來亦復如斯。在今天檢視我們民族歷史上文化鬥爭的演進，於當前全民族抗戰的工作，自多歷史的警惕和啓示。

（二）

我們中華民族，古時有稱爲「中原民族」的。係指黃河流域下游的宗族而言。所謂「華」，所謂「諸夏」，也都只是中原一帶各宗族的統稱。其他的宗族，緣於文化的差異，則以「夷戎蠻狄」名之，後來經過長期的各宗族的鬥爭與文化的融合，形成了極光輝的「漢族文化」，這文化的力量，使得我們民族的領域擴大，國力强盛，由於漢朝的威名遠震，才叫做「漢族文化」，我們民族，大多也就被稱爲所謂「漢族」了。但今日的中華民族，早已由全國歷代各宗族融合而成——所謂漢、滿、蒙、回、藏、苗……等同胞，有了他們在歷史上的共同努力，才有今天的民族文化，才有今天的中國獨立生存於世界，才能和日本帝國主義者抗戰到今天！

但是日本把中國看錯了！他像不知道中華民族的歷史是一部民族鬥爭的歷史。就是說：我們民族是經歷許多鬥爭融合而成的民族，中國的文化是全民族有史以來共同創造的文化，集各族的智慧，匯成偉大豐厚的革命力量，有歷盡艱苦的過去，才有今天英勇抗戰的中國。而當前的民族革命，又將寫下一篇光榮的民族文化歷史。

談到我們民族在歷史上的文化鬥爭與演進，舉其要端，有左列幾項：

第一、秦漢以前各地原始宗族的鬥爭；

第二、漢代與西北各族的鬥爭；

第三、兩晉六朝時代與五胡各族的鬥爭；

第四、唐代與北方各族的鬥爭；

第五、宋代與東北各族的鬥爭；

第六、元代與蒙古族的鬥爭；

第七、明代與滿洲族的鬥爭；

第八、近代與歐美民族的鬥爭。

這是我們民族直接的鬥爭，還有我們民族和印度民族的間接鬥爭，然而無論直接或間接的，都是一種有關民族文化的鬥爭，雖然在鬥爭的陣綫上、策略上與結果上有些差別。

以上的幾次鬥爭，我國各宗族間，雖然在武力上有著強弱的差異，甚至江山易主，朝代更替，但在整個民族文化史上說：有很大的價值，有很大的成就，所以每經一次民族的鬥爭，我們民族就多一次融和同化，我們民族的領域多一次的擴張，我們民族直接間接的加入了許多新的份子，以致形成我們民族的幾個文化集團。這是歷史上文化鬥爭的成果，也是我們民族眞實的文化力量。

中國的社會，自周代而後才進步起來，中國的文化，也是由此才逐漸發展。當時「諸夏」爲文化最高的宗教，因爲文化的發達，同時其他宗族所謂「夷狄」的文化也就顯得落後，他們由於文化的落後，對於文化較高的「諸夏」，也就發生尊崇或妒嫉的心理。因此，「華夏」與「夷狄」的鬥爭，自周代而後，也就日漸激烈起來。相互之間，其所以難免許多誤會、糾紛、鬥爭，類多由於彼此言語及生活習俗具有文化程度的差別，這些差別，在有形無形之間，構成了文化鬥爭的主要因素。

歷史上我們民族融和他族擴張勢力的方法，最有效的就是以文化力並同化異族。所以古來聖君賢相，對於異族莫不講求「修文德以來之」的政策。同時，一方面用「兼」的方法懷柔遠人，促成文化的融和；一方面以「攘」的方法，抵抗侵略或强迫歸化，如孟子所說的「周公兼夷狄驅猛獸而百姓寧」。所以春秋時代的所謂霸主，多是雙管齊下的使用兩個方法。「尊周攘夷」的目的，就在兼併附近異族而集合各國諸侯，以求民族陣綫的統一，用再對付另一個異族。如此，我們民族文化的力量，已在多數宗族的共同融和努力之下，不斷的進步。經過長期鬥爭以後的進步，就是所謂「同化」。

一個民族要使其他民族同化融合，必須他本身具有高度的文化力量。否則，不但不能同化異族，還要被異族所同化。所以一個先進的民族與一個落後的民族，一有接觸，落後的必爲前進的同化，因爲任何民族的歷史，都是向前演進的，而且循同一的路向。例如「夏族」在周代已造成封建的社會，而其他宗族還滯留在氏族時代，或預備向封建時代走了。所以他們一和「夏族」接觸，都取法「夏族」漸歸於漢化，無論侵略的或附從的異族都是如此。秦楚要想爭霸中原，兩個國家所採取的政策，就是儘先引用中原人才，學取中原的文化制度，期以抗衡「漢族」，適應中原的社會環境，達到統治的目的。但就文化鬥爭的意義講，却是民族文化的一次大融和，形成一個中原的文化集團。這是我們民族在歷史上文化鬥爭和演進的一個形態。

（三）

我國自周代而後，民族問題的中心，就是文化問題。例如周初定國，就大封子弟功臣，究其用意，大多在以文化力量統制異族。因此太公宅齊，萊夷爭國，伯禽初封，淮夷徐夷並反；就是召公雖封於燕，但至春秋時代，燕已久不修召公之法了。穆王經營西北，其性質，也是對付異族的文化問題。其時，由於「尊周攘夷」政策的運用，使得華夏夷狄的各宗族間接觸的機會增多，經過長期的紛爭、適應、遷就、相安，以致社會生活互爲同化，文化思想，蓬勃交流，商民族的農業文化與游牧民族的文化同時並行（從殷墟書契上研究可知），就是一個顯著的史例。春秋戰國時代，由於各宗族的紛爭不絕，使得封建制度的基礎動搖，社會秩序陷於混亂，諸子百家的爭鳴，形成學術思潮的澎湃，爲民族文化發出萬丈的光彩。

秦代統一中國，對於當時的交通很注意；同時因交通的發達，使得全民族的文化，也愈融和而遠爲播揚。等到漢朝興起，一方面開闢嶺南交趾，一方面又經營遼東、朝鮮，「尊王攘夷」的政策，較前更爲進步。由於漢族文化的力量已經達到黃河、長江、珠江地帶，漢朝也就形成一個有力的中央政府，統一了分佈在這三大流域的各宗族，奠定中華民族發展的基礎。

在漢代以前，孔孟的學術思想，還沒有成爲民族文化的中心，孟子所說的「天下之儒，不歸於楊，則歸於墨」，分明就是表示楊墨的思想大有壓倒孔孟學說的趨勢。嗣後秦始皇統一六國，還是採用法家學說，漢高祖還是尊黃老學術以治天下。直到漢武帝時代，因爲董仲舒的「尊崇儒術，罷黜百家」，孔孟的儒家學說，才成爲我們民族文化的中心思想。

北方的匈奴，自戰國以後，就是强悍成性，勇於武力戰鬥。中原的所謂漢族人民，常受其侵害；同時漢族也就集中力量起而防禦。經過長期的紛爭和戰鬥，產生許多新興的文化史實。如秦築萬里長城，漢用和親政策（如漢高祖的與冒頓單于和親，元帝的令王昭君嫁與呼韓邪單于），都是對付匈奴的設施漢武帝時，又派人交通西域，聯絡烏孫而夾攻匈奴，從此匈奴衰弱，但仍未能為漢族所征服。因此，一到王莽失政，就因中國內亂而引起匈奴的大患。東漢以後，匈奴分成兩部份：南匈奴受漢朝的懷柔，逐漸的遷居內地而為文化力量所同化；同時因漢代偏向東南方面發展，忽略了西北的防守，以致除匈奴而外，當時入居內地的宗族，有鮮卑、羯、氐、羌等部族。及至晉代，終於發生五胡亂華的史實，並且建國稱帝，使得大江以北，已非漢族所有——如劉淵（匈奴）之於平陽建立趙國（三〇四年）李雄（氐）之於成都建立成國（又名漢），石勒（羯）之建立後趙國，慕容雋(鮮卑)之建立前燕，即是史實。

由五胡十六國而南北朝經過二百八十餘年的戰爭，終於使得中國文化突飛猛進的走向另一個新的階段，使得漢族在隋朝復歸統一，而其他宗族，又廣泛的為漢族所同化，使得漢族文化集團又是擴大一次。例如拓跋魏統一北方之後，魏高祖孝文帝，就倡用漢族文物，禁止使用胡文、胡語、胡服，規定凡三十歲以下的官吏，都必需用漢語會話，一律不准說北話，否則罷官以懲。同時下令五胡各族概須改用漢姓，並且以身作則，改稱「元」姓，以為天下倡。一般社會生活的習俗，更是歸從漢人了。

不僅如此，同時孝文帝「篤好古典，坐輿據鞍，不忘講道」，對經學、書法、佛學、藝術的提倡也是不遺餘力，北魏時代北方經學的昌明，佛教的普遍，以及今日洛陽龍門石窟與大同雲岡石窟的創建和魏碑書法流傳的久遠，都是他對我們民族文化的供獻，也是歷史上各族文化鬥爭和匯合的一種大收穫。

南北朝之後，漢族統一中原，邊地各個宗族復而興起，以致有唐一代，漢族和契丹、突厥、回紇、吐蕃諸族，時有激烈的鬥爭。但每次鬥爭的結果，都是唐朝獲得勝利。考其戰勝的原因很多，主要的，就是由於軍事上採用騎兵戰術和政治上引用異族將才。

唐太宗的採用騎兵戰術，就是接受北方各宗族兵學的顯例。其曰：「自古突厥與中國更有盛衰，若軒轅善用五兵，即能勝中原，至漢晉之君逮於隋代，不使兵士素習干戈，突厥來侵，莫能抵禦。我今不使汝等穿池築苑，造諸淫費，兵士唯習弓馬，望汝前無橫敵」。因為他不斷的教練騎兵，獎勵騎兵統將，甚至親自上馬督帥，以致百戰百勝，奠定大一統的局面。

唐代騎兵戰術之能夠行使有效和引用異族將才的政策，具有密切關係。我們看唐書，可以看到「諸夷蕃將傳」中載有東西突厥人、鐵勒人、百濟人、靺鞨人、于闐人、疏勒人、契丹人、吐蕃等人，邊地各宗族人士，幾無不有；此外功將名臣，乃至奸臣大賊，都不全是漢族人士，而野史上這類的傳述更多。

我們看到前面各宗族的往來活動以及文物制度的互用交流，可以想見當時邊地的各個宗族，已多加入漢族的文化生活而同化於中國文化，因此，他們才願意和唐朝共同努力，為整個民族文化而奮鬥。唐朝的威名得以遠震，其以文化感服異族的成功，實是主因。

不過唐朝為了專心解決西北民族問題，忽略了東北的民族問題。結果是東北民族漸漸的起而反唐，五代以後，東北有渤海、契丹（遼）、女眞（金）等族的漸漸強大；等到宋朝時，女眞族次第的滅了渤海、契丹而興盛起來，不久，淮水以北地區，已為金人所有，南宋北金，形成對峙的局面。

金人既深入內地，中原人當然難免為其所侵擾，但後來仍歸為同化。當時的論語、孟子、孝經等書，都有女眞文的譯本；而金家的學士大夫，也沒有不通漢文漢語的，雖然金世宗恐怕他們的宗族喪失本來的特性，曾加以禁止，然而他們屯墾中原的六百萬人民，已全在中國文化生活裏成長了。同時女眞族的文化程度，因此而特別提高，中國的文化，又加入了女眞族的文化，變得更爲廣大而有力。

在南宋北金對峙的局面之下，當時中國民族又疏忽了西北民族的防範。西北蒙古人性情之强悍，人民之好戰，超過歷史上任何宗族。由於他們武力的强盛，始而滅金，繼而滅南宋，用兵中原，只四十餘年，中原地區，已全被統治了。政治上雖爲其所統制，但自殷周以來形成之中國民族文化，並沒有爲他摧毁。由於蒙古人對漢族的歧視與虐待，反而迅急的激起了所謂漢族的革命思想。由於革命思想的激起與民族精神的發揚，給元代以前只以佛學道學（今爲理學）爲中心的民族文化思想，加强了莫大的文化動力。所以蒙古人入主中原，不及百年，大好江山，又爲漢人所收復了。這全因爲文化程度較低的宗族，縱或武力優越，一時足以爭城奪地，但因無優秀的文化做治國安民的基礎，始終還難免失敗。

明朝興起，海上的交通已漸漸的發達，我們民族和西洋文化，已漸漸的有了接觸。如嘉靖三十一年（一五五二年）羅馬教士方濟各（Francis Xavier）已來到我國廣東三灶島一帶宣傳天主教義，使歐西各國耶穌教徒絡繹東來，同時使得歐美學術文化思想，隨而傳入中國。其時國內各宗族間學術文化，益形匯流遠播。如明史有曰：「直省諸士子雲集輦下，雲南四川，皆有土官生，日本琉球暹羅諸國，亦皆有官生入監讀書，輒加厚賜，並給其從人。永宣間先後絡繹，至成化正德時，琉球生皆有至者」（選舉志一）。明代之設「國子監」與「王子書房」，使得我國文化得以遠播，當時文人學士因亦爲各族所崇仰而「名聞外國」。明末以後文化的鬥爭和演進，就是漢族與滿族文化生活的融合了。

滿族的興起，是晚明的史實。那時候邊地多事，漢族因有百年的享樂，早已積弱，不數十年，明朝衰亡，接着滿族就統治着中國。這時期滿族人士，頗多深感以往各族被漢人同化的失敗，因以竭力防止滿族的漢化；同時更曉得要征服漢人，一定要用文化的力量，於是想盡方法，利用漢族文化作爲統治人民的工具，從而消滅漢人的革命思想。如徵集名儒，提倡宋學，開設博學鴻詞科，編纂四庫全書，大興文字獄，竭盡心力麻醉漢人的思想，阻止一切革命精神的發揚，以圖大清萬歲，永享太平。

可是滿清統治中國以後，我們民族並不因其文化之統制摧殘而削弱革命的思想，且因其橫施各種壓迫——像嘉定三屠、揚州十日等武力屠殺的政策，激起了偉大的國民革命運動。例如順治五年（一六四八）天津有張氏自稱天啓后起事；康熙十二年（一六七三）楊起隆詐稱朱三太子圖在北京起事；十九年（一六八〇），楊復起事陝西；三十六年（一七〇七），雲南李大極起事；以及鄭成功不從其父降清，入海招募徒衆，圖謀抗清；又如「三藩之亂」、「白蓮教之亂」、「太平天國」以及「義和團」等，都是在反清復明的旗幟之下掀起的民族革命運動。它的中心問題，當然脫離不了民族文化的範圍。

一八四二年鴉片戰爭以後，歐美各國資本主義的文化思潮給我國固有的文化思想一個空前的打擊。「中學爲體，西學爲用」的學說，就是這個打擊的反應。李鴻章、左宗棠、張之洞、周學熙等所倡導的造船廠、兵工廠以及各種新興教育文化的創設，如「武備學堂」「製造局」的設立，即在效法歐美建設現代的武備；而「同文館」「廣方言館」的設立，則在培養通曉洋務的人才。這些設施，都是接受西洋科學文化的史實。惜以當時專講「名教」「正性」「命理」的士大夫，還不能了解這個文化史實的重要，依然以爲「立國之道，尚禮義不尚權謀，根本之圖，在人心不在技藝」（清末理學大家倭仁語），加以清政府的腐敗，不知急起直追，各種設施，也很少成果。

孫中山先生的領導革命，創立民國，他的成功，是由於他能够一面繼承和發揚中國固有的道統學說，一方面吸收歐美文化的精華，創出三民主義，使成爲救國主義，建立了我們民族文化的中心思想。所以國民革命的成功不僅是推翻滿清，創立民國，而且使我們民族文化，在現代歐美文化思潮的激盪之下得到劃時代的進步。

（四）

談到我們民族與印度民族的文化鬥爭，我們應該曉得：我國早在東漢時代，印度的佛教文化，就已傳入，而盛行在兩晉六朝時代。因爲佛教的傳入，對於固有的儒家文化，就有了比較。但是由於兩種文化的社會背景，不無相同，以致佛教文化在中國也就很快的接受下來，何以在兩晉六朝時代，佛教能盛行於中國呢？主要的原因是魏晉以來政治腐敗，草薙民命。五胡亂華，連年戰爭，使得民不聊生。弱肉強食，人心大變。其時老莊思想的發達，玄學興起，清談的風氣，盛行一時，實是長久戰亂的反應。人心趨向消極，佛教的理論，自易爲人所信仰。

加之兩晉六朝以迄唐代君主獎勵佛教，朝野人士對於佛教文化，尤普遍發生興趣而不乏悉心研究者。印度高僧之得東來傳教以及國人之得以西去取經，多少是由於行政的獎助。

早在公元三二六年竺慧理已來到今之杭州（錢塘）建立靈隱寺，四〇八年有佛陀跋陀羅到長安，五二〇年有菩提達摩到廣東建寺傳教；而中國人西去求經譯經的，亦早在公元三九五年，如後燕的曇猛西到王舍城，晉代的法顯就到印度，時爲三九九年。六朝以至唐宋時代，西渡天竺探研佛教學說的，尤絡繹不絕。而唐代玄奘法師的到印度（六二八年），更是求經譯經成就最多供獻最大的人。

法師傳曰：「行十餘里，自念我先發願，若不至天竺，終不東歸一步，今何故來，寧可就西而死，豈歸東而生？於是旋轡，專念觀音，西北而進，是時四顧茫然，人馬俱絕……但苦水盡，渴不能前，於是四夜五日，無一霑喉，口腹乾焦，幾將殞絕」。這可見他們對於佛教的信心　及至印度，於梵文的學習與佛學的研究，更不遺餘力　法師傳有云：「每日自立課程，若晝間有事不充，必兼夜以續之。遇乙之後方乃停筆，攝經已，復禮拜行道，至三更暫眠，五更復起，讀誦梵本，朱點次第，擬明日所翻。」因爲他是這樣的潛心翻譯佛經，所以有譯著七十三部一千三百三十卷的偉大成就。所以玄奘法師於印度佛教文化的傳播中國，具有絕大的功績。

佛教的要義，是注重生、老、病、死的問題，它對人生的態度是消極的，是出世的，這對我國向以儒家學說爲中心的文化思想雖多影響，但未儘適應。因爲儒家的學說是講求修身、齊家、治國、平天下的事情，它對人生態度的是積極的，是有爲的。因此，時到隋唐以後，佛教文化，就開始遭受打擊。文化思想的主流，又趨歸儒家學說的範圍，並使佛教與儒家學說的思想有所滙合。

唐代的韓愈，就是攻擊佛教提倡儒說的有力代表，他們一手驅使中國文化復與印度文化思想，發生激烈的鬥爭。其曰：「人其人，火其書，廬其居，明先王之道以道之」，就是史實的證說。但在當時，這種意氣的攻擊並沒有達到目的。但是韓愈和柳宗元、劉禹錫等人，却企圖創一種新的儒學以與釋老抗衡。

直到宋代，周濂溪、程明道、程伊川，朱晦庵、陸象山、張橫渠等，鑒於以前文化思潮的迴旋，遂帶着一顆菩薩心腸穿上儒家的外衣，大唱他們的理學，從而融合佛教的思想，發揚儒家的學說，既不過於反對佛教，却也確能推崇孔孟的思想。如程明道有曰：「只心便是天，盡心便知性，知性便知天」；程伊川有曰：「心卽道，在天爲命，在人爲性，論其所主爲心，其實只是一個，能通之以道，又豈有限量？」陸象山所謂：「心卽理也，此心此理，不容有二」，尤具佛家教義。

明代王陽明創良知和致知格物的說法，也都淵源於宋儒的理學，他在傳習錄裏曾說：「天下之物，本無可格者，其格物之功，只在身心上做」。這與以前程伊川所說的「須是今日格一件，明日格一件；積習既多，然後脫然自有貫通處」，眞是後前輝映，不脫佛教思想。

宋明理學對於人格的修養特有價值，實多取法於佛教，至儒家學說中有關德行的一部份，尤列爲理學的中心思想。例如孔子有曰：「夫大人者，與天地合其德，與日月合其明，與四時合其序，與鬼神合其吉凶」（易文言傳）；又曰：「夫易無思也，無爲也，寂然不動，感而遂通天下之故」。而中庸之謂「天命之謂性，率性之謂道，修道之謂教。道也者不可須臾離也，可離非道也」，直與佛家對人生的看法異曲同工。

所謂理學，就是有條理，有系統，精深博大，因有宋明理學的創說，中國儒家的學術思想，獲得了新的發展，使得我們的民族文化，也就深入了印度佛教文化的精神。

宋代以後，士夫人雖潛心於理學的探討而有所創穫，中國文化雖混合於印度文化，但其供獻，只多限於人生修養方面，於國計民生，實少裨益。所以時到明末顧亭林著「天下郡國利病書」與黃梨洲著「

明夷待訪錄」鼓吹「經世致用」之學激發民族革命思想以後，「言之無物」「游談無根」的理學，也就遭受無情的反對，使得經歷七世紀的以儒佛爲中心的文化思想，頓形轉變。

顧亭林深以爲士君子不應專門「言心言性，舍多學而識以求一貫之方，置四海困窮不言，而講危微精一」，這是他對理學的反感。因爲有這樣的反感，對佛教文化消極的出世思想也就有了一種反感；因爲有這樣的反感，所以主張「凡國家典制，郡邑掌故，天文儀象河漕兵農之屬」，都應該「窮究原委，改正得失」（清史稿卷四八八儒林傳二本傳語）。認爲凡是學問，要有濟世救人撥亂治平之用了。亭林文集中有曰：「竊以爲聖人之道，下學上達之方，其行在孝弟忠信，其職在洒掃應對進退，其文在詩書三禮周易春秋，其用之身，在出處辭受取與，其施之天下，在政令教化刑法，其所著之書，皆以撥亂反正移風易俗，以馴至乎治平之用，而無益者不談」。清代佛教勢力的衰微，很受「經世致用」學說的影響；其於我國近世民族文化思想，空前的發生了正本清源的作用；對於以後的民族革命運動，以及歐美現代學術思想的接受，尤有不可磨滅的啓示之功。

（五）

再說我國文化和歐美現代文化的交流。

近世西洋學術思想的得以傳播中國，一方面由于明末清初大儒所倡博學篤志躬行用世的學風和「經世致用」的學說思想的啓示；一方面是由于西洋傳教士的來華，他們不但宣傳耶穌教義，對各種科學思想，亦多傳授宣揚之功。以言明末清初我們民族文化所受歐美學術思想的影響，要有左舉的史實。

第一、宗教：自嘉靖三十一年羅馬教士方濟各來華以後，萬歷九年，復有義大利人利瑪竇（Matteo Rhccl)到廣州宣傳教義，設立會堂，使西方教徒，絡續東來。如畢方濟(Franciscus Sambaiaso)、鄧玉函（Joannes Terrens）、艾儒略（Julius Aleni）、龍華民(Nicolons Longobardi)、龐迪我（Didacus de Panto)等，傳教者漸多，奉教者益衆，——明末受教者僅數千人，清世順治年間增至二十餘萬人，使國人宗教思想，得有新的發展。

第二、天文學：國人有現代天文學識，始於徐光啓利瑪竇翻譯希臘歐幾里德（Euclidis）所著「幾何原本」及「測量法義」等書；同時，李之藻和利瑪竇合譯「同文算指」、「圜容較義」、「渾蓋通憲」等天文名著，使歐西現代天文學傳入中國。明代曾於北平創設觀象台儀器，後以戰亂影響，原有天文儀器，盡遭散失。直到康熙八年，始加改造，凡黃道經緯儀、赤道經緯儀、地平經緯儀、天體儀等，均已先後告成。

第三、地理學：國人對地理之學，向具平面觀念，其知地圓之說，係由於利瑪竇的著「乾坤體義」一書，闡說地球形勢；而其所攜「萬國圖誌」，復使國人具有世界五大洲的認識。時至清世，我國更有測繪輿圖的創舉：康熙四十七年，清廷令傳教士分往各省及蒙古遍覽山水城郭，採新式測量方法繪製地圖，一直到五十六年，始告完成，時名「皇輿全覽圖」，後稱「康熙內府輿圖」。乾隆年間，復派傳教士多人測繪新疆中亞地圖，彙成「乾隆朝皇輿全圖」，終於形成今日的全國地圖。

第四、曆法：崇禎年間，徐光啓開設「曆局」，聘鄧玉函、湯若望（Johannes Adam Schall Von Bell；羅雅各(Giacomo Rho)等人，以歐西新曆法訂正我國舊曆，並編成「崇禎曆書」一百三十六卷，傳之後世。到了清朝，更改「崇禎曆」爲「西洋曆法新書」，並由湯若望加入「新法曆引」等卷。順治年間，清廷明令「名爲時憲曆，自明歲順治二年爲始，即用新曆法，頒行天下」。

第五、物理學：王徵所譯繪的「奇器圖說」，係由鄧玉函口述，該書爲物理學家祖伽利略（Galilei Galileo）所作，書分重解、器解、力解、動解諸篇，凡槓扞、滑車、螺旋及比例規等原理與用法，均有所闡說，在當時，實爲最新物理學說。

第六、哲學：西人高一志（P.Alphonrus Vagnoni）所譯「西學修身」，係介紹歐西倫理思想；徐光啓所譯「靈言蠡勺」，係介紹西人心理學說，龐迪我著「七克」，書凡七篇，則爲歐西哲學家的格言；而利瑪竇所譯「天主實義」與湯若望所譯「主制羣徵」等書，又是宗教哲學的宣揚。

第七、社會學：自清代同治年間江南製造局編譯館設立以後，歐美各國新興社會科學名著更絡續由西人或國人編譯印行，如赫胥黎的「天演論」，亞當斯密的「原富」，孟德斯鳩的「法意」，斯賓塞爾的「羣學肄言」等重要社會科學書籍，在光緒年間，已經出版。

他如兵學、農學、水利、光學，以及各種藝術思想學說，也多由西人的傳授與國人的翻譯，傳入中國，使我們民族文化吸收了現代科學知識，從而謀合世界潮流。

由於西洋傳教士的來華佈教和傳授現代學術思想，我國文化思想，也就直接間接的隨着他們傳播歐美各國了。

例如我國經書文獻的移譯西文廣爲印行，就是顯著的史實。艾儒略於「大西利先生行蹟」內曾謂：「利子（指利瑪竇）嘗將中國四書譯以西文，寄回本國，國人讀而悅之」，這是說明利瑪竇不但將西洋名著譯介國人，並且移譯我國四書轉介西人。清代以後，我國典籍傳播歐美者，更日漸增多了。如「大學」「中庸」「論語」等書，在康熙二十六年，已由卜應理（Philppus）攜回譯成西文，在巴黎出版；雍正乾隆年間，易、詩、禮、春秋及老子所著道德經，也已有拉丁文譯本；他如文學、藝術書籍，也漸漸的傳播國外了。

西人的來華，使我國的學術名著得有傳播的機會，鴉片戰爭以後，又使國人有了出國遊覽求學的史實，如同治七年，清廷即已和美國訂立中美續約，在第七疑中規定：「嗣後中國人欲入美國大小官學習習各種文藝，須照相待最惠國之人民，一體優待。」同治十年，就派陳蘭彬等率領兒童入美國哈佛學校攻讀，光緒以後，國人留學歐美各國者，更日漸增多，這對歐美近代學術文化固有以學習，而於我國學術文化的傳播以及現在中西文化思潮的交流，更多所供獻。

（六）

清末民初，我國由於歐美民主自由思想的深入，民族革命問題，已成為文化思潮的主流。如在一八八八年，西人林樂知、李佳百、丁韙良等，為介紹西方的學術思想，即於上海組織「廣學會」，標明以啓發中國人民思想，輔翊中國自强爲宗旨。「泰西新史要覽」、「自西徂東」、「萬國公報」、「文學興國策」、「治國要務」等書籍雜誌，即係該會所編刊物；以及國民黨所辦的蘇報、民族等，鼓吹現代革命思想，嚴復等翻譯的天演論、羣學肄言、法意、原富，羣己權界論等西洋名著，給當時一般知識份子，確實灌輸了科學知識，使國人深感本國文化的貧乏，而日夕祈求學術思想的革新。

梁啓超曾在「清代學術槪論」中說明當時歐美學術思想傳入的影響，其曰：「學者若生息於漆室之中，不知室外更何所有；忽穴一牖外窺，則粲然者皆昔所未睹也；還顧室中，則皆沉黑積穢。於是對外求索之慾日熾，對內厭棄之情日烈，欲破壁以自拔於此黑暗，不得不先於舊政治而試奮鬥；於是以其幼稚之西學智識，與清初啓蒙期所謂經世之學者相結合」。

因爲文化思想的轉變，接着戊戌變法的政治維新運動，推翻滿清的民族革命運動，改造經濟的社會革命運動，都隨而繼續不斷的激動澎湃了。

孫中山先生因受歐美革命思的激動，他所創立的革命學說和他倡導的國民革命運動，實是由於文化思想的轉變；國民革命運動，也可以說是民族文化革命運動。早在同盟會時期，他就宣佈「驅除韃虜」與「恢復中華」，是他民族革命的要求，而他的政治、經濟革命，則在「建立民國」和「平均地權」的理想。在他上李鴻章書中，很可以說明當時文化思想對他革命的影響。其曰：「竊嘗深維歐洲富强之本，不盡在於船堅砲利壘固兵强，而在於人能盡其才，地能盡其利，物能盡其用，貨能暢其流，此四事者富强之大經，治國之大本也。我國家欲恢擴宏圖，勤求遠略，仿行西法，以籌自强，而不急於此四者，徒惟堅船利砲之實務，是舍本而逐末也」（刊一八九四年十月份上海萬國公報）。語其要義，就在說明國家的復興，不但要軍事上革新，政治、經濟、敎育文化，都要澈底的改進。也就是民族革命、民主革命，社會革命，必須同時並進，才可以挽救國家的危亡，促進民族文化的發展。

顯然的，孫中山先生是一個偉大的文化主義者，同時又是一個無偏無私的英勇的文化鬥爭者，他所倡導的革命理論，是文化的理論。如以孫文學說和民族主義爲心理建設的張本，以恢復中國固有道德爲倫理建設的原則，以發展民權初步推行地方自治爲社會建設的方法，以制定建國大綱和五權憲法爲政治建設的基礎，以實業計劃和民生主義爲建設經濟改善民生的準繩。換言之：三民主義的理論，是他文化革命的理論；他所領導的國民革命運動，是中國新文化革命的運動；他所要求的三民主義新中國的建設，是整個民族文化的建設。

三民主義的文化精神，一方面是繼承並發揚中國固有的優良的思想傳統，以光大民族智能，加强民族優秀的特性，維護崇高偉大的國格；一方面又是接受歐美學術思想的精華，以增進現代科學的技能，謀取國際間的合作，期以濟弱扶傾，爭取世界的和平，以達到世界大同的目的。在民族文化鬥爭演進的現階段，確能適合國情，順應世界的潮流。所以說：滿清的推翻和軍閥的打倒，是由於現代文化潮流的覆沒；民國的創立和南北的統一，是新興民族文化推演的成果。

自鴉片戰爭時起以迄於五四運動前後，我國新興的文化思想，達於極盛的階段。這階段的學術思想以胡適之和陳獨秀等爲領導份子，而以「科學」與「民主」爲文化運動的號召。胡適著「中國哲學史綱」，馮友蘭著「中國哲學史」，首先掀起新思想運動，一方面表現墨家的實用主義，一方面又極力批判甚至反擊儒家的學說。他在英文本「先秦名學史」的導言裏，曾慷慨激昂的說明五四運動在新思想運動上的要求：第一、要使中國人從傳統道德和禮教的權威裏面解放出來；第二、要提倡對非儒家的諸子哲學的研究、以打開國人所受儒家一尊的束縛，而開思想自由的新風氣。

同時在文藝思潮上，則有胡適之和陳獨秀等發起的新文學運動，他們一方面反對舊文學，提出新文學的八不主義的標準，以爲建設新文學的途徑。那就是（1）不是言之無物，（2）不是無病呻吟，（

3）是不用典，（4）是不用套語爛調，（5）是不對偶，（6）是沒有不合文法的文字，（7）是不摹仿古人，（8）是不避俗語俗字。一方面積極的標明他們所提倡的新文學的宗旨是「國語的文學，文學的國語」；並且說明他們「有了國語的文學，方才可以有文學的國語。有了文學的國語，我們的國語方才算得眞正國語……若要造國語；先要造國語的文學，有了文學的國語，自然有國語」（見建設的文學革命論）。這革命文學的理論，在當時確給中國的文化思潮激起了空前的浪濤。

由於思想和文學的革新，經濟的思潮，亦隨而動盪；而政治上的思想，更是形形色色，舉凡歐美所流行的政治思想學說，都傳到中國，給國人的政治思想，予以莫大的影響。這時期除三民主義的政治思想外，主要的有蔡元培和胡適等領導的好人政府主義；有陳獨秀、李大釗等領導的共產主義；有曾琦、李璜、左舜生等領導的國家主義；還有吳稚暉、李石曾等所領導的無政府主義；一時學會和政黨的組織，風起雲湧，而各黨各派宣傳政治理論的雜誌和書刊的流行，更如雨後春筍的蓬勃起來。不過這種政治思潮的泙澎橫流，等到國民黨改組，國民革命軍北伐，已經收拾得幾乎煙消雲散了。

我國的文化思想，由於歐美文化的影響，剛剛發生了轉變革命的力量，北伐成功，全國剛可趨歸統一，國家正開始各種新的建設，日本帝國主義者卽漸漸的對華進行侵略呑併的戰爭，而以九一八事變爲軍事上武裝侵略我國的開端；政治上則一手製造「滿洲國」以及「蒙古帝國」等傀儡政府，以破壞國家的統一；外交上有所謂「三大原則」的提出——「中日親善」「共同防共」「經濟合作」，強迫我國承認；經濟上，有種種掠奪和剝削的史實。

七七蘆溝橋事變爆發，全國上下，一致奮起抗戰，掀起空前偉大的民族革命戰爭。國民政府原有「

和平未至完全絕望，決不放棄和平，犧牲未至最後關頭，亦不輕言犧牲」忍辱負重的方針，這時候，一變而爲「抗戰必勝，建國必成」的國策。全國各黨各派，收起各種紛歧的思想言論，一致以「國家至上，民族至上」爲參加抗戰的目標。

我國全民族的對日抗戰，是爲了爭取國家的獨立和全民族的生存，從而建設新的中國，發揚製造起新的民族文化，就這次對日戰爭的價值說：抗戰實是一種文化革命的民族戰爭，以「抗戰建國綱領」說：這綱領共三十二條是國民黨所制定，由國民參政會所接受，同時爲各黨各派所擁護。究其要義，也是以維護整個民族文化爲主要內容。如在國際方面，是本作我們民族獨立自由的精神，聯合反侵略的國家，共同消滅帝國主義的侵略，以謀取民族的自由和世界的和平；在政治方面，組織國民參政會，推行地方自治，以奠定實施民主憲政的基礎；在學術思想方面，則發揚中國固有的民族道德，提高現代科學知識，挽救社會的頹風，使其日就於篤實，增進國人科學知識和技術，以培養抗戰建國的力量；在經濟方面，則以實行計劃經濟，期使國防民生並籌兼顧，共同發展，使全國成爲一個民族國防的體制。數年來抗戰影響所及，已使民心振作，民力集中，而民族正氣的蹈厲和民族革命精神的發揚，尤其是前此所未有。

（七）

近年以來，全民族正在進行的反侵略戰爭，是人類的正義之戰，是二十世紀的文化戰爭。抗戰的勝敗，將決定於敵我兩國民族的命運，我中華民族文化的能否發揚光大，亦將爲其所決定。

古來，我們民族的文化，因不斷的鬥爭而有所演進，近今，我們民族遭遇非常的困難，復在恐怖威脅之中爲文化而發動民族革命戰爭。今天，全民族所以能英勇的反抗帝國主義的侵略而不陷於滅亡，是由于過去文化傳統的優秀；今後要在苦難的大時代完成我們歷史上的任務，創出新世紀的民族文化，將視我們如何運用民族的智慧在抗戰建國的過程中進行文化鬥爭從事文化創造了。

二十八年二月十六日中央週刊第一卷第二十八期

三　民族戰爭與民族文化

——戰爭將使文化飛躍的發展，或者陷于毀滅。

（一）

人類是不能脫離文化而生活的，人類爲了生活，也沒有一時一刻脫離了戰爭。

文化，可以說是民族生活的方式，是一切民族生活的產物。它包括了人類控制自然和自己創造的能力，一方面包括物質文明，一方面又包括各種精神文明；包括了思想，也包括了一切的行動。任何民族，爲了生活，無不作艱苦英勇的戰鬥，以征服自然，利用自然，消除人類一切的惡勢力，爭取民族集體生活的高度發展。所以民族生命的歷程，取決于民族文化的歷程。

民族的結合，除了血統而外，文化是主要的因素，而民族生命的擴展，全靠其文化創造的能力。同時由于內在性的高下，使得文化發揚光大，或是衰落退化，甚至消滅。自古以來，民族文化就孕育着整個民族的生命，民族文化衰退，民族的生命力就減弱；民族文化發揚，民族生命就活力四溢健康強盛。

戰爭，是人類社會現象之一，人類以才智能力的不同，性情意志的相差，以及地理氣候的懸殊，形成各種不同的社會。各種社會，由于生活需要的不同，性情意志的抵觸，發生利害而有不平現象，有不平，就有爭執，爭而不決，就要訴諸武力，就有戰爭。所以戰爭的本質是解決不平的均勢的，是要求平等自由的，無論是精神或是物質。因此，戰爭乃兩個集團以上為解決某種不均衡的局勢，摒除一切生活的威脅所採取的最激烈之行動方式。

任何民族革命，都是由一個民族或幾個民族為了反抗外來的侵略，解除集體生活的威脅，憑民族的智慧，以共同的人力財力作種種的戰鬥，而以爭取全民族的自由平等為其目的。但是要全民族一致精神團結，共同參與革命工作，那就要靠原有的或現有的民族文化力量。如此，民族革命的戰爭，文化革命的戰爭，無非是要求維繫及發揚歷史上固有的文化，創造未來的新文化，建立強盛的國家，促進民族生活的向上和發展。

近今，我國全民族的抗戰，就是中華民族革命的戰爭，我國的抗戰，是為了爭取全民族的生存自由和獨立解放；日本帝國主義者的侵略戰爭，是要剝奪我們民族生存的自由，是要奴役中國人民，成為他的附庸。日本發動的對華侵略戰爭，不只是要摧殘我們的國家，直欲消滅我們的民族文化。所以抗戰開始，敵人就瘋狂的炸燬我國各種文物和一切教育文化機關（著者按：據教育部於戰後舉辦全國公私文物損失登記結果，計書籍字畫碑帖古物古蹟儀器標本等各項損失，總共三，六〇一，七四件，又一，八七〇箱，七四一處），慘殺青年學生和所有的文化工作者，不但如此，還派了一羣鼓吹侵略擁護殺人主義的文化工作者——世界文化的叛徒，來到戰地工作，並且想盡方法誘惑收買許多文化漢奸，從事文化上的賣國工作，以各種民族自殺的行為遂其文化侵略的野心。我們要打擊全民族的敵人爭取抗戰的勝利，首先就要檢視並增進我們民族的文化力量。

世界上任何民族，沒有不經過戰爭的，一個民族有戰爭才可以表現它的文化力量；同時由于戰爭的刺激、警惕和死亡的教訓，會提高民族文化的程度，充實文化抗衡的力量，使得全民族充滿着「自强不息」的新生的活力。

有人以爲戰爭只足以破壞文化，毀滅文化，但戰爭所能破壞或毀滅的，只是一種文化現象，決不是文化精神的本體，就等于敵人只能慘殺我們民族的形體，而決不能消滅我們民族的革命精神。所謂文化精神，就是純而不雜具有人類至大至剛的高尚的價值，且爲時代精神與民族性能所寄託，它能時時永新，超然千古而不變。

（二）

一般人以爲戰爭是殘酷的，滅絕文化的，文化則是和平的，可是兩者經過時間與空間的運用以及人類社會的種種關係，實在很多質與量上的變化，就是說：戰爭雖然殘酷，但一個民族必須經過艱苦的奮鬥，然後才能得到眞正的和平；文化雖然是厭惡戰爭，但必須有戰爭的教訓，然後才能有所生成，創出新的文化來。

依照生理學的原則，一個動物，遇見强敵攻擊發生生命威脅時，首先激起死亡恐懼的情緒，由于恐懼情緒的激動，發生一種內分泌，因內分泌的猛力刺激，立刻會激起憤怒的情緒，再由憤怒情緒之感動，鼓起筋肉反抗的力量，這種力量要比平常的力量高出十倍甚至百倍以上，一般動物如此，人類尤甚。

漢書李廣傳有曰：「廣出獵，見草石中以爲虎而射之，中石沒矢，視之石也，他日射之，終不能入矣」。這是人類反抗猛獸威脅所激出的力量；平時沒有這種威脅，人們的力量比較起來也就微乎其微了。梁啓超曾謂：「火發于室，則弱女可運千鈞之笥；虎逐于后，則跛夫可越尋丈之澗」。個人如此，民族尤甚，所以歷史上民族的戰爭：不乏小勝大弱勝强的例證。這確如兵法書上所說的「置之死地而後生，置之危地而後存」。

世界各國民族文化的發展，往往是由于民族戰爭所鼓舞，如我國的春秋戰國時代，歐洲的西臘時代，日本的明治維新時代，都是由于各個民族間發生了不平，而發生民族戰爭。因爲長久的戰亂和繼續不斷的鬥爭，人民生活痛苦愈深，社會問題愈多，有志之士輩出，學術文化思想因以越爲發展，國家民族的危亡得以挽救。

我國春秋、戰國時代，有着長年的劇烈的戰爭，這些戰爭使得我們民族得以融合擴展，使得民族文化思潮，如一切泉源，日夜不舍，滾滾不息，因爲戰爭的影響，造成我國歷史上輝煌的文化。太史公詳悉六國史事，深知戰爭時代的民族文化精神。如敍述燕太子丹之送荊軻入秦和項羽垓下之圍，卽其顯例。

史紀荊軻列傳有曰：「……遂發，太子及賓客知其事，皆白衣冠以送之，至易水之上，既祖取道高漸離擊筑，荊軻和而歌，爲變徵之聲，士皆垂淚涕泣；又前而歌曰：風蕭蕭兮易水寒，壯士一去兮不復返。復爲羽聲慷慨，士皆瞋目，髮盡上指冠。于是荊軻就車而去，終已不顧」。史紀項羽本紀云：「項王軍壁垓下，兵力食盡，漢軍及諸侯兵，圍之數重，夜聞漢軍四面皆楚歌，王乃大驚曰：漢皆已得楚乎？是何楚人之多也？項王則夜起飲帳中，有美人名虞，常幸從駿馬名騅，常騎之，于是項王乃悲歌慷慨，自爲詩曰：力拔山兮氣蓋世，時不利兮騅不逝，騅不逝兮可奈何？虞兮虞兮奈若何？歌數闋，美人和之，項王泣數行下，左右皆泣，莫能仰視；于是項王乃上馬騎，麾下壯士騎從者八百餘人，直夜潰圍，南出馳走」。

歷史上偉大的傑作，常是民族戰爭的記錄，實足以代表那時期的民族文化的精神。如唐朝，盛唐時代恰與初唐時代相反，雖說開元中還是歌舞昇平，然而時期很短，不久已是「漁陽鼙鼓動地來，驚破霓裳羽衣曲」了；天寶以後，社會秩序混亂不堪，在中國史學上說，這是政治最黑暗的時期。但如杜甫者流，假使沒有那時戰爭的社會背景，他們的詩，也沒有偉大的成就，我們民族文化史上，也就缺乏可歌可泣的史料了。

歐洲的希臘時代，魏爾斯曾認為是西方文化的再生時代，但誰都知道當時的哲學和藝術，均有特殊發展，為世人所崇仰，門克哈爾在西臘文化史導言裏，曾寫出他研究的心得曰：「在一切精神創造之中，彼人皆已達至最高限度，今之人類，即有不可及希臘人之多能；然而少予認許及追求方面，不復當落此界限之後，此其民族，故當使後世求彼之學也。……吾人之視，希臘之目也；吾人之言，希臘之辭也」。

據考希臘在耶穌紀元前一四六年，已為羅馬征服統治？自七七六年，才有記載確實的歷史。六百餘年間，都充滿着戰爭的史實。魏爾斯曾說：「讀者于希臘多德歷史中，可得一種使希臘世界長在戰禍中之強烈而固執之紛爭思想」（見漢譯世界史綱上冊二一八頁）。紀希臘史者，常分兩大時期：自遠古以至紀元前一四六年希臘為羅馬征服之日為第一期；由此至紀元後三九五年畢梨廷之亡為第二期，因其文化精神最盛；一般人稱為「大典時代」者，則在第一期五〇〇至四〇四年之間，即從和波斯戰爭開始至伯羅奔尼西安戰爭結束為止，其間，不知經過多少民族戰爭。

如五〇〇年波斯戰爭開始，希臘得勝；四七七年至四七八年和伊翁諾人結海上聯盟，抵抗波斯；四六五年，啓蒙大敗波斯人于海陸兩方面；四四九年，啓蒙抗波斯于漆培恩，啓蒙死；四四八年，雅典海軍大勝，成立凱里阿斯和會（Kalliasfriede），波斯戰爭結束；四六一年，雅典與斯巴達分裂；四五七年，雅典與斯巴達戰爭，斯巴達戰勝；四六五年，雅典戰勝斯巴達；四五五年，頡勒米得斯與伯羅奔尼細安人大戰于海上；四五四年，雅典太敗，海陸軍幾全覆沒；四五一年，雅典與斯巴達成立停止五年戰爭協約，可是三年之後，已復起釁；四四七年，雅典敗于克羅尼河；四四五年，與斯巴達訂立三十年和平協約；而十四年後，已引起伯羅奔尼細安戰爭，延至三十年之久；四一五年，出軍西西利，四一三年，大敗于中途，勢遂一蹶不振。

歐洲今日的文化精神，多深伏于希臘時代，而中古末年，實在是一個大關鍵，所以爲人稱爲西方文化的再生。近代的科學、藝術、思想和宗教，無一不與其中古時代的民族戰爭因果相關，而受其時代精神的影響。如雷歐那多達芬奇化石學之推論（一四五二——一五一九）；哥伯尼（一四七三——一五四三），凱卜勒（一五七一——一九三〇）天文學之發明；印刷術之創造，美洲之發現，都是歐洲各民族文化發展的起點。

談到日本的明治維新，更可以知道那時期在文化上的影響以及戰爭對文化的關係了。此誠如中澤三夫所說：「日清、日俄之兩役，誠賭我國運而戰，所謂攻城野戰尸作山之悲慘事，隨處皆有；然爲是等戰役所激刺之國民活氣，僅于數十年之間，襲取世界先進國數百年間所築成之文明，致使宇內驚嘆。就此事實而言，恐任何人亦無持異議之餘地。試比較德川三百年之治世，所謂文化文政享樂時代之末葉，陋墮文弱，對于僅率一小艦隊而來之培理（Penry）亦有畏縮之醜態，謂非依多年之太平，自然爲生倦怠，享樂之病毒，馴至蔓延全力有以致哉」（中澤三夫編「戰爭」第十六頁）。

以上所說，足可說明民族戰爭，一定可以產生不朽的文化。有人以爲戰爭會造成新的國家；我以爲這個戰爭必須是民族戰爭，才可以產生新的民族文化，建設一個新的國家。以我國歷史上的民族戰爭講：如漢代和西北各族的戰爭，兩晉六朝和五胡各族的戰爭，唐代和北方各族的戰爭，宋代和東北各族的戰爭，元代和蒙古族的戰爭，明清時代和滿族的戰爭，直接間接的使得我們民族形成了最大的團結，使得我國的文化代代有匯合，變成一個綜合性的集體的新興的民族文化。

可是近百年來，帝國主義者繼續不斷的對華侵略，我們民族雖然亦相應起而反抗，但是由于民族文化的落後，以致民族文化的弱點暴露，民族革命的力量遠不足以抗戰，終于失敗了。因爲我們的萬里長城，敵不過敵人的大砲和炸彈，我們的手工業趕不上人家機器的大量生產；人家研究科學，而我們崇尚玄理……中國一經强敵突破門戶，自然要陷于次殖民地位，這由于國力微弱，也是由于文化力量的微弱。而歐美蘇聯日本的强盛，則緣於國力的强盛，也是由於文化力量的强盛。

（三）

滿清時代，我國所遭遇的和列强各國的每次戰爭，雖然由於文化的落後，都是慘敗了。但是在我們民族文化上具有空間與時間上的兩大優越的因素，她又能接受外來的文化，經歷鬥爭的過程而創出新的文化力量，使國家民族轉危爲安，不致陷於滅亡的絕境。

古來，我們民族文化的力量就作爲亞洲諸民族生活的中心，成爲東方各個民族文化的主力。所以我們民族的文化力量，過去曾供獻於人類之進步，作爲世界文化的基本動力。爲了我們民族在文化上有着這一種不可磨滅的潛勢力，才有悠久的歷史和今天全民族不畏強暴的抗戰，請看地球上文化發端很早的民族，如埃及、巴比倫、墨西哥、祕魯、印度、古希臘、羅馬等，都早就消散了，獨我中華民族，雖經無數的災難而能屹然獨存，這次全民族的對日抗戰，不論戰爭的時間延長多久，我中華民族必有能力抗戰到底，這是無疑的。

日本帝國主義者沒有實際的認識，只是憑着一己的野心獸性，瘋狂的做一名戰爭的製造者，而爲世界文化的叛徒，全人類的公敵！他們完全抹殺了大和民族過去以中國文化爲其生活的基礎。近今，這個曾由我們民族文化力量培養而獲得較爲進步的民族，竟用其僅有的武力來滅亡我們的國家，摧毀我們的民族文化！所以日本這次的侵略中國，就如同古代日爾曼蠻族的摧殘地中海的文明，他只想恃其野蠻橫暴的力量來支配文化優越的我們，却沒有想到他們自己文化力量之薄弱，終將不免於滅亡。

誠然，我們民族也有許多缺點，往往一遇到外來的打擊，每會皇失措，立呈散漫混亂的現象。考其原因，類亦有關整個民族文化，因爲我國的經濟制度，一向是農業而非工業，我們的社會組織，是家族而非國族，同時我們民族傳統的保守習俗是多於進取創造的精神，因此，我們的民族，表現一種安土難遷、顧小我而妄大我的特性，最大的缺點，就是民族意識和國家觀念的薄弱。

可是抗戰以來，我們民族由於利害的一致，各人都認定中國唯有從抗戰的血火裏奮鬥出來，才可以獨立生存于世界，所以抗戰以來的中國，全都變了，我國的文化，也變成一個新的姿態了。在這短短的時期裏，的確已經揚棄了許多腐朽的渣滓，減除了許多弱點，同時激出許多優秀的特點，使得至大至剛的民族文化精神表現無遺。

例如國人的思想，原來不是近於老莊的理想，就是尊崇儒家的學說，如知足、忍耐、因循、妥協、不求實際、不講團結等等，成爲一般人的通病，但是抗戰以來，由於戰爭的教訓，已激起了革命思想，使民族精神漸漸發揚，民族團結益形加强。如二十七年十一月間，西藏同胞就有「拉卜楞一百零八寺，各部落藏族僧民慰勞團抗敵將士代表團」的組織，其對全民族團結抗戰的抱負，正如該團在「告全國同胞書」裏所說：「我們當前的命運，不奮鬥卽滅亡，能團結卽生存」。不久，回教同胞，爲了擁護抗戰，曾組織「中國回教救國協會」，藉以團結力量，參加抗戰工作；而西南各省的苗夷同胞，也多深明抗戰的大義，請纓殺敵，如二十八年六月間川邊松潘下山寨及關外二十四部落——位於川、康、甘、靑、藏省交界地區——當地的土司們就曾推派代表曲登堡、尙渣等十餘人來渝晉謁蔣委員長，並請纓殺敵，爲國復仇。（參閱拙著「中華民族與亞洲總解放」第二章至第六章，中國文化服務社發行。）

政治方面，國內各地封建的地方割據，已漸被肅清；各黨各派，改以往傾軋鬥爭的作風，而共謀抗戰建國大業的發展；代表民意的國民參政會的組織，更爲我國政治史上開了新紀元。

外交方面，在七七事變以後，曾首先博得國際聯盟的聲援，如二十七年九月三十日，國聯大會理事會，就認定日本的對華侵略，是違犯國際公法的軍事行動，因而議決 議各會員國採取盟約十六條規定辦法，對日本實施經濟的制裁；同年八月間中蘇簽訂互不侵犯條約，並締結商約與貿易協定，所以抗戰以來，首先援助中國的，就是蘇聯；而美英同盟國家的援助我國對日抗戰，太平洋大戰以後的對德義日實戰以及不平等條約的廢除和重要國際會議的參加，都是可貴的成就。

教育方面，抗戰以來，雖多遭受損失，但是由於抗戰建國人才的需要，反而得到特殊的發展。二十七年四月國民黨臨時全國代表大會通過列「教育章」爲「抗戰建國綱領」之要項，並頒訂「戰時各級教育實施方案」，指示戰時教育應循的途徑，一方面搶救戰區流亡的員生，分別予以救濟和安置；一方面竭力遷移戰區各級學校及文化機關，使青年學子絃歌不輟；一方面又因時制宜，力謀各種教育在艱苦狀態之下有以發展，使各種人才得有訓練和補充。

經濟方面，爲了一面抗戰一面建設，遭到極嚴重的歷史考驗，使我國經濟走上自力更生的途徑。談農業，爲了要增加糧食生產，後方的荒地，得到廣大的開墾；爲了要增進出口貿易發展工業，棉花、蠶絲、桐油、茶葉等經濟作物，得到空前的推廣，而農田水利的興修，畜牧林業的發展，有遠過於戰前者。談工業，戰區各種民營工廠大多內遷，繼續生產，西南西北各省國防資源的開發，各種生產部門技術人員的訓練，工業發明的獎勵，工業標準的釐訂以及新度量衡制度的推行，都有顯著的成效；而財政金融貿易的改進，也不是在戰前所可想到的。

尤其值得歌頌的，就是抗戰以來藝術的發展，在抗戰建國的要求和環境之下，幾乎沒有不抗戰沒有不革命的藝術。試聽那滿街悲壯的歌聲，是多麼雄偉有力！試看那到處刺眼的圖畫標語，是如何刺激人心，刻劃着民族正氣！

（四）

這次，我們全民族的對日本抗戰，將引起空前的世界大戰，是反侵略和侵略的戰爭，是公理反抗強權的戰爭。全世界各個有正義感的民族，必定爲人類的文化團結起來作殊死的戰鬥！

全體性的民族革命戰爭，將使民族文化在人們死亡的教訓裏得到空前的發展，法西斯主義者的侵略戰爭，早遲都要使其文化陷於毀滅的境域。戰爭在人類是不可避免的事，但如何以戰爭求得世界和平，維護人類的文化，那就要看各國民族的智慧了！

日本帝國主義者對於我國的侵略戰爭，分明是要奴役我們民族，毀滅我們民族文化；但日本的統治者爲了要達到侵略的目的，還想盡方法鼓吹「戰爭是文化創造之父，文化創造之母」的理論，試問這種野蠻的侵略的戰爭，如何能創造其文化？這種戰爭，實在是違反理性的暴力戰爭，簡直是大和民族自殺的行爲，是自殺文化的戰爭！

而我們的抗戰，純是一種民族革命的戰爭，是爭取民族生存維護民族文化的戰爭，是要求世界和平打擊人類文化罪魁的戰爭，是全民族的正義之戰！是人類理性的文化戰爭！

我們不必懷疑中國的抗戰是否必得勝利，我們只問人類有沒有理性？要不要文化？

二十八年三月二十四日重慶中央日報

四　民族性能與民族戰爭

——天下非一人之天下，乃天下之天下也。

（一）民族性能的涵義及其發展

民族是國家的主體，民族性是全民族的靈魂。世界上每一個民族，各因其民族性之不同而造成不同之歷史；各民族又因其不同之歷史而養成各種不同的民族性；政治、宗教、教育、文學、美術等，就是民族的創造物；同時也是民族性的創造者。關於民族性的研究，究竟起於何時，論說頗多，但已被歐洲學術界公認的，是創造於赫爾巴特（I. F. Herbart 1776——1841），到了他的學生外慈（Wais）拉拉路（Lararus）斯太茵培爾（Stanithal）等人而後，始集大成。

「民族性」的涵義究竟怎樣呢？孫中山先生曾在民族主義裏說：「一個民族有其由特有之語言、宗教、風俗、習慣、血統、生活方法等構成與他民族不同之特性。」

包恩（Q. L. Bon）說：「今日我們能知道構成民族心理的特質，只是道德的理智的特性，及其祖先所遺傳的動機的總和，一個民族還有他的共同心理的特質，和其肉體的特質一樣，在同一民族中，就其個人心理的特質，觀察而綜合之，那種共同點叫做民族性。」

福伊爾（A. E. Fouille）曾把民族性分爲「生來的」和「習得的」兩種。生來的特性，屬於心理和生理，習得的特性，屬於心理和社會的。他曾說：「種族不過是其祖先遺傳下來的一種共同類型而已」。

斯達特密爾（John Stuart Mill）說：「民族是具有共同意識感情，因歷史流傳，政治上結合已久，各自願同隸於一政府下的一部份人類集團」。

斯太林說：「民族是歷史上形成的一種共同語言，共同領土，共同經濟生活，以及在共同文化上面，顯示出共同的心理結構固定集團」。

綜合以上所論，可以說民族性就是一部份集團的人類，依其地域、氣候、生活、文化等特徵所造成的一種心理上和身體上的共同特質。

民族性的發展，大概可以分三個階段。其始，係以種族、環境、人口及各種物質要素造成一民族的民族性；繼而，因表現此民族性所形成的政治、宗教、教育、文學、美術，對於民族本身發生反響而再造其民族性；復而，人類循其自由理想與意志而支配政治、宗教、教育、文學、美術而改進其民族性。因其如此，所以任何民族的歷史，大都是以民族性爲其演變要素的。

我國歷史演進到今天的階段，也是由於我們民族性所致。據各國民族學者的研究，我國在周秦以前，可謂爲第一階段；秦漢以降，則已進入第二階段。自周公孔子以至二千年以來，更使我中華民族的思想，步步接近於儒家；因此而更强固了我們民族本來的特性，使之成爲定型。近百年來，海禁大開，我中華民族的學術思想和文物制度，無不受歐風美雨的影響；加之帝國主義者積極侵略，使得我國的文教設施，處處動搖了根本，直接間接的改變（不一定是改進）了我們民族性的本質，使得我們的民族性已發達到第三階段了。在這全國上下努力民族革命的時代，國人應特別注重如此偉大時機的運用，小心致慮如何在政治、宗教、教育、文學、藝術各方面，爲創造光大我們民族的前途而改進我們的民族，提高我們民族的能力，以發揚我中華民族的文化。

（二）中華民族的性能觀

世界上原有許多文化發端很早的民族，如埃及、巴比倫、墨西哥、祕魯、印度、古希臘、馬羅，可是如今大都聲消匿跡了，惟有中華民族，依然存在，並且能在艱難困苦的今天担負抗戰建國的歷史任務與世界列強奮鬥不已，這當然是由於我們民族有其優越的品性和能力。事實上也是如比，我們民族在兩年來的民族革命戰爭裏，固然暴露了許多缺乏，但有許多優秀的民族性也表現無遺，並且繼續不斷的因抗戰而發現了許多平時不易見到的優點——我們民族誠然有許多缺點，如自私、虛浮、保守、文弱等特性，論者甚多，但在這裏討論的，則偏重在比較優秀的特性。茲特分別略述於后：

（甲）大同思想

我們民族一向就有「中國一人天下一家」「世界大同」的理想，孫中山先生以「世界主義」建立大同的世界，爲「三民主義」的最後理想，並非他的創造，不過他却把握了我們民族固有的這種「大同理想」，而更具體的把它提出來，爲全民族努力實行「三民主義」的最終目的，指明我們民族革命的要求，不但是爲了救中國人，而且是爲了全世界人類的幸福。

我們民族的「大同理想」，原是根據「天人渾一觀」發展的。由此發生了支配宇宙萬物的「道」的觀念，認爲「道」的顯示，就是宇宙，「天地人」是由「道」而生，由「道」支配，因此，「大同理想」，就由宇宙觀的道的觀念而發生了。這種理想，當然是超過國家的範圍，其唯一的原則，就是以「統一」與「和平」的方法，形成一個「天下爲公」的大同社會。

孔子在禮記的禮運篇中說：「大道之行也，天下爲公，選賢與能，講信修睦。故人不獨親其親，不獨子其子，使老有所終，壯有所用，幼有所長，矜寡孤獨廢疾者，皆有所養；男有分，女有所歸，貨惡其棄於地也，不必藏於己，力惡其不出於身也，不必爲己。是故謀閉而不興，盜竊亂賊而不作，故外戶而不閉，是謂大同」。由此可知我們民族的政治觀念，是以「大同」爲最高理想的。這種理想，是希望一般的人類，都站在平等的地位，認爲自己的家族和他人的家族，都沒有什麼分別，人人各應以其能力，本其職務，爲社會大衆的公共福利而服務。由「自養」而「養人」，由「自存」而「共存」。但是要達到這個理想，又必須以一種禮法制度爲手段，所以孔子說：「今大道既隱，天下爲家，各親其親，各子其子，貨力爲己，大人世及以禮，城郭溝池以固，以約禮義，以正君臣，以篤父子，以睦兄弟，以和夫婦，以設制度，以立田里，以賢勇智，以功爲己。故謀用是作，兵由此起。禹湯文武成王周公，由此以選……」

近世以我們民族的大同理想而提倡大同主義者，就要算康有爲、譚嗣同和孫中山諸先生了。康氏曾著「大同書」，把人類苦患的根源，分爲九界，以爲去此九界的差別，才能救濟苦難。九界爲何？康氏有曰：「一曰國界，分疆土部落也；二曰級界，分貴賤淸濁也；三曰種界，分黃白棕黑也；四曰形界，分男女也；五曰家界，私父子夫婦兄弟之親也；六曰業界，私農工商之產也；七曰亂界，有不平不通不同不公之法也；八曰類界，有人與鳥獸虫魚之別也；九曰苦界，以苦生苦，傳種無窮無盡，不可思議」。其最高的政治思想就是欲破除此九界能實現一大同社會。梁啓超曾於「清代學術概論」一書裏條舉康氏的大同思想：（一）無國家，全世界置一總政府，分若干區域；（二）總政府及區政府皆由民選；（三）無家族，男女同棲不得逾一年，屆期須易人；（四）婦女有身者入胎教院，兒童出胎者入育嬰院；（五）兒童按年入蒙養院及各級學校；（六）成年後，由政府指派分任農工等生產事業；（七）病則入養病院，老則入養老院；（八）胎敎育嬰蒙養養病養老諸院，爲各區最高之設備，入者得最高之享樂；（九）成年男女，例須以若干年服役於此諸院，若今世兵役然；（十）設公共宿舍公共食堂，有差等，各以其勞作所入自由享用；（十一）警惰爲最嚴之刑罰；（十二）學術上有新發明者，及在胎敎院等五院有特別勞績者，得殊獎；（十三）死則火葬，火葬場比鄰爲肥料工廠。就此十三點已可說明「大同會」的大體內容，表達大同社會的思想。

譚嗣氏的政治思想，要在打破國界從而實現大同社會。所著「仁學」中有謂：「地球之治也，以有天下而無國也，莊曰：『聞在宥天下；不聞治天下』。治者，有國之義也，在宥者，無國之義也。曰在宥，蓋自由之轉音，旨在言乎！人人能自由，是必爲無國之民。無國則畛域化，戰爭息，猜忌絕，權謀棄，彼我亡，平等出，且雖有天下，若無天下矣！君臣廢，則貴賤平；公理明，則貧富均。千里萬里，一家一人，視其家逆旅也；視其人，同胞也；父無所用其慈，子無所用其孝；兄弟忘其友恭，夫婦忘其唱隨。若西書百年一覺者，殆彷彿禮運大同之象焉。」

孫中山先生曾在民生主義裏說：「我現在是用民生二字來講外國近百年來所發生的一個最大的題問

，這個問題就是社會問題，又名共產主義，即大同主義……社會主義的範圍，是研究社會經濟和人類生活的問題，就是研究人民生計的問題，所以我用民生主義來代替社會主義，意思就是正本清源，把這個問題的眞性質表明清楚」。所以他解釋民生主義的意義，是「人民的生活，社會的生存，國民的生計，羣衆的生命」；他的政治思想，是由個人的生活擴大到全人類的生活的，是以我們民族固有的大同理想爲基礎的。

（乙）王道主義

「王道主義」的思想，是我們民族固有的。其目的，不只是爲保持社會生活的均平，而且是爲了保持財貨分配經濟生活的安定。如孔子在論語的季氏篇中說：「不患窮而患不均，不患貧而患不安；蓋均無貧，和無窮，安無傾；夫如是，故遠人不服，則修文德以來之，既來之則安之」，就是以財貨分配的均平爲社會生活的要諦。

但是所謂「均平」，並非是要實現完全不顧任何階級和任何差別的社會地位的均一生活，而是應付社會的地位，不使各人生活有所匱乏。所以孟子在滕文公篇中如此說：「夫物之不齊，物之情也；或相倍蓰，或相什伯，或相千萬；子比而同之，是亂天下也；巨屨小屨同賈，人豈爲之哉」。如此，並非忽視社會上階級秩序，如詩經名刑篇中說：「刑罰世輕世重，惟齊非齊，有倫有要；不只是指刑罰，凡是不顧社會秩序的無差別平等，都不是眞平等。其均平的目的，在使財貨的分配不偏於一方，各人的生活，都無不安之感。漢代董仲舒在春秋繁露的調均篇中說：「富者足以示貴不至驕，貧者足以養生不至憂，以此爲度調均之，是以財不匱上下相安」。管子在國蓄篇中也說：「散積聚，均羨與不足，分并財利調民事」。因此「王道主義」的本旨，是以無私均平爲原則，保持社會生活的平衡。如書經的洪範篇中說：「無偏無黨，王道蕩蕩，無黨無偏，王道平平」，就是這個意思。

因爲我們富有「王道主義」的民族性，所以就產生一種德治仁政的思想。禹王在書經大禹謨篇中說：「德爲善政，政在養民」；周武王在泰誓篇中說：「惟天地萬物父母，惟人萬物之靈，亶聰敏而作之后」。子牙子（即姜太公）在文師篇中說：「天下非一人之天下，乃天下之天下也；同天下之利者，則得天下，擅天下之利者，則失天下」。至於孔孟的說法，更激底了。孔子德治的目標是「仁」，德治的方法是「修己治人」；所以在論語的顏淵篇中說：『季康子問政於孔子曰：「如殺無道，以就有道，如何？」孔子對曰：「子爲政，焉用殺；子欲善而民善矣」』。在子路篇中說：「其身正，不令而行；其身不正，雖令不從」。在大學裏說：「大學之道在明明德，在親民，在止於至善」。孟子在梁惠王篇中說：「今王發正施仁，使天下仕者，皆欲立於王之朝，耕者皆欲耕於王之野……其若是，孰能禦之」？在公孫丑篇中說：「人皆有不忍人之心，先王有不忍人之心，斯有不忍人之政矣，以不忍人之心，行不忍人之政，治天下可運之掌上」。在離婁篇中說：「三代之得天下也以仁，其失天下也以不仁」，這實在可以代表我國政治思想的特色。

（丙）和平之道

我們民族的酷愛和平，純是天性，在個人，重於謙讓；論政治，則爲「不嗜殺人者能一之」。因此，和平已是我國民族共守的「鵠」了，它是反對侵略主義者武力壓迫的，並且以和平之道爲社會上最高尚的理想。所以「天時不如地利，地利不如人和」，已是我們民族對人處世的一定法則了。

老子說：「夫佳兵者不祥之器，物或惡之，故有道者不處」；墨子在非攻篇中說：「今以攻戰爲利，盍嘗見夫差智伯之事乎？此其爲不吉而凶，旣可得而知矣」。孟子在告子篇中說：「五霸者三王之罪人也」。我們民族的人生哲學和政治哲學，受儒道墨三家的影響很深，因而以「王道主義」反對一切外來的侵略與壓迫，其唯一目的，就是要求和平，因此根深蒂固的堅定了我們酷愛和平的民族性。

因爲我們民族酷愛和平，在盛世，對於外邦的態度，亦但見其懷德誠服就成功了。書云：「百姓昭明，協和萬邦」；孔子也說：「遠人不服，則修文德以來之」；就是到明朝，鄭和南使，還有蘇祿國王自請以土地編入明室版圖的史實，足見我們和平精神的神聖偉大了。

雖然歷史上仍有少數帝王，窮兵黷武，勞民傷財，不過那只是少數人的野心與暴行，並非我們的民族性就是如此。就拿漢唐時代說，其所以那麼征匈奴通西域的，也並非專恃强大，撫綏異族，實是由於匈奴等族的時犯中原，破壞社會秩序，使得民不聊生，因而不得不用武力以保障和平。

孫中山先生爲了民族革命，積極的主張恢復國人固有的美德：「忠孝仁愛信義和平」，一直到臨死的時候，還以「和平！奮鬥！救中國！」昭示國人呢！今日我們民族的全面抗戰，也不過是爲了人類眞正的和平。蔣委員長所說的「和平未到絕望時期，決不放棄和平」，「犧牲未至最後關頭，決不輕言犧牲」，這是如何的象徵着我們民族的和平精神？又是如何的希望着世界的和平？但是在不能以和平的方法打倒强權暴力的時候，絕對以最大的奮鬥和犧牲爭取和平，維護和平。

（丁）中庸之德

孔子與亞里斯多德同是提倡「中庸之德」的。但是歐西各民族的性質，仍多偏激；我們民族大多以中庸爲一種道德。

大學云：「所惡於上，無以使下；所惡於下，無以事上；所惡於前，無以先後；所惡於後，無以從前；所惡於左，無以交於右；所惡於右，無以交於左」。由此可見我們民族持中之甚了。程子在中庸的句解中說：「不偏之謂中，不易之謂庸；中者天下之正道，庸者天下之定理」，他對於「中庸」的解釋，就是指最正當最合理的道德。因爲孔子認爲「中庸」是德，所以在論語的雍也篇中說：「中庸之爲德，甚至矣乎！民鮮久矣」；在中庸裏說：「君子中庸，小人反中庸；君子之中庸也，君子而時中；小人之反中庸也，小人而無忌憚也」；「道之不行也，我知之矣，知者過之，愚者不及也；道之不明也，我知之之矣，賢者過之，不肖者不及也；人莫不飮食也，鮮能知味也」。又說：「天下國家可均也，爵祿可辭也，白刃可蹈也，中庸不可能也」。在中庸裏更稱讚帝堯說：「舜其大知也歟！……執其兩端，用其中於民」；又這麼誇獎顏回說：「回之爲人也，擇乎中庸，得一善，則拳拳服膺，而弗失之矣」。如此，可知孔子是如何的讚美我們民族的中庸之德了。

幾千年來，中庸之德已普遍的確定了我們民族大多數人的中和的人生觀。子思在中庸裏曾說：「天命之謂性，率性之謂道，修道之謂教」；又說：「誠者天下之道也；誠之者人之道也」。「誠之」就是「率性」，「率性」就是動皆中節，無過無不及。所以子思又說：「喜怒哀樂之未發，謂之中，發而皆中節謂之和；中也者天下之大本，和也者天下之達道；致中和，天地位焉，萬物育焉」。王通說：「執其中者，惟聖人乎」？周濂溪說：「聖人之道，仁義中正而已」，就是老子也以中和爲人生最高標準的。他說：「有無相生，難易相成，長短相隨，高下相傾」；又說：「人法地，地法天，天法道，道法自然」。「自然」就是「無」；就是中和無偏。所以又說：「聖人處無爲之事，行不然之教」，因爲「人爲」易於「偏」，既「偏」就不是「中和」。所謂「還自然」「反人爲」，就是爲了要求無過無偏的中和，就是爲了反對「過」與「不及」。惟有以中庸之道才可以調和「唯物」「唯心」的衝突。

（戊）平等博愛

我們民族既是以「世界大同」及「王道主義」爲政治上的最高理想，各個人對於平等的觀念當然也很重視。在中國社會的組織中，雖然有許多上下尊卑的分別，但是在個人的立場說，都是平等的。就是君主對人民也不是佔有絕對神聖的地位，其所不同之點，只是一時期居政治關係的最高地位，這是隨時可以取消的。如在左傳中有謂：「君臣無常位」，就是這個意思。

因爲人人要求平等，跟住也就發生了博愛的性情；但是這種博愛的民族性，往往被人誤會了；並且認爲我們中華民族是最自私的民族，其實我們民族的博愛精神，大多是以個人爲出發點的。認爲自存以後才能共存，能夠自愛才能愛人，能夠愛自己的家族才能愛自己的民族，能夠愛自己的民族，才能愛全體人類。這樣說來，我們民族是「己立而後立人，己達而後達人」；「老吾老以及人之老，幼吾幼以及人之幼」。這是由親而疏，由近而遠的，是以自己爲中心的博愛。誠如孟子所謂「仁者以其所愛，及其所不愛」，這可以說是我們儒家博愛的思想。

墨家主張的「兼愛」，就是「愛己與愛人同」。孟子曾說：「墨子兼愛，摩頂放踵利天下爲之」，可見墨子的全部精神就是「博愛」；他所理想的社會，就是「視人之室若其室，誰竊？視人之身若其身，誰賊？視人之家若其家，誰亂？視人之國若之國，誰攻？」

（己）民主思想

中國古代的政治，雖缺乏民主的制度，但是民主的思想。却很濃厚。「民猶水也，水能載舟，亦能覆舟」，這是表示民意力量的一個好成語。賈誼在大政篇中所說的：「夫民者至賤而不可簡也，至愚而不可欺也，故自古至今，與民爲仇者，有遲有速，而民必勝之」。這十分的說明了儒家對於民意的重視，而且認定政府的政治設施，應以民意爲依歸。否則，就有「民必勝之」的人民制裁，給它根本推翻！

因此，賢明的君主，莫不尊重民意，聽從人民的輿論。書經臯陶謨篇中所說的：「天聰明，自我民聰明；天明畏，自我民明畏……」在泰誓篇中所說的：「天視自我民視，天聽自我民聽……」就是這個意思。

管子在牧民篇中說：「政之所興，在順民心，政之所廢，在逆民心。刑罰不足以畏民意，殺戮不足以服其心；故刑罰繁而意不恐，則令不修矣；殺戮眾而心不服，則上位危矣」。孟子在梁惠王篇中說：「今王與百姓同樂則王矣」；又說「樂民之樂者民亦樂其樂，憂民之憂者民亦憂其憂；樂以天下，然而不王者未之有也」。在離婁篇中說：「桀紂之失天下也，失其民也」。這都是尊重民意，順應民心，度量民力的政治思想。

我國歷史上如果有一個不順從民意而違反民主政治思想的暴君的話，早遲都要引起人民的革命，把他推翻而換朝代的。例如夏桀無道，商湯就要起而革命；商紂暴虐，周武就起而革命；秦始皇殘暴害民，陳涉吳廣就揭竿而起。周易下經篇中說：「湯武革命，順乎天而應乎人。革之時大矣哉」；孟子在梁惠王篇中說：「聞誅一夫紂也，未聞弑君也」。由此可見我們民族因受民主思想的薰陶，一向就是不肯屈服於暴君的。像朱洪武的平民革命，孫中山先生的國民革命，都是本着民主的精神而去推翻腐敗暴虐的君主的。抗戰軍興，爲了要抵抗敵人的侵略與壓迫，各地民衆，自動的起而鬥抗敵人保衛家鄉的事實，眞是舉不勝舉。

（庚）忠孝至上

我們民族最大的遺德，可以說是「忠孝」。這兩個字在一般國民的生活裏很容易看到的。家族制度的建立，社會秩序的維繫，國家法制的施行，處處都與我們忠孝的民族性，具有密切的關係。

孝經中有曰：「夫孝德之本也，教之所由生也」；「夫孝天之經也，地之義也，民之行也」。儒家論德，必先言孝。孔子所說的「夫孝始於事親，中於事君，終於立身」，就十分的表示我們民族的倫理，事「孝」爲「忠」的起點，「忠」爲「孝」的目的。「忠」「孝」全備，才能事親，才能立身救國。孔子的倫理思想，原是由「孝」擴大到「忠」，再由「忠」擴大到「仁」；因此我們可以說「孝」是「仁」的起點；而「忠」就是由「孝」達到「仁」的過渡；至於「忠孝不能兩全」的思想，根本是錯誤了。孔子爲了怕引起後人的誤會，他曾這麼簡潔的說明忠孝的關係：「孝慈則忠」。

一個不孝不忠的人，在中國的社會上是很難容許的。因爲一個大孝至忠的人，他不但能孝於父母，而且能忠於朋友，忠於職守和事業，忠於國家民族，這種人當然是我國社會上被人最崇拜的人，在這種情形之下，我們民族自然而然的也就養成一種「忠孝至上」的特性了。因其在道德上含有極大的潛在力量，所以對於社會國家，實在具有極大的貢獻。

我國全部的歷史，差不多就是正逆與忠奸的記實。往往千百年以前國家民族之叛逆與奸臣，正君與忠臣，至今尙爲人人所景仰或是痛斥呢。一般民衆，只要一提到曹操和諸葛亮或是秦檜與岳飛，就會知道誰是有害或有益於國家民族了。就會判斷誰是「留芳百世」，誰是「遺臭萬年」了。因爲我們民族具有這種崇尙忠的孝特性，辨別忠奸的義氣，一般人大都是對國家民族盡忠孝的，而史書上所載的忠臣，也普遍的多於奸佞之徒。例如宋史所書列傳，其間凡忠義者，有一百七十五傳，臣宦有五十，佞倖十，奸臣十五，叛臣六。明史所書：忠義者一百四十三，宦官廿七，閹黨十一，佞倖十，奸臣六——其附屬於傳後者，不在此例。總計歷史上宦黨奸佞之徒，不及忠義者之一半，雖說記載未必盡眞，但也可以知道一個大概了，由這個大概的情形上說，我們民族是十分注重「忠」「孝」，明辨「忠」「奸」的。

孫中山先生就是主張發揚我們「忠孝」的民族性以光大國家民族的前途的。他曾這麼說：「我們做一件事，總要始終不懈，做到成功，如果做不成功，就是把性命去犧牲，亦所不惜，這便是忠」；又說：「現在一般人的思想，以爲到了民國，便可以不講忠字，以爲以前講忠字，是對於君的，所謂忠君；現在民國沒有君主，忠字便可以不用；這種理論實在是誤解。我們到現在說忠君，固然是不可以；說是忠於民，是可不可以呢？……爲四萬萬人效忠，比爲一人效忠，自然高明得多」。在努力民族革命戰爭的今天，誰也會知道「爲民族盡其大孝」，「爲國家盡其至忠」，是我們民族應有的任務了。

（辛）創造本能

我一向是反對人說中國科學的不發達，是由於我們民族沒有發達科學能力的。談到我們民族科學的創造，在幾千年以前，就有許多好的成績了。如黃帝造「指南針」，暗合磁電之學；東周時墨翟作墨經，已明光學、力學、幾何學的原理；漢代張衡造「候風地動儀」預測地震；諸葛亮造「木牛」「流馬」「連弩矢」，實已早開機械之先聲；王莽解剖人身，爲醫界解剖學之始；蔡倫造紙，遠在歐美各國之先，唐朝李淳造「渾天儀」，宋畢造「活字版」，虞允文造「霹靂砲」，元朝郭守敬發明「大元四元算術」，又造「渾天儀」，都比外國發明得早。

還有，各種爲學做事的方法，我們民族總有一定的方法，這種方法，就是近代人所謂「科學方法」。像數千年以前，先師孔子已在大學裏講明他爲學做事成德立業的科學方法了，如「格物、致知、誠意、正心、修身、齊家、治國、平天下」，是多麼有條理？其由小而大，由本而末，由一己而推及全人類，精微奧妙，系統分明的理論，實在也是一種科學方法，所以 蔣委員長曾這麼說：「大學可稱爲科學的大學，亦即科學的祖宗，或者說是基本的科學方法論」。

關於我們民族科學創造的本能與研究科學的智力，許鏡清先生曾在「六藝之現代意義」一文中這麼提到，特引於后。

「若以中國民族的智力與任何民族相比較都無愧色，這有事實來證明。根據倫敦大學靳世保教授（Ginsbesg）所引統計，歐洲人頭顱平均的容量，男子爲一、四五〇立方厘；女子爲一、三〇〇立方厘。中國人頭顱的平均容量爲一、四五六立方厘。就腦的重量說，根據托比蘭（Topinard）的研究，歐洲人平均爲一、三六一克；中國人爲一、四二八克（歐洲人腦重的平均數量是根據一萬個以上的個案而得到的；中國人的平均數量，只是根據少數個案，雖不能目爲定論，說中國人優於白人，但已證明我們的腦力至少不弱於白人），就智慧測量的成績說，雖有一位隔斯（Gorth）先生在他的種族心理學中說：白人的平均智商（Lntelligence Quotient）爲一百，中國人與日本人爲九九，黑人爲七五；但白人與中國人的智慧相差，也不過毫厘之間。此外更有人證明中國人的智慧商數在白人之上，如古得益諸佛（Good Enough），根據他的研究，謂中國人的平均智慧商在一〇四左右；聖帝佛（Sandiford）研究加拿大華僑兒童，說中國男孩的智慧商數爲一〇七·七，女孩智慧商數爲一〇七·〇，只在西方兒童平均智慧商數之上。所以無論從那一方面看，中國民族的智力是與世界上各色的民族智力堪相比較，位居前列的」。

羅素（Bortrand Russell）也曾這麼批評過：中國學生富有能力，又非常敏銳，中國目前於科學雖示欠缺，然亦無仇視科學之事物，故科學知識之發展，絕無阻力，不若歐州中世紀之時時見阻於教會也。華人若得一鞏固之政府而有充足之教育經費，則此後三十年中於科學必有偉大之成績」。由此可以深信我們民族科學創造的本能，並不弱於他人，只要我們以教育的力量脚踏實地的致力於科學創造能力的培養與發展，注重科學的研究與建設，不會沒有好成績的。

（壬）刻苦勤儉

我們民族刻苦的本領，可以稱爲全世界各民族的第一等。「吃得苦中苦，方爲人上人」，已成爲我們民族生活的唯一法則；「皇天不負苦心人」，就是各人刻苦的基本信念，因爲大家能刻苦，所以在有形與無形的當中，就成了勤儉的美德；「勤」就是時時刻刻努力生產，「儉」就是隨時隨地節制消費。

一般學者究研，嵩是由於我國文化的發源地，原是天寒地瘠的地力，我們民族爲了謀生不易，迫不得已，非實際力行勤儉苦幹不可。

子牙子在盈虛大禮篇中曾說：「帝堯王天下之時，金銀珠玉不飾，錦繡文綺不衣……」禹王在書經大禹謨篇中說：「政在養民，正德利用厚生惟儉」；孔子在論語泰伯篇中稱讚禹王說：「禹，吾無間然矣！菲飲食，而致孝乎鬼神；惡衣服，而致美乎黻冕；卑宮室，而盡力乎溝洫，禹吾無間然矣」。在子罕篇中誇獎子路說：「衣敝縕袍，與衣狐貉者立，而不恥者，其由也歟」。在雍也篇中鼓勵顏回說：「賢者回也，一簞食一瓢飲，在陋巷，人不堪其憂，回也不改其樂，賢哉回也」。在述而篇中說：「飯疏食飲水，曲肱而枕之，樂亦在其中矣；不義富而且貴，於我如浮雲」。在里仁篇中說：「士志於道，而恥惡衣惡食者，未足與議也」。由此知孔子是倡導勤儉的聖哲了。

由於我們民族能如此刻苦勤儉，民族生存的力量也特別强，日本長永正義曾著一文，題爲「國弱民强之友邦」，可以想見他對我們民族性的認識。沈介人氏在他編譯的「中國民族性之檢討」裏曾說：「中國人把貧窮造成一種科學。貧窮和生活競爭，本身不曾使人類勤力；但是個人或民族有了勤力的天性，就能因此而使之發展。勤則儉，是中國人已經長久在不幸的狀況下競爭生活，所以學得了文明人的勤力和特有的忍耐」。如此，可以知道我們民族爲生活掙扎能力的强大了。

據醫學家研究，中國人能抵擋痛苦、饑饉、疾病、流血；此爲白人或黑人所不及，這種能力，在華僑的生活裏表現得更顯明。

還有，我國僑民在南洋羣島及世界各國的，大都是憑個人吃苦耐勞的努力，爲生活爲事業而奮鬥因一向就很少有國家權力的保護。明季萬曆以後，海禁嚴申，外人極力排斥華僑，甚攫南洋而據之；但，外人不如我僑民的刻苦勤儉，終不如華僑在南洋經營之成績。

、著者此次因抗戰入川，親眼看到一般苦力，肩能負百數十斤的貨物，爬山越嶺行經六七十里，其所得的代價，只是一元上下，這固然表示我國內地民衆生活的困苦，但從另一方面看，實在充分的證明了我們民族耐苦勤勞的性能，的確超過其他民族。

（癸）同化力量

我們中華民族，所以有這麼悠久歷史的，是由於我們民族具有偉大的同化力量的民族文化。孫中山先生曾說：「觀中國歷史之所示，則知中國民族，有獨立之性質與能力，其與其他民族相遇，或和平而相安，或狎習而同化，其在政治不修及軍事廢弛之時，雖不免暫受他民族的蹂躪與宰割，然卒能以力勝之」。此所謂「力」，就是指的同化力量，就是說我們民族能夠有同化其他民族的力量。

孟子稱「周公兼夷狄，驅猛獸而百姓寧」，可以說是中華民族同化異族的起始，此後，我們民族同化異族的力量，更是一天增強一天了。如春秋戰國時代之蠻、戎、夷、狄，秦漢以後的匈奴、鮮卑、羌、奚、胡、突厥、沙陀、契丹、女真、蒙古、靺鞨、高麗、渤海、安南等等，都相繼的改稱漢姓漢名，學習當時漢族之文物制度。如漢書上說：「金日磾字翁叔，本匈奴休屠王太子也」；晉書有云：「段匹磾東部鮮卑人也」；通志民志略曾載：「黨氏本出西羌」；唐書亦有「李光弼，營州柳城人，其先契丹之酋長」等語，這都可以表現我們民族對其他民族同化的力量了。

我們民族爲什麼能同化其他民族呢？這可以說是由於我們民族文化的力量，我們的民族文化何以有這種同化力量的呢？實在因爲我們中華民族的文化，在人類文化發展的階段上，已屬先進，而其他民族尙屬落後的緣故，至於何以會使我們民族如此先進的呢？因爲我們民族具有決定人類的兩種文化環境：其一，自然環境；其二，社會環境，根據這兩點說明，才是科學的解釋，才是歷史的方法。

我們民族一向就具有優越的自然環境：（1）中國的領土北起北緯三十五度四十八分，南盡北緯七度以下，大都是溫帶，適宜於人類生活之進步；（2）地勢有高下，人民可以避免水災及其他自然的災害；（3）地質肥美，宜於人民耕種，建立農業的社會。

因爲有這樣優越的自然環境，我們民族就容易實行社會生產，形成民族經濟生活的基礎，就能漸次的增進人類生活的智識和技能，改善及豐富人類生活的經驗，創造許多文物制度，使得人類一切生活的方法有以改進；其他民族爲了共同要求生活的改善與進步，自然而然的就模仿學習着我們民族生活的方法：這個「模仿」「學習」，就是被我們民族文化的同化。也就因爲我們民族文化有這種改善人類生活的方法，使得歷代每個民族都有了模仿的慾望和學習的需要，以致經數千年的努力，我們民族的文化，也就由黃河流域而長江流域，而珠江流域，而朝鮮、日本、安南、緬甸、暹羅、印度；至今已傳佈到世界各國了。

所謂「同化」，就是將許多異質的低級文化，醇化於一高度文化的總體之中，而形成一大民族文化，因爲我們民族具有這種同化其他民族的文化力量，對於其他民族的文化，也都能虛懷若谷，積極的予以接收，促成我國文化的進步與發展，如顏氏家訓所載：南朝一士夫，教其子學鮮卑語及彈琵琶者，就是我們民族吸受他族文化的一個例證；又如隋唐以前，印度佛教文化輸入中國，我們也能完全接收，而且加以利用，所以到了宋代，已經因它而蓄成理學了。今日的中國文化，將要建立起放光輝、燦爛、偉大的新中國的民文化。

（三）民族戰爭與民 族性能的提高

關於我們民族性能的論說極多，但是大多不是「夜郎自大」的「唯我獨尊」，就是「妄自菲薄」的「我不如人」，因而常使國人大有「坐井觀天」或是「驚弓之鳥」的感慨。我始終認爲我們民族固然不少惡劣的民族性，也有很多優秀的民族性，雖然這不是一種科學的論斷（本不能以科學方法論述民族性）；但是就我們民族的歷史與現狀講，可以這麼說。因爲全世界各個民族的歷史，要算我們最悠久，所佔的領土最廣大，所有的人數也最多，因有悠久過程之歷史，可積無數祖先的寶貴經驗和教訓，使得我們的民族性日趨於改進——雖然經過宋元清三代君主的醇化，但其力量也很小；在另一方面說：歷史的遞變，也很有力的振奮了我們的民族性。

尤其在這熱烈的民族革命的戰爭裏，更顯明的改進了我們民族的能力，發揚光大了我們優秀的民族性，甚至因爲富有選擇性的戰爭影響，對於我們民族的品質，也提高了許多。茲特就軍人方面、民衆方面和婚姻與生育三方面略論數點於后。

（甲）軍人方面

從軍人方面說，我們民族一向是「重文輕武」的，大都是男人以「文質彬彬」爲風雅，女人以「弱不經風」爲美觀，而且「好男不當兵」的錯誤觀念，已變爲我們民族不良的傳統，因此使得我們民族日趨於懦弱無能，甚至喪失了自衛的力量。就是有史以來的招兵興軍，也不過是少數人的爲武工具而已。

論其品性，大都是綠林朋友或是在社會上無以生活的人；論其能力，很少受過敎育的。所以在雇傭性質的募兵制度之下的一般士兵的性能，就大體上說，是不及一般民衆的；但是抗戰軍興以來，我國已經毅然的實施了徵兵制度，加之近年來積極的改進軍人敎育，注重軍人精神和技能的訓練。就各方面說：現在軍人品性的優秀，大多是超過一般民衆的。尤其是那些自發組織的義勇軍，無不具有強烈的民族意識，富有熱切的民族精神和高尙的防衛戰術；還有許多自動投軍的青年男女，以及空軍官佐，實在可以說是全民族品質性能最優秀的一部份人。因此，他們才能爲國家民族的前途而不斷的與敵人作英勇無比的犧牲奮鬥，才沒有偸生怕死，聞風退避的可恥行爲。

我們拿敵我軍人傷亡的比例及其發展的趨勢說，就可以憑事實來證明我國軍人的品性能力，確因這次的民族戰爭而提高了。據軍令部調查統計：在淞滬大戰的期間，敵軍傷亡一人，我軍就要三人至四人；在徐州會戰的期間，敵軍傷亡一人，我軍只要二人；在鄂北大戰的期間，敵軍傷亡一人，我們也是一人，我們再從敵軍傷亡統計的趨勢說，更可以明白的看出這次日本侵華的戰爭，實在給他們軍人的品性惡化了。據軍令部統計：廿八年一月份敵軍傷亡的人數，是一四、○一八人；二月份傷亡人數是二九、三一七人；三月份傷亡的人數是三五、七九九人；四月份傷亡的人數是五三、八六四人。因此，自從八一三事變以來，日本軍人的反戰事件，多至不可計數——廿八年二月間，軍事委員會報告：江陰、大沽、廣州、漢口各地的敵軍，因爲反戰譁變者達一萬三千餘人。

但在我國軍人的品質能力，當然也有着高下強弱，但在大體上說，比較以前實在要高出幾倍或十幾倍了。就拿這次抗戰士兵與官佐的死亡率相比，也可以看得出性能較爲優秀的官佐，要比性能較爲低劣的士兵死亡得少。這就是表明性能優秀的軍人，對於這種富有選擇意義的損失，容易減少些。

從前普德戰爭的時候，普魯士軍隊，據人統計，將校每千人死四十六人，幹部官佐，每千人死一〇五人，指揮作戰的官佐，每千人死八六人，下級官佐及士兵，每千人死五人；比較起來，官佐的死亡率比士兵爲大。在歐洲大戰的時候，德國軍隊，各級官佐四十一萬人的死亡率，是百分之十四不足；而一百三十萬士兵（最下級官佐在內）的死亡率是百分之十三。美國軍隊也有同樣情形，歐戰初起的時候，英國的官佐死亡率，較士兵死亡率要高；美國參戰之後，當官佐的哈佛大學畢業生，犧牲得也特別多，這恰如我國抗戰開始，一般的軍人，大都是勇氣十足，而作戰經驗不夠；但作戰時間愈長，也就愈增軍人的經驗，而提高軍人的性能，減少犧牲的人數而加强軍人作戰的實力。

（乙）民衆方面

從民衆方面說：我們民衆，一向很少國家觀念與民族意識，但自抗戰以來，敵人的炮火炸彈已普遍的直接間接的强烈的刺激着民衆，一般民衆出於自身的利害關係而擴大到國家民族的利害關係。大都挾着一種共同憤恨的心理，仇恨着敵人，起而入伍保衛家鄉捍衛國家民族的，是很普遍的現象。尤其是一班品性最壞而不能生活的地痞流氓（除了做漢奸的）不是隨着抗戰的轉變而改善，就是跟着抗戰而死亡，這當然是提高我們民族性能的實例。還有，民衆因爲抗戰，無論在前綫或後方，都認識了民族革命戰爭的目的在維護我們民族的自由生存。抗戰失敗，大家只有做奴隸，只有死！爲了這種共同生死的利害關係，無形中，就增進了軍人與民衆的相互諒解，加强了合作的能力，因爲民衆能認識抗戰軍人之大仁大義，也就不辭勞苦不惜身家性命的幫助軍人工作，不肯後人的出錢出力，踴躍獻金，捐贈物品；軍人爲着民氣的鼓舞感動，於是士氣蓬勃，浴血抗戰，更是百倍忠勇，許多失地，得漸漸的收復。一般來自戰區的民衆，身受敵人的壓迫退避後方，與內地的民衆得有互信互助的機會，因利害一致而逐漸的減少了民族間的隔閡與誤會，加强了全民族的感情與團結。並且因爲我國人口的大交流，使得我們民族的文化，無形中提高起來。因此，從任何方面說，我國民族的品性與能力，都有普遍提高的趨勢。

還有，因爲敵機不斷的向我國每一個都市城鎮濫施轟炸，逼得全國各個都市裏的民衆都不得不離開那種紙醉金迷的、烟霧瘴氣的、痲木軟化的、腐爛的都市生活；不但如此，並且積極的疏散到各個鄉村去。這固然可以避免許多無謂的損失和犧牲，並且因此而積極的增加了國民的活力，提高了鄉村農民的生活知識和技能。無疑的，在這種情勢之下，抗戰對於一般民衆的性與能，都有着改善和提高的動力。這種有形無形的動力，是每個人都可以覺察得到的。

（丙）關於婚姻與生育

從婚姻與生育方面說：中國一向有一個不好的現象，就是「早婚」，大多數的青年，都是「不修其身而先齊其家」的，這當然是不利於我們民族品性與能力的提高。可是抗戰以來，因爲一切的情形變了，一般人的婚姻，實在令人難以照常打算。而且因爲大多數適婚或勉强可婚的青年男子，不是在前線服務，就是在後方受着各種訓練，這都是不容許結婚的，在這種情形之下，自然也就會減少許多青年早婚的弊害。等到抗戰結束，一般抗戰的英勇戰士，如果可以結婚的話，那對於我國的民族品質與性能的增高，是可以預想得到的。

談到後方的一般適婚的青年男女，很容易擺脫平時一般人所公認的不合理的家庭關係而獲有婚姻自由的機會，從而由自己選擇；還有因爲抗戰的關係，後方青年女子要比青年男子多（據一些我國人口性比例的研究，大都承認有男多女少的趨勢），從婚姻選擇上說，男子選擇女子的機會比較多，選擇的標準，也比較通常的嚴格和提高。這種自由婚姻的機會與婚姻選擇準標的提倡，對整個民族的品性與能力，實在是有利的。

關於生育，因爲抗戰給一般人的生活都難獲得安定的機會，爲了避免許多家庭之累，對於兒女的生育，是普遍的設法避免與減少，抗戰期間的節育，實在是可喜的事。還有，因爲抗戰的影響，中國一方面喪失了許多可愛的兒童——民族的新生命；但也正因此而增進了民族的健康，因爲有許多先天不足，從小就病弱的兒童，因抗戰的影響是生而不存的；反之，因抗戰影響而仍能生存的兒童，當然他的生活力要比較其他因抗戰影響生而多病或生而不存的兒童要來得健康與強壯。這種富有選擇意義的生育，却是改善我們民族品質與性能的一個因素。

敵人的飛機炸彈，震醒了我們任何地方的民眾，生死存亡的關頭，粉碎了我們民族苟安偷生的心理，振奮了萎靡不振的精神，逼得我們民族警惕起來，英武起來。工廠和戰場已是我們鍛鍊體魄的場所；殺敵衛國，就是我們犧牲奮鬥的願望。爲了大敵當前，難以偷生，只有拚命奮鬥自救；爲了爭取全民族的自由生存，只有「迎頭趕上」的發動科學的長期抗戰，爭取民族戰爭的勝利。這是敵人給我們的機會，這是在我們民族革命戰爭的艱難奮鬥裏獲得的「血的教訓」。

還有，抗戰以前，我們民族普遍的習於外人的消費，而不注重現代的生產，因而一般人崇尚時髦，不惜重金而買舶來品。也就因爲各種舶來品在帝國主義經濟侵略的壓力之下易於購買，而減少了自己生產製造的需要性，以致一般青年學生，多喜學習文科，而不願受勞動生產之訓練；等到離開學校，曾遍的感到「畢業卽失業」之苦，因而就被社會國家擯棄、淘汰，一有機會，於是利用職權，營私舞弊，習爲貪官汚吏，甚致大學生做土訟流氓，也是常事；但是抗戰以後，因爲國際交通困難，舶來品來之不易，買之難買，一般人也就不得不因陋就簡而服用國貨。因爲國貨的暢銷有利，一般工廠和商店也就因市場的需要，而從事後方生產品的製造和運銷。許多青年爲了當前時代的教訓，也就特別的感有生產訓練的必要，因而立志學工學農，努力各種科學的研究。抗戰兩年來，我國也的確添設了不少農工商專門技術學校，造就了不少致力於生產事業的青年。在這種情形之下，大多數的人們，已經由減少消費而轉變到增加生產了。過去一般道地歐化的青年男女，也戴起草帽着起草鞋了。並且大都換了武裝或是工裝，在思想上，在整個生活上，都有滑新生的活力。從這些地方看，爲民族品性與能力着想，我們該要謳歌起來。

總之，我們民族的品性與能力，因爲民族革命戰爭的種種關係，有許多地方，的確改善了，的確提高了，雖然也有許多人因抗戰影響而變爲「漢奸」，變爲發國難財的奸商；但這究竟是全民族的極少數，而直接間接英勇殺敵爲國家民族爭光榮、爲民族文化而努力、爲人類謀幸福的民族英雄，畢竟是多數。對於民族品質與性能的改善和提高具有潛在力量的，當然屬於後者。並且因爲漢奸的通敵賣國，殘害民族的生命，更堅強了我們民族忠奸和敵友的觀念。由於這種觀念的加深，更具體的提高了我們民族革命的意志與決心，這是大家可以公認的。

(四)優秀的民族性能與民族戰爭勝利的關係

在上面我已經把我們中華民族的性能作一個簡略的概說，從以上所說的十大性能上看，足够證明我們民族的性能是比較優秀的。事實上也是如此，我們民族如果沒有這些優秀的特性和能力，在兩年前，那正是我們國家實力薄弱的時候，決不會發動這種神聖的民族戰爭的；在兩年來如此劇烈的民族戰爭裏，也決不會得到如此優越的戰果。所以我認爲這些優越的民族特性與能力，實在是我們民族勝利的最大保障，茲陳說數點於後：

(甲)尊重理性的民族一定可以戰勝毫無理性的民族

人類的正義與眞理，全是根據人類的理性而闡揚伸張的。沒有理性的人，他決不會認識眞理、維護正義的，不但如此，而且會積極的泯滅眞理，違反正義而妨害人類的幸福和社會的秩序。個人如此，民族亦然。

我們中華民族是尊重理性的民族，也是一個絕對維護正義追求眞理的民族，以每個人的待人接物、社交應對講，大都是以理性爲最高標準的。如果違反了這個理性的話，那就要受社會的制裁了，就是俗說的「有理天下去得，無理寸步難行」，這在表示個人須要尊重理性，社會也要求個人尊重理性。王陽明所說的「良知」，分明是理性的自覺；是凡人類都有「良知」，都有「理性」(但是每個人的行爲未必是出自良知合乎理性)。所以陸象山說：「東海有聖人焉，此心同，此理同；西海有聖人焉，此心同，此理同；南海北海有聖人焉，此心同，此理亦同」；孟子也曾說：「心之所同然者理也義也，聖人先得我心所同然耳」。古來聖賢的名言嘉語，都是教人把自己的言語行動，要窮理盡性，合乎理性的。

所謂「理性」，就是人類應有的是非之心，邪正之心，曲直之心，善惡之心，義利之心。一個人如果能對人對事辨別是非、邪正、曲直、善惡與義利，就是理性之所在。一個人如此，能促進社會國家的進步；一個民族如此，將對世界人類有更大的貢獻。如果一個人沒有理性，他一定不明是非、邪正、曲直、善惡、義利，那他就要惹起人類的禍患；如果一個民族沒有理性，就足以破壞世界和平，使人類的歷史走向黑暗的階段。日本帝國主義者侵略我們的國家，壓迫我們民族，徹底的說：是出自沒有理性的野心；到處搶殺擄掠、到處轟炸，就是沒有理性的暴行。而我們民族戰爭的要求，就是由於民族的理性所驅使，這是全民族自覺的「良知」，也是人類應有的本能。我們民族不但自己尊重理性，循理而行，並且希望一切的人類都共同的本仵人類天賦的理性，把一切的事情做到合理的地步。

因此，是凡抹殺良知泯滅理性的人，一定是被有理性的人類唾棄制裁的，如兩年來國際友邦的同情我國抗戰，就是全人類理性的具體表現；敵人的依舊侵略我國，也就是由於他泯滅理性，我全中華民族當然要本仵我們的理性抗戰到底；全世界有理性的人類，亦必因各自理性的驅使援我抗戰，一致驅使人間無理性的强暴，以維護人類的生存和幸福。結果，一定是我們尊重理性的民族戰勝。

（乙）維護和平的民族一定可以戰勝破壞和平的民族

和平是人類的天性，破壞和平就是違背人類的天性；尊重人類的天牲，就要維護和平的秩序。日本帝國主義者發動侵略的戰爭，不但是把中日兩國的人民陷入戰爭的禍害，並且破壞了全亞洲全世界和平的秩序。

我們民族，一向是尊重和平的，儒家講「仁愛」，謂「仁者惻怛愛人」；墨家講「兼愛」，謂「兼愛交利，視人如己」，這是如何的酷愛和平，尊重人類的天性？但孔子的主張「禮讓」，墨子的主張「非攻」，都不是對於任何破壞和平叛徒的；其所以如此的，正是爲了對付破壞和平的强暴，爲了維護和平。如儒家的「足食足兵」，墨家的備城門、備高梯、備水、備突、備蛾傅、雜守等，以及道家的「兵者不得已而用之」的話，都是爲了反侵略，爲了自衛，爲了和平。

可是日本民族，因醉心於窮兵黷武的帝國主義，一向就破壞和平，如吞併朝鮮、割我台灣、侵略我東北四省，造成傀儡的「僞滿洲國」，以及七七事變以來的到處屠殺，都是破壞和平的暴行；而我們的民族抗戰，始終都是爲了民族的獨立生存，爲了不得已而「應戰而非求戰」，爲了尊重人類的天性而「不惜委曲忍痛，對外保持和平」；「和平未到絕望時期，決不放棄和平；犧牲未到最後關頭，決不輕言犧牲」；「在和平未根本絕望前一秒鐘，我們還是希望和平的」。（以上引領袖語）這是如何的表現着我們民族酷愛和平的誠意與努力。

但是日本帝國主義者，一向就是想以其武力「征服滿蒙」、「征服支那」、「覇佔東亞」、「征服世界」，不顧其應守的信義而破壞國際公法，是凡爲國際和平而締結的各種條約，如非戰公約、九國公約以及國際聯盟條約等，他都極力的予以撕毀，使得今天的世界難以和平，這是世界人士有目共睹的事。不過人類無不渴望和平，是凡有理性的人，誰不維護世界的和平？誰不願意爲和平而奮鬥呢？

德國自侵略波蘭以後，歐西各國是如何激烈的爲和平而鬥爭，英國首相張伯倫曾說：「吾人所與之作戰者，爲暴力，爲信義與正義之破壞，爲壓迫，爲殘害」。法國總理達拉第說：「今茲之事，非僅關係祖國之命運，人類自由以及文化前途，亦已危殆」；又說：「吾人若推諉責任，即或倖獲和平，亦僅爲岌岌可危之和平而已」。還有英國爲了和平，曾在一九三九年九月四日以飛機擲散六百萬張傳單於德國境內，標明「英國警告德國」字樣，警告德人：「勿侵犯他國民族獨立，英國願與愛好和平之德人媾和」。這是如何的表明了人類爲和平而戰爭的誠意？又是如何的表示爲了和平而鬥爭的民族，其前途是如何的樂觀！

我們中華民族，已經以維護和平爲己任而和破壞和平的日本帝國主義者戰鬥兩年多了。在這戰鬥的兩年裏，世人都知道我們是怎樣的處處爲維護和平而着想，而日本又是如何的不住的破壞和平。我們民族既然絕對的本作人類共同天性的驅使，爲維護和平而戰到最後，一定可以戰勝破壞和平的敵人。

（丙）崇尚道德的民族一定可以戰勝毫無道德可言的民族

我們這次的民族戰爭，可以說是純粹在實行我們民族道德的條目以求道德內容的完全實現，「對內求自救，對外求共存」，是我們民族道德的內容；「精神之最純潔者，莫過於犧牲」；「而犧牲之精神，又發源於仁愛」；「禮義廉恥，綱舉目張，躬行實踐，貫之以誠」，就是我們實踐民族道德的主要條目，因此，「仁愛」是根基，「犧牲」是頂點，「誠」是脈絡。而日本這次的侵華戰爭，全是由於其民族道德的喪失殆盡，不講禮義，蔑視道德，以致到處屠殺，到處掠奪，所以今天的日本民族，實在是毫無道德可言的民族，是世界上最可恥卑劣的民族。

因爲我們中華民族一向就崇尚道德，以致成了千古有名的堂堂皇皇的「禮義大邦」，對於國際間的交涉，都是以禮義爲重，差不多「禮讓爲國」，「讓之爲懿德」，「讓禮之主也」，可以說是我們民族特殊的道德精神；但是敵人決不如此，他是得寸進尺，得步進步，直至滅亡我們民族爲止。

然而日本如此的野蠻，亡得了我們民族嗎？決不會，因爲我們民族所以能具有這種崇高的民族道德，並不是很僴罘的，這可以說是我們有史以來文化創造的結晶，孟子所說的「天將降大任於斯人也，必先勞其心志，苦其筋骨，餓其體膚，窮乏其身，行弗亂其所爲，所以動心忍性，增益其所不能」。實足說明我們民族道德修養之不易。因爲如此，才能養成我們民族「至大至剛」的「浩然之氣」；因爲如此，我們民族，才有百折不囘的意志，堅毅不拔的操行；所以才能「雖有千萬人吾往矣」的抗戰氣概；並且能以最大的决心，完成民族革命戰爭的任務。「雖泰山崩於前而色不沮，黃河决於側而神不驚」，所謂「富貴不能淫，威武不能屈」，「慷慨赴死易，從容就義難」，都可以說明我們民族道德崇高的表示。

我相信我們民族如果能够本住固有的道德，不氣餒、不妥協、不通敵賣國，人人爲民族盡其大孝，爲國家盡其至忠，發揮我們民族道德的精義，一定可以戰勝敵人的。

根據以上所說的，國人可以深刻的相信我們民族是尊重理性的民族，而敵人是毀滅理性的民族，我們是維護和平的民族，而敵人是破壞和平的民族；我們是崇尚道德的民族，而敵人是毫無道德可言的民族。我們深知毀滅理性的人，是全人類所不容許存在的，因爲人類「共存共榮」的最大保障，就在各守其民族道德；沒有道德的民族，不但不能與人共存，且不能自存，終必歸於滅亡。基於此，我敢說，我們如果積極的在這種神聖的民族戰爭裏，發揚我們優秀的民族特性，提倡我們民族的能力，一定可以保證我們民族戰爭的勝利。

二十九年四月一日靑年中國季刊第一卷第三期

五　論侵略與革命的哲學

(一)哲學與民族革命

哲學也是一種科學，我們不應該把它看做什麼深奧玄妙難解的東西，它是研究自然、社會和人類思維三種方法的學問，它是實在論，也是認識論，是講主觀與客觀之動的關係的學問。哲學與自然科學有關，同時與社會科學亦有關；換句話說：自然科學與社會科學都離不了哲學，一旦離開了哲學，就會走到機械論的路上去，或者就加入了玄學的範圍，足見哲學與各種科學，是時刻不能分離的，而且可以說哲學是一切科學的科學。

哲學能使人類發生一種最高形態的思想，能促使社會進步，發展民族文化，因其對象是以發現或尋求一種宇宙人生全體的合理的解釋或理論。凡以某一類的現象或行爲，從事其最基本意義的解釋，而又具有綜合性與普遍性的意味，皆可以稱爲哲學思想。例如闡明功利主義的功利哲學，就是以人類利己的思想行爲做出發點的。因此哲學決不是限於精神、物質或存在、思維諸問題，是凡世界人類的一切事象，都在其範圍之內，從一個人的生活到一個民族的革命，以及整個世界的和平與文化發展等，都應作爲哲學探究的目標，所以民族革命與民族解放，無論從那一方面講，都脫離不了哲學關係。歷史上各種社會的演進，世界上任何國家民族的發展，都有其哲學理論爲其指導的原理和原則；反之，如沒有合理的完善的哲學理論爲其民族國家和社會發展的指導，那一定要違反了人類的自由幸福，一定會造禍其國家民族，而妨礙人類歷史的進步的。

因而哲學對于整個民族的革命和解放，應該負有絕對的時代任務，每一個時代的新哲學，應該要和這時代人們的活動相適應，應該成爲解決一切民族問題的南針。歷史上每到一個重要的轉換時期，在哲學上一定也有一段新的發展；而每一種重要的新哲學，也大都是發生在社會急遽變革的時代，同時被當時廣大的羣衆所擁護。無疑的，哲學是受社會條件所確定的時代的結晶，哲學的理論，應該配合着人類社會進步的實踐。如此，哲學的理論，才能更健全、更完善、更進步；如果哲學是不顧社會問題而且離開了民族，無關社會國家的純理論，那它一定不適合民族國家進步的需要，一定無益于社會的發展。足見得哲學的理論，如果能適應民族國家進步的需要，達到社會進化的要求，那它就有實際的豐富的新內容，它的理論才是具體化，才有現實性，才能漸漸的提高起來進步起來。反之，沒有現實性，不够具體化，無補于社會國家進步的空泛的哲學理論，站在民族文化的立場說，都沒有提倡的必要，而且也沒有存在的理由。

無疑的，一個前進的民族，爲了要求自由和解放，爲了要負起創造建設發揚世界文化的責任，爲了要對人類作更大的貢獻，他一定不會受其他任何的侵略和壓迫的；萬一受到這種無理的侵略與暴力的壓迫，他會發動全部的力量起而革命，而且這種民族革命一定可以成功的，因爲這種民族革命，是有着極其正確而神聖的哲學理論爲其實踐革命的指導的。因此就會使其民族努力革命的目的，變得更加的正大光明，一定會以其眞理，使得人人同情贊助，造成極偉大的革命勢力，直至其革命成功而後已。

我們要曉得：正大完善的民族革命哲學，不但可以助長民族革命戰爭的力量而充實革命戰爭勝利的條件；而且可以「日月經天」的理論感化敵人，根本剷除反革命的侵略者的勢力，喚起一切愛好和平要求革命的國際人類，加强及統一民族革命的陣線。促成民族戰爭的勝利，保證民族革命的成功。就縱或許多努力革命的民族，與反革命者的實力相差很遠，而最後的勝利與成功，也必屬於革命的民族。例如克邁爾在安格拉初起的時候，遠不及希臘軍的實力；我國北伐時代，國民革命軍的實力，實不如北洋軍閥的雄厚，然而克邁爾與國民革命軍，因有重大精深的革命哲學與目的，終于博得了廣大人羣的熱烈擁護，得到最後的勝利。

因此，任何民族的戰爭，無論是革命的或反革命的，他們在發動戰爭以前，都特別提出要求自己民族解放或侵略其他民族的哲學理論，使得某一部份革命或反革命的人們，本其一貫的哲學理論而鬥爭下去，例如歐戰時，是凡參與戰爭的國家，都有其正大的參戰的理由和希望。但德國和奧國，始終沒有能提出一個有意義的戰爭目的，什麼「協助同盟國家」，「打破包圍政策」；什麼「發揚大德意志民族精神」，這都沒有合理的哲學基礎，以致也就不能號召人們的同情，求得人們的幫助，並且引起許多國家的擯棄與仇視。可是在協約國方面，他們大都有正大光明的哲學理論和目的，像比利時就是「爲自衛而戰」，如英吉利就是爲「擁護比利時中立條約而戰」。這當然要比德奧方面的理論來得充分而動人。

但是這種哲學理論與目的，在一九一七年以前，還沒有確定，雖然英國首相愛斯奎斯在戰爭開始的時候，也曾喊出「此次不特爲物質戰爭，也爲精神的戰爭」，「我們是自由的國家」，「我們等自由國家及完全的自由發展（Self-development），在敵人心目中，就是罪過。」（參閱愛斯奎斯一九一七年九月四日在倫敦市政廳及九月二十五日在首都柏林的演說等）。但這並未成爲一貫的哲學理論。一直等到一九一七年初，美國總統威爾遜提出「苟和平不以統治者得被治的認可，就能取得政權的原則爲基礎，則決無永久和平」（一月二十二日向參議院演說）後，在協約國方面，才共同的信仰這個理論。等到美國參加戰爭，威爾遜又根據以上的理論，定下了「爲民治而戰」，「爲民族自決而戰」等鼓勵民族戰爭的口號，以致掃蕩了以前游移惶惑畏縮不前的心理，堅定了協約國政府及人民的共同信仰，統一了各方面的革命勢力，使得他們的戰爭，日趨于勝利之途。

在這種情形之下，我們自然會如此理解：合理的正確的完善的哲學，在民族革命的實際問題上，至少要担負三方面的任務：一方面要建立整個民族從事民族革命的思想方法的基礎，以資堅定革命的自信力，而發揮全民族的威力；一方面要暴露一切有礙民族革命的不正確不合理的傾向，指出他們思想方法上錯誤以及其妥協性虛僞性；再一方面，就要以光明正大的民族革命哲學去揭穿敵人侵略壓迫的毒計和暴行，根本打破他們反革命的吃人的理論，以感化其思想，轉變其行爲，削弱反革命者侵略與壓迫的暴力；並且以神聖而偉大的民族革命的哲學理論，號召全世界人類的贊助與同情，而有利于我們民族革命。因此，正確的合理的哲學，應該要能促使民族革命的成功，求得民族的自由解放，發揚整個民族的文化。所以民族革命的哲學，是進步的，積極的，戰鬥的。它對於違反民族革命的思想方法，必須以歷史的教訓，事實的眞理，遠大的眼光，繼續不斷的加以警戒、反抗、鬥爭，使得這種不合理不正確的謬論，無以擾亂整個民族革命的思想和方法，並且積極的把合理的正確的民族革命哲學，極力的予以發揚宣傳，使得它能夠有效的指導着整個民族革命思想和方法，向勝利的途徑努力邁進，這是今天最需要的哲學，也是研究哲學者最迫切的任務。

（二）反革命的哲學理論

二十紀四十年代的現代戰爭，將要比二十年前世界大戰更擴大更悲慘，因爲全世界大部份的民族，都已由於爭取自由生存而捲入了戰爭的漩渦。就在這許多階級的人們互相競爭互相榨取、互相慘殺的情勢之下，就泯滅了一切的國際正義，破壞了世界和平的秩序，戰爭就變成了不可避免的事實。無疑的，在歷史進入到資本主義發展到帝國主義的現代——就是資本帝國主義的現代，無形中就產生了許多侵略的民族，要想榨取剝奪其他民族藉以生存的利益，就不得不發動侵略的戰爭，以其殺人的暴行，達到吃人的目的；因爲帝國主義的系統，不僅是生產的掠奪系統，也是一種不合理的制度，其結果，日益增進其國家的矛盾，要解決矛盾，就要向外發展，既要發展，就要產生一種侵略的戰爭，如果一個民族不甘受其他民族的一切不合理的侵略與壓迫，也就不得不以戰爭的力量，發揮全民族的威力，給侵略者予以最大的打擊，消滅其侵略的野心與吃人的暴行，而維護民族的生存。

因此，現代戰爭的目的，大概有兩種：其一，就是要剝奪其他民族的生存；其二，就是要爭取自己民族的生存。前者所取的方法，是侵略戰爭；後者所取的方法，則是革命戰爭。那麼侵略戰爭，就變成了反革命的戰爭，因爲侵略者的唯一希望，就是要使被侵略的民族最好自動的放棄自己應有的生存權利和應有的鬥爭，自己去投降他們，自己去死；但是人類都是要生存的，都是要爲生存而鬥爭的。整個民族要生存，就得發動整個民族戰爭，這一來，給侵略者爲難了，他既不能用軟化的方法來達到其目的，那就必定要以瘋狂的戰爭來征服，爲了要征服被侵略的民族，也就必須喊出吃人的哲學理論，例如「征服野蠻，發展文明」，就是意大利爲了要吞併阿比西尼亞的哲學理論；「剷除布爾塞維克」，就是法意參加西班牙的哲學理論；「建立東亞新秩序」，就是日本帝國主義者侵略中國的哲學理論。這種侵略理論，就是反生存反革命的哲學理論。

在這種求生存的革命與反革命的不斷戰爭裏，使得各個民族都日夕在恐怖裏討生活，整個的世界爲戰爭的火焰所燃燒，伊里奇曾舉出這時代的特徵與戰爭的特性，他說：「一、生產集中和資本集中已發展到很高度，以致形成了獨占，而這種獨占在經濟生活中起有決定的作用；二、銀行資本和工業資本相結合，形成了財政資本，並且在這財政資本的基礎上造成財政寡頭政治；三、資本輸出獲得了特別重要意義；四、形成了瓜分世界的資本家的獨占同盟；五、在各最大的資本主義列强間，地球上的領土分劃已告完成……：所以在資本主義基礎上，爲要消除一方面生產力的發展和資本的積蓄，與另一方面財政資本之瓜分殖民地和劃分勢力範圍的矛盾，除訴之於戰爭外，再沒有別的辦法了」。由此可以知道，在產業資本主義的時代，必有的，是「布爾喬亞」對「封建主義」的民族解放戰爭，在帝國主義時代，是以殖民地分劃與再分劃爲對象的世界戰爭。

約瑟夫倫曾說：「這個戰爭，對於布爾喬亞，將是最危險的戰爭，所謂最危險者，不僅是因爲蘇聯的人民將爲保護革命而決死地作戰，並且還因爲這一戰爭將不單在前線，同時在後方也必然會轉變成爲資本主義各國的國內戰爭，歸結對於布爾喬亞成了最大危險」。一九一四年到一九一七年的第一次世界大戰，正是帝國主義的前例。第二次世界大戰，不久將由中國的長期抗戰而爆發了，這次戰爭，將要給法西斯侵略的民族壽終正寢，將要給各個殖民地的弱小民族，一致在反侵略的民族革命戰爭裏，求得自由和解放，今日一切被壓迫的弱小民族的覺醒和團結，實是世界戰爭勝利的最大基礎，也是世界和平的唯一保障。

何以呢？因爲我們都會這麼理解而且會如此堅信：是凡反生存反革命的侵略戰爭的哲學，只是指引人類獸性的爆發，只是強調人類最卑劣的行爲；這種哲學，無論在人類的進步或世界的發展上說，都沒有絲毫存在發展的理由，因爲具有侵略思想的反革命者，足以妨害文化的成長演進，所以他是文化的叛徒；因爲他能剝奪大多數人類的幸福，葬送無數人的生命，所以他是人間的罪魁；因此可以相信是凡具有吃人狂的人類，在今日以及將來，都不會安然生存下去的。爲了要加強我們民族革命的信念，證明我們民族革命哲學理論的神聖偉大。茲特簡略的說明反革命的侵略哲學，也就是侵略者的哲學。

就大體上說，反革命者的侵略哲學，大概有這幾方面：一、血液主義的；二、人文主義的；三生物鬥爭主義的；四、神權主義的；五、黷武主義的。總括起來說，都是含有毒素的野蠻的吃人主義的侵略哲學。但是在侵略者的立場上說，都有各種不同藉口的理論。以爲其侵略戰爭的根據，藉以蒙蔽掩飾其屠殺人類的獸行。現在我們可以把這幾種反革命的哲學理論，分別的予以討論：

（甲）血液主義的侵略哲學

反革命者爲了要造成侵略的雄厚勢力，就積極的以血液主義來號召其民族，灌輸各種以侵略其他民族爲目的的思想，加強其民族侵略的慾望與信心，因而就倡導一種狹隘謬誤的種族說法，他們首先把世界人類分做絕對不平等的看待，因而有優等民族與劣等民族的差異。凡是他們侵略的對象（無論那一個種族或民族），在他們都認爲是劣等民族；而他們自己呢？就是他們所謂的優等民族。他們既然自以爲是優等民族，當然就自居爲劣等民族的統治者了，也就會以爲他們侵略及壓迫其他的民族是應該的，是天賦的責任，所以就喊出一種所謂「征服野蠻」的哲學，就以此而確定其侵略統治壓迫其他民族的權利。

例如戈賓諾（Gobinean）在他所著的「人類不平等」一書裏就說：「亞利安族（Arians）爲世界種族中最優秀的民族，文化上最大的貢獻，都出自這個種族的創造。德國的條頓族（Tentons）乃是亞利安族的一個分枝，而且所保持的血統較爲純粹」。他的意思就是說德國民族在世界上爲最優秀的民族，是天生的人類領袖，是歷史進化的中心人物，是各個民族理想的典型，這種理論的由來，大都是根據人種學者的種族不平等論，也就是褊狹的血液主義，他們倡說這種理論的目的，就是由於侵略的動機，經過他們擴大的宣傳和熱烈的附會，至今，已經一變而爲構成納粹主義的主要因素了。日本帝國主義者，爲了要侵略中國，他們也在人種學方面力說大和民族是最優等的民族，應該是東亞的統治者。其實他們所說的什麼優等民族和劣等民族，不過是一種藉以侵略的說法吧了。

（乙）人文主義的侵略哲學

世界人類文化的創造與社會生活的演進，大都根據自然環境和社會環境的。在今日的世界，所以有各種不同的民族文化形態，不過是一種歷史的現象，並非是永遠不變的狀態，因爲在同樣環境之下的不同民族，在文化的進步上說：大都是一致演進的。今日的自然科學，已無種族、性別、地理的區別，凡人類均可以由教育的方法學習，並取得其利用。以致衣服、飲食、建築方法的日趨相同，就是一個顯明的表示。所謂人類的文化，自古以來，雖有前進與落後的差異，但這並不是神祕，這種差異，一定會爲社會文化同化法則的發展所消滅。例如以宗教說：耶穌教的産生，以及一神的以及道德的新的人道觀念，第一次在人類歷史上，就宣佈人類靈魂的道德的平等，而人類歷史的演進方面，也就因之一變了，現代的人類，因爲科學的發達，由於機械生産方法的進步，使得要求經濟平等的社會主義的社會制度出現，更是一個有力的證明。

但是在侵略者的心目中，他們並不以爲人類文化發展的歷程，是由于歷史的、道德的、智識的、經濟的各方面融合的結果；更不承認各個民族間文化程度的差異，是隨着同化法則由於相異而相同的；他偏要從差異的一點極力的誇張，否認眞正文化進化的法則，否定一切歷史的趨勢；同時極力的奴化毒化其他民族，以使其文化程度，更趨于落伍，並且以此而喊出「發展文明」的理論，强調其侵略戰爭的哲學。

（丙）生物鬥爭的侵略哲學

侵略者爲了要想侵略壓迫其他的民族，一定要表現以及宣揚其足以侵略及壓迫其他民族的力量。其作用，一方面在威脅及恐嚇被侵略被壓迫的弱小民族，以減其自尊心與自信力；一方面就在鼓勵自己的民族，加强其侵略與壓迫的信念，充實其侵略戰爭的實力。因而他就把各個民族用他認定的優劣標準而分爲現代和古老的民族，或者當爲青年和老年的民族，並且認爲古老或老年的民族，是過去的民族，是老朽的民族，是沒有力量的民族；既是那麼老朽而沒有力量的民族，當然要被他們自以爲是現代的青年的有力量的民族統治了。

日本帝國主義者也這麼力說承繼東方文化的人，只是大和民族；我們中華民族只是古老的民族，只有歷史光榮的回憶，而沒有創造光榮歷史的活力；中國不成爲國家，只是地理上的名詞；中國的文化已成爲歷史上的殘跡，沒有新生的力量，因而他就自以爲大和民族是現代青年的民族；他也就自以爲大和民族是有創造歷史光榮的民族，他應該吞併中國，應該統治中華民族，應該霸佔東亞征服世界。所以敵國參謀本部發言人高島會在「日本對華百年戰爭」內說這麼狂論：「自歷史和事實之觀點而言，世界諸國中之有屬國者，唯有日本能拯救其屬國之苦難，現代之世界史，已以日本爲軸心，而將有光明之一日」。其實敵人如此的侮辱我們民族，是否足以妨礙我們民族新生力量的發展與充實呢!?

（丁）神權主義的侵略哲學

這是侵略主義者最笨的一種理論，是模仿上古時代神權統治者的方法，大都是由于宗教抵抗科學的結果，其典型的產品，就是希特勒的「神祕主義」Horr Hitlers Mysticism，當德軍佔領萊茵不久之後，希氏在慕尼黑的大會上就這麼說：「我走我的路」，「用夢中步行的安穩——這個路線，是上帝賜給我的」。這是何等神祕？其實稍有常識的人，一聽就會識破的。再舉一個例說：日本帝國主義者爲了要製造這種神祕的神定的國家觀，以致從「明治天皇」開始，就倡說他們的「天皇國家論」，這在表示他們的國家是代表天意的，因而他就有絕對的權能。這種落後的相當歐洲中古時代的封建的神權思想，在廿世紀四十年代還倡行于日本，眞是可恥已極！然而吃人的日本法西斯主義者，還繼續不斷的以其暴虐的獸行，逼着日本的人民去殺人，要大家認殘忍好殺爲勇敢，爲無上的道德，爲東方的王道主義，我眞不知敵人究竟有否人性！然而就憑着這種「天皇國家論」又騙得了誰？

（戊）黷武主義的侵略哲學

黑格爾在他的「歷史哲學」裏會如此論斷：「歷史好像一個審判台，一個一個民族，在這台前繼續辯過，勝利了就有理由；失敗了的終是理由不够」。這種「勝者必優，敗者必劣」的偏見，就是基于黷武主義的。是凡反革命的侵略者，爲了要達到他侵略壓迫其他民族的企圖，除了以各種欺人的侵略謬論從事欺騙、分化軟化外，就倚靠其唯一的武力，因爲要充實他侵略別人的武力，就不得不想盡方法驅使全國的人民跟住他去掠奪，殺人！例如以黷武主義爲政治哲學的墨索利尼說：「不相信永久和平的可能和效果，……戰爭使人類所有的『能』達到最緊張的程度，而且在這些勇于向戰的人民，蓋上了尊貴的徽號，……集合討論和平的問題，討論得太多了，當有危險發生的時候，唯有武力和戰爭，才可以解決他們」；又說：「文辭固然是美，但是來福槍、機關槍、戰艦、大砲、比它更美」；希特勒在「我的奮門」Mein Kampg中會說：「這世界，在將來會成爲人類生存劇烈競爭的目的，那是毫無疑問的，在最後自衛主義是永久勝利的，在它的前面，所謂人道主義者——僅是愚笨、懦怯與傲慢的合成物——會消散得像三月天的雪一樣……」，尼采也還麼說過：「男子應該訓練他作戰，女子應該訓練她再造戰士，此外一切都事懸行！」

也許有人要奇怪，德國在進攻波蘭之前，不是主張和平解決但澤嗎？在佔領了波蘭之後，不是向英法建議和平的嗎？其實這種和平，也不過是一種侵略的武器而已。正如納粹的主將之一的郝爾所說：「有兩種和平主義：眞實和平主義是卑怯的產物；虛僞的和平主義是一種政治武器，對于一切戰爭準備是必不可少的。後者以和平宣言安慰敵方，使其不注意軍事防禦，於是敵方就被包圍在以掩藏軍備爲目的的言詞烟幕裏面」。侵略的黷武主義者，有誰具有維護和平的誠意！他們全是和平的罪魁！

今天日本軍閥在中國大陸的屠殺行爲，就是他們提倡黷武主義的一種結果，這當然是惡魔在替東方的人類敲喪鐘的一種血劇；但他們都是繼續不斷的鼓勵、驅使、鞭策着日本的人民，使他們相信只有在這個屠殺者的統治之下，才有人類的幸福，我想稍有人性的人們，都會理解侵略者這個哲學的。

照以上五種反革命者侵略哲學的理解，已經足使我們相信他們在觀念上和心理上的錯誤了。反革命者愈是力說其侵略哲學，愈是暴露其劣根性，表現其吃人的野心和獸行，愈是違背人類的自由幸福，愈是阻止世界文化的進步，因此也就會使得革命的民族起而鬥抗；反革命者侵略得愈是瘋狂，革命的人們愈是鬥爭得激烈有力。結果，當然是革命的民族獲得勝利！基於此，著者再敘述日本帝國主義者侵略的錯誤，證明我們民族革命哲學的神聖而不可犯。

戰爭在心理學上的意義，就是一種劇烈的刺激和偉大的反應，反革命的侵略戰爭，以道德的價值來判斷，就是由於有了不良的刺激，而發生了罪惡的行爲，因此，我們要以革命戰爭來消滅反革命的侵略戰爭，要把侵略者劇烈刺激的罪惡行爲，予以消滅，然而怎樣才能達到這個要求呢？首先要從人類心理上來研究，就是從人類思想與行爲上來謀解決，所以如果人類心理上的認識錯誤了的話，那就造成社會行爲的錯誤。例如日本帝國主義者今天的瘋狂好戰，就是由於根本心理上的錯誤，大體說來，有以下三點：

（一）日本帝國主義者認爲日本地小人多，一定要向外國侵略才能生存；並且以爲侵略中國，是最有效的辦法。

（二）日本帝國主義者，認爲中華民族始終是仇恨日本，如果日本不吞併中國，中國必定要滅亡日本。

（三）日本帝國主義者認爲中華民族愛國的精神不强烈，政治還沒有上軌道，物質的力量很薄弱，最好是乘這個機會征服。

其實這完全是錯誤的心理，不但不能使得日本民族找到出路，反而足以斷送日本民族的前途，造成人類歷史上空前的悲劇。因此，我們不妨簡略的分析一下。

第一、關於日本的人口，計共爲六七千萬的國民，本來地廣人稀，尤其是北海道一帶，更是人烟稀少，大半的土地，都未開闢；而其所發表的土地面積，是只計算可耕土地的，所以覺得地小人多，同時日本人所宣稱的「地小人多，無以爲生」，那是要實行侵略，故意造出這個口實。以日本可耕的土地說，有六十餘萬平方公里（包括本部、琉球、朝鮮、樺太），那麼他們的人口密度，每方公里也只是一百四十五人；拿中國人口密度說，以十八省計算，每方公里是一百二十六人，兩相比較，相差很小，然而中國是農業的國家，特別需要土地耕種；而日本是工商業的國家，可以從事工商業的發展，並非是專靠土地生活；何況我國一向是幫助他們（供給工業原料，推銷工業製成品）；但他們不從「共存共榮」的一點去想，反而專事侵略壓迫，並且刻不容緩的發難吞併，使得兩個民族互相慘殺，結成了中日永世之仇。

第二、中國人民抗日意識的濃厚，全是由於日本給予我們的刺激和教訓。要想中華民族不抗日，那是太容易了，只要日本不侵略中國就成！如果以爲日本不吞併中國，中國必定要滅亡日本，那更是錯誤。這是由於他們沒有認清中華民族對於其他民族一向是本住「王道和平」「協和萬邦」主義的，歷史上很多例證；而且如果中國要亡日本，日本老早也不會存在了；這也是日本人所承認的。就是我們民族革命的唯一要求，也決沒有滅亡日本的企圖！）

第三、這更錯誤了。現在日本可以眞正認識中國人，中國人的愛國救國心，究竟怎麼樣呢？中國的政治進步不進步呢？就憑日本準備了六十年的武器，打了兩三年，還不能征服中國呢！由此可以想見，用「落井下石」的方法乘機征服中國，簡直是夢想！

由日本帝國主義者的侵略哲學，可以想見其他一切反革命的侵略的哲學理論，全是一種別有用心的說法，全是錯誤的謬論，它是不正確的不合理的，無益於社會國家而有害於整個民族以及全人類的，它將要給人類的歷史走入更悲慘更黑暗的境地。因此，是凡反革命的侵略哲學，我們都要反對！我們都應該使它不能存在！

（三）民族文化至上的革命哲學

我們這次對日本抗戰，純是一種爭取民族生存，發揚民族文化的民族革命戰爭，人人皆知其意義及目的；但是爲了要使全國國民一致爭取抗戰的勝利，促成民族革命的成功，必須闡揚我們民族革命的哲學，建立一種新的民族文化，使得直接參加革命的同胞，得有堅強的自信與自慰，發生熱烈而沉毅的革命精神，使人人本作信念認定目標，犧牲奮鬥到底，而且在這世界快要形成革命集團與侵略集團、民主國家與極權國家的當兒，更要充分的闡揚我們民族革命的哲學理論，表明我們民族努力革命的目標，以使敵國人民翻然來歸，而號召全世界全人類共驅強暴，建立自由和平的世界。

首先要說的，就是我們所要闡揚的民族革命哲學，決不是提出什麼戰爭哲學，並不如反革命的侵略者爲了要加強對內的政治壓迫，爲着某一政黨或某一階級的利益，爲着鞏固一時的統治權，因而不惜犧牲人民的幸福，而擴大的提倡侵略戰爭。我們所說的民族革命的哲學，實際上就是一種反對侵略的哲學。今日我中華民族的不惜犧牲奮鬥，全是根據這神聖的革命哲學，一致反對敵人的侵略，爲我們民族求生存爭光榮，維護整個民族的發揚光大，並且爲全人類爭取自由幸福，爲全世界求和平進步。

我們中華民族所以能夠立國於世界而有五千年光榮歷史的，大都因爲我們民族是世界上最愛好和平的民族，也是對文化最努力最有貢獻的民族，因而我們民族的道德哲學，一向是普遍的不重私利，而重仁義，不務强權，而貴博愛和平，反對侵略的戰爭，而致力於民族文化的革命戰爭。

因此，我們民族傳統的哲學思想，就是「共存共榮」的民族至上文化至上的革命哲學。檢討中國文化的最大優點，就如羅素所說的「合理的生活觀念」。我們民族和平寬大的特質，大多是根據「止戈爲武」，「君子不以其所以養人者害人也」的哲學基礎而來的，並且認定我們中華民族是文化高尙的民族，不但不應該去侵略或壓迫其他文化落後的民族，希望能「滅其國而夷其族」，並且還以高尙的文化感化其他的民族，使他們也有一種「合理的生活觀念」，因此就形成了「文化至上」的民族哲學。孔子所說的「遠人不服，則修文德以來之，既來之則安之」，就是以「文可長用，武難久行」爲哲學基礎的。就是到漢武帝時代，他要對匈奴大張撻伐以復「五世之仇」，當時的人民，還表示反對，「鹽鐵論」上所載賢良、文學的對策可作代表。他們說：「古者貴以德而賤用兵……畜仁義以風之，廣德行以懷之，是以近者親附，而遠者悅服，故善克者不戰，善戰者不師，善師者不陣，修之於廟堂而折衝還師，王者行仁政無敵於天下」。所以自古以來，我們民族就以文化的力量感化了幾個弱小民族而組成一個偉大的中華民族。也曾維護若干屬國的宗權而至千年不墮，造成今日立國最古的中華民國。

孔子一向就有很強烈的民族革命意識，誠然，他主張禮讓、厭惡戰爭，但他決非懦弱者的退縮，也決非無條件的非戰主義者；他主張禮讓的哲學基礎，是在發揚我們民族的王道精神；他所厭惡的戰爭，是內戰，而不是抵抗侵略主義者的民族革命戰爭。換句話說：其所以主張禮讓，厭惡戰爭者，全是爲了要加強全民族自衛的實力，準備抵抗敵人，捍衛國家的。因爲他鑒於「春秋無義戰」，同種爭奪地盤，相互殘殺，以致爭地奪城，殺人盈野殺人盈城，實在是喪失民族元氣，減弱民族實力的不幸事件。於是積極的予以反對，所以當衛靈公無故問及戰爭時，孔子以其不懷好意，立刻很乾脆的對他說：「沒有學過」，第二天就走了。但是在民族革命戰爭的立場說，孔子不但不是非戰論者，而且是主張一直戰到底戰到勝利的人。

當西周尚在強盛的時代，北方已有玁狁的侵略，而南方的荆楚，自昭王南征不返時，也日漸強大起來，並且反對王室，處處想法侵略，華族終於不能忍受了，只有以武力加以懲罰，所以在詩經裏還歷追頌先人功績說：『戎狄是膺，荆舒是懲』，所謂「膺懲」，有兩種意義：第一是訓誨的意思，決不是武力的對付，而以德行的感化。例如莊公二十九年，公羊傳裏所說的「齊人伐山戎，此齊侯也，其稱人何？貶。曷爲貶？子思馬子曰：蓋以操之爲已蹙矣」！何休解詁說：『操，迫也。已，甚也。蹙，痛也。我亦天地之所生，乃迫殺之甚痛……惡不仁也」。由此可以證明我們民族一向是以文德感化其他幼弟民族爲已任的。但是如有外族來侵略我們民族。那我們民族是非起而鬥抗不可的。所以它的第二個意思，就是反侵略。這是孔子所受到的歷史教訓，加之他生在魯國，又有現實環境的壓迫與激動——他出世較近的時期，正是王室日益衰微異族積極侵略的時候，因犬戎入寇，王室被迫東遷，以及楚國之併吞江漢諸夏等事，在孔子都認爲是民族的奇恥大辱，這時候是凡能抵抗異族侵略與壓迫的人，他都極力的予以讚頌。舉一個例來說：齊桓公是一個霸王，雖然向楚國興師問罪的一件事，也是做得虎頭蛇尾，但因他對抵抗異族，多少有點貢獻，以致得到孔子的原諒。當貢子攻擊管仲爲「非仁者」時，孔子曾這麼解釋：「管仲相桓公，霸諸侯，一匡天下，民到於今受其賜」。何以見得民受其賜呢？孔子又以感謝的語調如此說明：「微管仲，吾其披髮左衽矣」。所謂「披髮左衽」是夷狄的服裝，孔子的意思，就是說：不可小視管仲，如果沒有他幫助齊桓公抵抗侵略者的話，我們民族將要被敵人奴化同化了。由此可知他是如何的崇拜民族革命的英雄，他對侵略主義者又是如何的仇恨啊！因此，他就主張予以打擊者以打擊，於是「攘夷狄」了。孔子對子貢所說的「足食足兵」，就是準備抗戰，充實國防力量的辦法，並且積極的主張教戰建軍，其所說的「善人教民七年，可以卽戎」；「以不教民戰是爲棄之」，就是這個意思。他不但注意民衆的軍事訓練，而且以國家民族的奇恥大辱，激勵軍人的革命精神。所以孔子說：「知恥近乎勇」，「勇者不懼」，「臨難苟免」，「戰陣無勇，是謂不孝」，因其有正大光明顚撲不破的民族革命哲學，所以有這麼悲壯的革命精神。

一部春秋是何等的富有歷史意義？它雖然記載着二百四十二年的史實，主要的說，只是「明正逆之大辨」，「嚴夷夏之大防」，這是春秋的大義；其最高的原則，就是「尊王攘夷」；所謂尊王，在現今就有對內整飭綱紀擁護中央政府；所謂攘夷，就是抵抗外人的侵略，鞏固國家民族的地位，由此可見「統一抗戰」，就是「春秋」的精神；也是孔子最大的成就。我們民族因他而確定了民族革命的哲學，發揚了民族革命的精神；同時我們民族因爲能在春秋時代由「尊王攘夷」而形成「大一統主義」，以致在文化、智慧、德行各方面，都優越于其他民族，加之列國當局提倡于上，使諸子蜚出，百家爭鳴，自由研究學術的風氣，盛極一時，使得我國文化的發揚，國家社會的維繫，以及一切治國安邦的理論和方法，無不淵源於孔子遺教。孫中山先生創立「三民主義」，建立革命理論，也多根據我國的正統學說，參入近代的科學精神，尤其在心理建設方面，更是發揚孔子的哲學理論，而確定「忠孝仁愛信義和平」爲立國之經，以「禮義廉恥」爲救國之維，以「智仁勇」爲建國之用，表裏相應，體用兼舉，以致使得「三民主義」成爲我們民族革命的哲學基礎。

我們再想一想，就可以知道春秋中的「明正逆之大辨」，「嚴夷夏之大防」，全是以「國家至上民族至上」爲準則的。孔子所謂「亂臣賊子人人得而誅之」，就是前者的說明。例如魯宣公十五年楚莊王圍宋，使宋憊困至「子而食析骸而炊」的境地，忽有宋人華元對敵人洩漏了抗戰的祕密，因此孔子就大書「宋人及楚人平」，削去了華元的大夫之爵。這眞是懲處漢奸的好例證。還有春秋提倡的精神，就是雖百世之後，還要「國仇必報」；所以在公羊傳裏有這樣的記載：

『紀侯大去其國。大去者何？滅也。孰滅之？齊滅之。——何賢乎襄公？復仇也。何仇爾？遠祖也。也。（齊）哀公烹於周，紀侯譖之。襄公將復仇乎紀，卜之：曰師喪，分焉，寡人死之，不爲不吉也！遠祖者幾世乎？九世矣。九世尤可復仇乎？雖百世可也！』

談「嚴夷夏之大防」，我們要知道：孔子純是以民族文化爲立場的。所謂夏夷的界限，並不是狹義的種族區別，而是以文化程度的高下判別的。因此，文化程度進步的夷狄能學習華夏的，就以中國視之。所謂「夷狄而進於中國則中國之」，全是積極敎化，而不是武力討伐；而文化程度墮落的華夏，也就以夷狄視之，所以通敵附逆用夷亂夏的人，就是民族罪人；像攘夷安夏爲民族文化而革命的齊桓管仲之流，就是國家民族的偉人。晉文公之賢，就賢在他能戰敗荆蠻以安諸夏，也就是賢在他能爲民族的生存而革命。

中華民族對於其他民族，一向都是本性和平的王道精神，信奉德治仁政主義，如老子所謂：「以道佐人主者，不以兵强天下，其師好還，師之所處，荆棘生焉，大軍之後，必有凶年」；又說：「夫佳兵者不祥之器，或惡之，故有道者不處」。墨子在非攻篇中說：「今師徒唯毋興起，冬行恐寒，夏行恐暑，此不可以冬夏爲者也，春則廢民耕稼樹藝，秋則廢民穫斂，今唯毋廢一時，則百姓飢寒、餒凍而死者，不可勝數！」又說：「今以攻戰爲利，蓋嘗見夫差智伯之事乎？此其爲不吉而凶，既可得而知矣」。孟子在離婁篇中說：「爭地以戰，殺人盈野，爭城以戰，殺人盈城，此所謂率土地而食人肉，罪不容於死，故善戰者服上刑」。又在告子篇中說：「五霸者三王之罪人也」。漢代的主父偃說：「昔秦吞六國、務勝不休，使蒙恬將攻晶僻地千里，百姓靡敝，不能相養，蓋天始叛秦也」。嚴安又說：「昔秦王意志心逸，欲威海內，北攻胡，南攻越，天下大畔，滅世絕祀，窮兵之禍也；今洵西南夷，建城邑，深入匈奴，燔其龍城，此人民之不利，非天下長策也」。孫中山先生也提倡和平，標示「忠孝仁愛信義和平」八大德，逝世之前，還以「和平，奮鬥，救中國」激勵我們民族革命的意志和精神。

因此，郭子儀單騎降敵，成爲古今佳話，以和平手段解決糾紛，以文化力量感化異族，是中華民族的最高理想。所以我們民族在歷史上戰爭的事實，決不如歐洲的多；就是安南、緬甸、暹羅、日本、朝鮮等，雖然都做過中國的屬地；但是其內附的原因，並不是由於中國用武力去侵略壓迫他們來稱臣的—

中國在屬地用兵，往往出於自衛，如無他人侵犯中國及其屬地，決無動武的史實，在這種情形之下，每一個弱小民族，都羨慕及學習中國的文化，甘心情願歸服中國的。所以當時我們民族普遍的懷有民族優越之感；以致有「夷狄豺狼，不可厭也，」（閔元年左氏傳）及「勞師於戎而失諸華，猶得獸而失人也」（國語十三晉語士）。這一類强詞的警語。像孔子這樣中正和平而提倡民族尊嚴性的人，那更是寬仁弘慈，泱泱大國之風了，其唯一的口號，就「裔不謀夏，夷不亂華」（定十年左氏傳）。當時社會上最流行的口號，也就是「德以柔中國！刑以威四夷！」（僖二十四年左氏傳）。

由此可以想到中華民族，是絕對的反對侵略戰爭的，但我們民族並不因此而否定民族革命的武力是保障民族生存發揚民族文化的手段。因而我們民族的武力，只是國防的鞏固，只是反侵略的設備，只是民族革命的基本動力，決無侵略野心的，因此我們民族一向對於「止戈無武」的認識是這樣：

一、對內是止自己的「戈」，而禁止國內的爭亂，加强民族的團結，安定社會的秩序，以資抵抗敵人的侵略與壓迫，打倒帝國主義。

二、對外是止他人的「戈」，從而打倒世界的强權，維護人類的正義與真理，惟有達到這兩大目的以後，才能完成「武」的使命。

所謂「春秋內諸夏而外夷狄」（成十五年公羊傳）的「內」字，就是「團結」和「組織」的意思，一定要團結內部的諸夏，才能抵抗外來夷狄的侵略，管仲與齊桓公最大的成就，就是因為他有團結民族的手腕，以下的文史可以佐證。

「狄伐邢……管仲言於齊侯（桓公）曰……諸夏親暱，不可棄也。齊人救邢」。——閔元年左氏傳。

「桓公，管子……築葵茲，晏負，夏領，釜丘，以禦戎翟之地，所以禁暴於諸侯也。築五鹿、中牟、蓋與、牡丘，以衛諸夏之地，所以示權於中國也」。——國語六齊語。

「……南夷與北夷交，中國不絕若綫。（齊）桓公救中國而攘夷狄……以此為正者之事也」。——國語亦齊語。

就以秦始皇的雄才大略，也不過築萬里長城以禦外侮——匈奴，而防邊患；但其本意絕不在滅絕匈奴。由萬里長城的精神，以推知我們民族的武力，只有國防的精神，只有民族革命的精神，果以此而比諸法國民族的精神，則萬里長城的精神就等於法國民族的馬奇諾防綫的防禦精神一樣。

凡其他民族有不利我中華民族文化發展的，我們都會起而革命，如近百年來帝國主義者的對華侵略與壓迫，就是促成我們民族革命的最大因素。孫中山先生鑒於滿清政府的無能與腐敗，對內壓迫，對外妥協，以保重皇室的利益，而葬送全民族的幸福，於是起而提倡革命，並確定三民主義為民族革命的最高原則與理想，其最大的目的，就是對外要求我們民族的獨立、自由、平等；對內實現民主政治，以民族獨立，民權普遍，民生發展以及反抗一切復古的封建專制主義，掠奪的私人的資本主義，並以和平的方法，實行節制私人資本，平均私人地權，以防未來社會的不平而實現世界大同的理想，達到「天下為公」、「各盡所能」、「各取所需」的境地。這分明是以我中華民族最優良的傳統，參以世界各國民族革命的教訓所確定的民族革命哲學，也是我國文化上一種成就和供獻。

因為三民主義是我們民族革命的哲學基礎，所以絕對主張民族文化獨立的，並且極力反對帝國主義侵略的文化，孫中山先生昭示我們：「我們現在所提出的『打不平』的文化，是反叛霸道的文化，是求一切民族和平解放的文化」，這個打不平的文化，就是敎們民族革命的哲學思想。何以呢？因爲實現了民族主義，就可以對侵略壓迫我們的民族打不平，就能對外求得國際地位的平等；能實現民權主義和民生主義，就可以對內打不平，就可以求得全民族政治地位和經濟地位的平等，我們因不平而求其平，就是我們民族革命的偉大精神，也就是反對一切侵略者的道理。

因爲帝國主義的侵略與壓迫，是製造各個民族間不平等的主要因素，是釀成人類利害的最大主力，是阻礙世界文化發展的主因，因此我們民族革命的基本要求，就是「打不平」，惟有打破各種不平，才可以使得全人類「共存共榮」。關於這一點，孫中山先生也曾說得很淸楚，他是基於「民生史觀」的，認爲人類應該要生存，惟有光榮的生存，才能致力於世界文化的創造與供獻，才能使得人類社會進化不已，如果一個人的生存權利被他人剝奪，他就不能好好的生存，世界上就少一個人的努力，就少一份力量促進社會進步；一個侵略的國家民族，如果剝奪了另一個民族的生存權利，那世界上就少了一個民族的努力和供獻，所以侵略的帝國主義者是人類的公敵。

由此可以深知被壓迫的人類，惟有團結革命起來，才能爭取自由生存，供獻一己的力量，致力於文化的發展。民生主義裏曾說：「生是宇宙的中心，民生是社會的中心」：「民生爲社會進化的中心，社會進化又是歷史的中心，歸納到歷史的中心是民生不是物質」；「古今人類的努力，都是求解決自己的生存問題，人類求解決生存問題，才是社會進化的定律，才是歷史，才是歷史的重心」。所謂「民生」，就是「人民的生活，社會的生存，國民（國家）的生計，羣衆（民族）的生命。」基於此，人類求生存是社會進化的原因，那麼一切文化的發展，不外是人類努力求生存的成就；民生是歷史的中心，即求人類生存是歷史的動因，以致歷史上有「人同獸爭」「人同天爭」「人同人爭」的三個時期，現在反革命者的侵略與壓迫，就是反生存的人類，是最卑劣的人類。凡要求生存的人，都應該和他們爭。這是天經地義的，如果受着帝國主義者的侵略與壓迫而不自動努力民族革命的民族，必是一個病態的民族，是無用的民族，是應該淘汰的民族。

所以民族革命的戰爭，是合乎人類正義與人道的真理，是合理的，是進步的，是要求發揚文化的戰爭，蔣委員長曾在「告全國民衆」中說：「革命戰爭者，非時間與空間所能限制，非財政經濟與交通上外來的阻礙所得而限制」。民族革命戰爭的勝利，是歷史條件所預期的，是全人類所擁護共望的，我們民族革命的哲學，就本住這個意義。又說：「此次抗戰，爲國民革命過程中必須的途徑，中國欲外求獨立，內求生存，解放全民族的束縛，完成新國家的建設，終不能不經此艱難奮鬥之一役，故對日抗戰，乃三民主義與強權暴力帝國主義之戰爭，亦即被侵略民族對侵略者爭取獨立生存之戰爭」。又在致世界和平大會電文中說：「蓋中國作戰，不獨求民族之解放，不獨求領土主權之完整，實乃爲全世界各國之共同安全而戰也。」

由此可知我們民族的民族革命戰爭是正義的，是人道的，也許有人認爲這種理論太空洞、太抽象了（陳獨秀先生在「我對於抗戰的意見」裏就有此說）。但是我們知道：所謂「正義」相當於英文的Right或Righteousness，人類的行爲，有兩方面：其一是道德質的，這種行爲很容易被人批評爲正義或不正義，這也就是倫理政治上的行爲。其二、爲無道德質的，這種行爲如呼吸、運動等是。所謂人道，就是英文上的Humanity，其意義，就是我應該以合乎道德上平等的行爲對待他人，也就是人類共有的「

道德律」。所以正義人道的觀念，是一切成長了的有理性的動物所共有的，在人類生活裏，到處可以找到合乎正義人道或是反乎正義人道的實例。如果一個人行爲，違背了人類共守的正義人道，那他就有害於他人，妨礙整個社會的秩序和進步，所以凡人類都有維護正義人道的義務。日本帝國主義者的侵略我國，其一切的野心與暴行，全是「己所不欲而施於人」的不正義的行爲，是極不人道的。

我們相信這次抗戰的勝利，就是反革命侵略者的沒落，這次民族革命的成功，就是我們民族文化發揚光大的時候，因爲那時候我們已是最偉大的民族國家了。丹麥學者霍夫丁（Hoffding）說：「國家爲有組織的民族」。足見得要有有組織的民族，有權力的國家，然後才能發揚及創造民族文化。德人溫德W. Wundi所說的「向來沒有不加蓋民族印號的文化」，這更說明了文化是民族的產物。我中華民族的革命哲學，所以基於「民族文化至上」的，全是要使每一個人知道、要發揚光大民族文化，必須先要努力民族革命；一定要等到民族革命成功以後，我們的民族文化，才能光輝燦爛的照耀於人間。

孫中山先生爲了要使全國國民一致努力於民族革命，倡行「知難行易」的學說，加强國人對民族革命的認識，堅定革命志士犧牲奮鬥的毅力和决心。他革命哲學的理論「知難行易」的「知」，在哲學上說，就是「認識」；在其哲學理論的體系上說，就是「認論論」。而「行」呢，就是「實踐」，就是「方法論」，知與行的關係就是認識和實踐的關係。究其革命哲學的要義，則有下列兩點。

第一、他認爲一個民族革命的成功，大都是從革命的實踐中成功的，一切的革命理論和方法，也都是由革命的實踐裏找出來的。何以呢？「因爲宇宙的道理，都是先有事實然後才有言論」（民族主義第一講），並且以日本的維新變法爲例，當初不過出於日本「朝氣尚存，忽遇外患憑陵，革命政府無措，有志之士，激於義憤，於是提倡尊王攘夷之說，以鼓勵國民，是猶義和團之扶清滅洋，同一步調也」。但經過實踐鬥爭的經驗以後，就不知不覺的「攘夷不就，則轉而師夷，而維新之業，乃全得師夷」；「是故日本之維新，多賴冒險精神，不先求知而行之；及其成功也，乃名之曰維新不已」（參閱孫文學說第五章）。由此可知行在先，知在後，事實在先，知識在後，由實踐而後產生認識，即所謂行而後知，是實踐決定認識，不是認識高於實踐；行決定知，行高於知。自然科學家也決不能離開實踐、研究、實驗的任務而空談各種科學的法則和公式；社會科學家亦必在整個變革社會的實踐中，才能創說改革社會的理論。那麼一個從事民族革命的志士，就必須在實際民族革命的實踐裏，認識及創造民族革命理論的要義。

第二、他認爲要繼續不斷的努力民族革命，才能使得自己的民族刻刻進步，才能抵抗敵人的侵略與壓迫，獲得最後的勝利成功。因此特別强調「冒險精神」，誇揚「不知也要行」、「行而後知」的理論，教人要想求知只有去行；行了以後，再來求知，不能因不知就不行；但是不知又怎樣行呢？——根本在行前就不能完全知道，那就要靠冒險的革命精神了。能够冒險而行，就能從「不知」而行到「知」。孫中山先生曾說：「中國人幾盡忘其遠祖所得之知識能從冒險猛進而來，其始則不知而行之，其繼則行而後知之，其終則固已知而更進於行」（第五章）。又說：「人類之進步，皆發軔於不知而行者也……夫練習也，試驗也，探索也，冒險也，此四事者，乃人類文明之動機也」（第七章）。由此可知冒險的實行，才有時刻不停的進步。

因爲孫中山先生是以「知難行易」爲其民族革命哲學基礎，所以主張行在知先，並且反對「知行合一」，更反對知在行先的「知易行難」了。他曾如此痛快的說：「中國之變法必先求知而後行，而知永不能得，則行永無其期也」。我們應該知道：「知難行易」的哲學理論，因為在辛亥革命後黨人發生許多錯誤，認為「先生之策，閎矣深矣，其奈知之非艱行之維艱何」；有認為其理想太高，有的竟停足不前，失去了革命的目標和自信力。以致對民族的敵人妥協投降，斷送革命的前途，給袁氏稱帝張勳復辟的機會，於是決定「先作學說，以破此心理之大敵，而出國人之思想於迷津，庶乎吾之建國方略，或不致再被國人視為理想空談」。因此我們民族革命的哲學基礎確定了，他一方面指出我們怎樣把握客觀現實的根據與條件而努力進行民族革命，打倒民族敵人；一方面又指示我們怎樣把握現實的客觀條件而堅定民族革命必勝必成的信心，提高革命鬥爭的勇氣和犧牲的決心；一方面還警惕我們要把握着民族革命的時機。所以他說：「不可坐失時機，不可行動遲緩」。目前正是我們努力民族革命戰爭的時候，我們不應該放棄這個時機，並且要積極的迅速的加強我們民族革命的行動，發揮全民族革命的威力。

二十九年三月一日歐亞文化第二卷第三期

六　世界各國民族革命史訓

（一）

自十九世紀中葉以來，民族主義已成為各國革命思潮的主流，它以「內外之分」激發民族情操，堅定民族的意志；以「大我的利害」團結民族集體力量，領導民族革命運動。一方面安內，以形成國家統一的局面；一方面攘外，以求得國際間權勢的均衡。

所謂民族革命，是以全民族的力量反抗敵人一切的壓迫，粉碎敵人侵略奴役的企圖，並維護民族的生存與自由，爭取國家的主權和獨立。我們民族的抗戰，就是一個極艱鉅極偉大的民族革命工作，我們要使得這革命工作順利推進必得勝利，接受世界各國民族革命的教訓，確屬需要。

假如說今天中華民族處於黑暗時代，那麼我們民族的革命思想，就是一盞光明的路燈，它正輝煌的照耀着我們向民族革命的路程邁進，一步一步的走向光明的新世紀。全世界各個民族，也都和我們一樣的經過黑暗的時代，一樣的努力過民族革命，謀求民族的復興，其共同必守的法則，就是要參證歷史的昭示和教訓。

雖然在歷史科學上說，歷史不會重演，可是人類是一種理智的動物，會記憶，會利用經驗，歷史雖不會重演，但能鑒往知來，接受歷史的教訓，能迴避前人所走錯的路，隨着時代的潮流前進。

拿破崙，是一位崇拜歷史的民族革命英雄，據說他在讀書時代，對於歷史的學習，最感興趣，最有成績；他執政的時候，也希望全法國人注重歷史，於是改訂教育制度，規定教授歷史的教師，應該是對歷史有特別研究的人。可是在另一方面，他却忽略了歷史上的教訓，以致誤用歷史經驗，違背了歷史演進的法則。

例如爲了他要做第二愷撒（Coesa），就拚着全力遠征埃及，攻略莫斯科，他却沒有想到十九世紀初的拿破崙時代，決不是紀元前一世紀的時代。爲了這個，他終免不了要去做那聖海倫那（St. Helene）島的皇帝了。同樣的，日本帝國主義者，只希望這次對華的侵略戰爭像第一次中日戰爭的那麼容易，那麼勝利；可是却沒有注意到：今天的中華民族，已不是一八九四年的中華民族了；他想在這次的侵略戰爭裏，獲得義大利征服阿比西尼亞的成果，可是沒有知道我們民族，決不是阿比西尼亞民族。

過去我國對外民族戰爭的失敗，大都失敗在不能長期抗戰。例如第一次中日之戰，從第一年七月宣戰到第二年三月就議和了，只經過九個月的時間；又如一八八四年的中法戰爭，從這一年的春天到第二年五月間，李鴻章也就和法國公使在天津講和了。因爲歷史上有這麼一個教訓，所以才敢發動這個長期抗戰，一定要抗戰到底，才能獲得勝利，要反抗敵人的侵略復興民族，決不能中途妥協求和！

而歷史上任何民族的復興，也多經過流血的革命過程對外抗戰。這種抗戰，無論侵略者所加予的壓力如何，最後的勝利大都屬于努力民族革命的抗戰者；這種革命，無論如何艱難困苦，只要能奮鬥到底，終必成功。以在歐戰中獲得民族解放的波蘭和捷克說，表面上似乎由于「凡爾賽條約」的功勢，但實際上捷克與波蘭民族，都已花了幾百年艱苦戰鬥的革命工夫；他如德國、法國、蘇聯、土耳其等民族，都是經過壯烈的民族革命而復興起來的。

（二）

抗戰初期，由於我們武器不如敵人，曾遭到節節的失利，有些意志薄弱的人，爲了這個，竟意志動搖，視革命爲畏途，殊不知這種「恐日病」，正中了敵人恐怖威脅的毒計，所以抗戰一開始，他就想盡方法極力造謠，以至於大批收買漢奸，組織各種傀儡政府。

本來，如果武器眞是萬能，人類也就不會有這許多歷史上的演變，世界上各個弱小民族和被壓迫的階級，也就不會有翻身復國的機會了，要不然，爲什麼年來全世界各種民族革命運動，會層出不窮呢？以我國近代民族革命說，在辛亥革命時，滿淸政府的兵力，當然要超過「同盟會」的兵力，爲什麼滿淸政府終於被革命黨的力量推翻呢？北伐時代，北洋軍閥的武力，顯然要比國民革命的武力强大到不知多少倍，但結果北伐終歸成功。再說，如果「唯武器史觀」眞的足以爲訓，阿比西尼亞根本就不敢和義大利抗戰，我們民族也決不會和日本抗戰到現在！左述幾個史例，都足以說明一個民族的復興，大多是由於民族革命的成功。

（1）希臘民族的抗戰　希臘民族，都十分愛好自由，國內小邦分立，其中最有名的就是雅典和斯巴達，雅典有着極優秀的文化，斯巴達擁有極其神勇的武功。那時候，西亞有一個强大的波斯帝國，它的領土，東到印度河，西到地中海，南到尼羅河，北到黑海，古代的王國，幾乎全被它吞併了，所以波斯王大流士（Darius）曾經自驕爲「世界之王」。當時爲了要吞併希臘，和他兒子薛西斯（Xerxes），曾經拼着全波斯的力量前後打了十年（西前四九〇年——前四八〇年），戰爭的初期，當然希臘要吃爲，波斯獲得優勝，以致使雅典全部陷落；可是希臘民族，都堅强的一致準備抗戰到底，終於在薩落米（Salamis）獲得最後勝利，從而民族復興，使希臘的文化，日漸光大輝煌。

（2）羅馬民族的抗戰　羅馬人是拉丁民族，這個民族革命的歷史，頗可爲訓。當時羅馬雖不很富强，可是由於採行「國民皆兵」的政策，以致陸軍很有名，而且有着一種堅忍不拔的民氣。當亞歷山大的部將披留士率領大兵侵略羅馬時，他們就起而英勇抗戰，雖然敗得使希來克利和奧斯柯倫都淪陷敵手（西前二八〇年——前二七九年），但羅馬民族始終沉着抗戰，終於在佩民凡頓獲得最後勝利，使得羅馬轉危爲安，民族文化得有充分的發展；而羅馬大帝國的形成，也都是基於這次長期抗戰的勝利。

（3）英格蘭民族的抗戰　腓力第二，藉着查理第五的權威，給西南歐及「新大陸」的統治階級，都直接間接的以武力侵略英格蘭，英格蘭民族，長期的慘遭侵略者各種壓迫，其目的，無非是要使英格蘭的政治、經濟、宗教等等都成爲西班牙的附庸。正因爲有這樣的侵略和壓迫，使得英格蘭民族警覺起來，並且團結各種不同宗教信仰的人民，一致對外抗戰，終於在一五八八年，摧毁了「無敵艦隊」的大部，打倒西班牙，使得大不列顛漸漸的復興起來。

（4）瑞士民族的抗戰　瑞士民族以地處阿爾卑斯山之間，極其强悍而酷愛自由，國內雖然有法蘭西、意大利、德意志三個民族，但很崇尙團結，民族革命的得以進行，全靠他們的共同努力。當時奧大利統轄瑞士，政治上很多歧視，經濟上盡受控制，以致引起瑞士的民族革命運動，奧國愈是以武力壓迫，瑞士民族的抗戰愈是激烈堅强。當奧軍進攻時，瑞士的軍隊，雖然未能立刻應戰，但威廉的爾立即機警的英勇的直前大呼，認定犧牲，抱住奧軍前隊的長槍刺刀攢胸而倒；同時瑞士的軍隊，士氣大振，也就乘着奧軍驚訝的一刻兒，猛力的在兩山之間予以夾擊，打得奧軍落花流水，一戰而獲得民族革命的成功，從此奠定了瑞士復興的基礎，而能和德、意、法諸民族抗衡。

（5）美國民族的抗戰　英國在喬治三世的時代，對於美洲殖民地的獨立運動，都是特別的高壓着。那時候北美革命的力量還弱小得很，以致紐約、費勒特爾菲爾、查士頓，接二連三的淪陷；可是偉大的民族革命領袖華盛頓，認清了民族抗戰的重要，在軍事的節節失敗與國際援助的失望之中，獲得了沙拉多加（一七七七年），約克唐（一七八一年）兩次抗戰的勝利，前後掙扎了八年（一七七五年至一七八三年），終於使民族革命成功，建立了今日的美國。

他如荷蘭在一五六七年的反抗西班牙的侵略而建國；俄羅斯在一八一二年的反抗拿破崙的壓迫而復興；又如撒地尼亞在一九一四年至一九一九年間對德意志的抗戰，凱末爾領導土耳其民族的反抗英希聯軍而復國，都是由民族革命復興民族建立國家的。

民族革命的足以爲訓，是由於它能消除各民族間的內爭，並且寓安內於團結，由攘外而禦侮，而打擊敵人，拯救國家。

（三）

世界各國的民族革命，都是共同爲了要求各國民族的平等與自由，爭取獨立和解放，都是共同的向各國民族的壓迫者反抗的有力表現。在過去一百五十年間，人類的確有過很大的改進，這種改進的動力，主要的就是民族主義的思想與民族革命的要求。

所以在民族國家統治下的人民，在物質和精神上都增進了相當幸福，因爲民族國家與其他的國家比較起來，對於整個民族的生活，已經注重得多了。而「民族革命」就是達到這個要求的必然行動。

但民族革命的工作，是從打倒民族敵人而到民族的復興，是從民族的危亡努力到民族的自由解放的；在這個中間，一定要經過幾年或幾十年、甚至幾百年的長期努力，一定要經過各個民族的浴血鬥爭。當然，在那長期的努力和艱苦鬥爭裏，一定有許多悲壯的犧牲和光榮的勝利，一定有許多沉痛的失敗和偉大的成功，一定因民族革命的成功與否造成各個民族的禍害和幸福。其勝其敗，其禍害幸福的由來，都是我們今天努力民族革命的歷史教訓，所謂「前車之覆，後車之鑒」。

（1）提高國家愛力和民族氣節

英國大詩人吉普林（Kipling）有一句詩：「英國若存誰復死」；英國大文學家莎士比亞寫波林布洛克（Bolingbroke）於放逐時的詩，曾有這麼一句：「我燒了灰還是英國人！」這是如何的代表着英國的國魂象徵着英國的民族性啊？「國魂」與「民族性」，是代表國民對於國家的愛力和民族氣節的，是永不毀滅的國民精神！所以沒有國家愛力和民族氣節的國民，決不會使得我們的國家强盛，使得我們的民族復興！世界各國爲了要求國家民族的復興，都注意到各個民族性的堅强和國魂的發揚，也就是注意着「民族氣節」和「國家愛力」的加强。

歷史上告訴我們：波蘭，在世界上差不多已消滅了一百年了；可是在歐戰的血火裏，她又英勇的復興起來，而領導波蘭人努力民族復興運動的、就是伯得符斯基。他從小就深切的關愛他的祖國，具有英大的民族氣節。

他幼年生長在波蘭，但是他的故鄉，已經老早被俄國佔據了，所以他常是爲祖國而憤恨着。從小學習音樂，在中年，已經成爲波蘭的音樂家了，成爲波蘭的慷慨悲歌之士。他不但在國內播演各種激發愛國情緒鼓勵革命思想的歌曲，而且長年的爲革命而奔走在英、美各國，以音樂的力量，喚醒世界人士對他以及對波蘭民族，予以莫大的同情和尊重。就在這種情形之下，隱隱約約的激起波蘭民族的革命思潮，掀起一九一四年以後復興波蘭的民族革命。

有一年，伯得符斯基在英國奏樂，英國女皇維多利亞也親自到場，足見他的威名，已感應了各國帝王；有一次，俄皇尼古拉二世，要請他去奏樂，在請帖裏有這麼一句：「俄皇陛下深喜此有名之音樂家爲俄國籍」。當他接到這個請帖的時候，氣極了，認爲這是最大的侮辱，於是毅然答覆：「俄皇陛下錯了，我是波蘭人」；而且堅決的拒絕演奏。當時俄國的有名音樂家都出而調停，極力勸慰，請他加以攷慮；伯氏爲了避免自身暫時的危險，終於很勉强的在俄國宮庭裏演奏。這是如何的表示着波蘭的民族氣節與國魂；又是何等的熱愛着他的祖國而有革命的血性？

還有，在十八世紀，波蘭和帝俄發生了戰爭，華沙城裏，有一個波蘭的孩子保兒，被俄國兵擄去的那一天，那個俄兵就對他說：「明天送你回去，一路上你要吹奏波蘭曲，叫你們華沙城裏的人民，都出來歡迎我們」。保兒沒法想，只好跟住俄兵走，走到離華沙城不遠的地方，一個俄國軍官，一方面下令兵士停步準備；一方面要保兒吹奏「波蘭曲」，目的是要哄騙城裏人，表示波蘭人救兵來了，打算乘機來一次重大的殲滅。

保兒在這個軍官緊急的吩咐之下，他更機警了，於是就用力吹着：「ㄅㄨㄚ，ㄅㄨㄚ，ㄅㄨㄚ，敵臨城下了」！俄國軍官，聽到保兒並不是吹的「波蘭曲」，却是警告城裏的人，預備來殲滅敵人。他氣憤得向保兒怒叫：「小囚奴：你不怕死嗎」？保兒立刻向他笑着說：「死我一個人，救得一城人，死也値得了！况且一個人反正都是死？而且爲國犧牲，也許比屈服强權之下，來得光榮些」！立刻，那軍官就拔起了指揮刀把他砍死了！

由此，我們可以知道：波蘭人，如果對國家沒有這種神聖的愛力，如果沒有這樣偉大的民族氣節，我想他們决不會在祖國亡了一百多年以後，再起而民族革命。所以波蘭能够在今日獨立生存於世界的，全是爲了波蘭人有着民族氣節，忠實的愛護波蘭，肯爲波蘭而犧牲！願爲波蘭而作英勇的奮鬥！

請看伯得符斯基作的長篇譜樂曲（Symphong）在第一段裏，有着這麼幾句：

「上帝！你以你的大力假給波蘭，
等於嚴父之保護稚弱，
在長久年代中，
你使波蘭在歷史中享有榮譽。
今在你祭壇前歌唱一曲，
願上帝使吾所愛之國還爲自由之鄉」。

在第三段裏有這麼幾句：

「波蘭：你永久在慘痛中，
作仇人之奴隸嗎？

我對於援救工作，

還有絲毫躊躇之意嗎？

波蘭！你放心，決不如此！」

（2）促進民族團結，加强革命力量。

國家的組成，有的是由於一個民族，有的是由於幾個民族的；然而無論是一個或幾個民族組織的國家，當他努力民族革命的時候，都是爲了全民族的自由和解放，所以應該絕對的團結起來，充分的加强民族革命的力量，發揮民族革命的力量；否則，就不能順利的完成民族革命的工作，達到民族復興的目的。

「中國人是無組織的一盤散沙」，這是外國人侮辱我們的口頭禪；尤其是我們的敵人，因爲他認清了我們民族的這個弱點，所以不顧一切來侵略我們，壓迫我們；因爲他深深的明瞭：我們民族不能團結，那能發揮什麼革命力量？我們民族一向也確是少團結，你看，國家危險到這個地步，人民遭受多少痛苦？可是各黨各派還是議論紛紛，爭個不休！所謂「人必自侮而後人侮之，國必自伐而後人伐之」，信然。

試看比利時，介在德意志法蘭西之間，國內民族有兩大種：一爲德國的支系，一爲法國的支系。平時很有齟齬，以致常常發生衝突；可是當德國加入了歐洲大戰的時候，大家就覺悟了。所以德國將進攻法國向比國假道的時候，立刻就遭到了比國政府的拒絕。這個有力的拒絕，證明比國的民族，已經有了團結，準備爲民族而抗戰了。使得德國的軍隊，在里愛日（Liege）東境，很快的遭到慘重的失敗；而歐戰時期的延長，使得德國人坐困的主要原因，也就是由於比國民族團結抗戰的影響。至今在里愛日地方，還有一個紀念碑，上面刻着：「過客：請你告訴比利時和法蘭西，這裏有五百五十名比國同胞，爲防禦全世界的自由和公義而犧牲了」！

還有，夾在德、意、法之間的瑞士民族，一部份是德意志人的系統（多在南部）；平時當然都難免有些紛爭散漫的現象；但是爲了要反抗神聖羅馬的皇帝，爲了要解除當前苛政的壓迫，於是大家都努力民族的團結，使得三族團結成爲一個國族，一致抗戰，不然還能打退敵人嗎？還能永久保持中立的地位吧？

相反的，像古時的迦太基，只是一個純粹的塞姆民族，但並不能團結；當他對羅馬打仗的時候，迦太基人對於羅馬的戰爭，還有兩個主張：一派人是反對戰爭主張和平的；一派人是主張戰爭要求復仇的；其中主戰派的勢力，比較强大，漢米爾喀（Hamilcar Barcao）和他的女婿哈德路巴（Hardrabal）及其子漢尼巴（Hannibal），都有着很大的雄略；在漢尼巴九歲的時候，他的父親就叫他在國神前宣誓：「決意打倒羅馬」！可是和羅馬發生戰爭以後，國人意志的不統一和革命精神的渙散，仍然不能在一個指揮之下動員起來；並且在進行戰爭的時候，都是兩派互歧，不相應援，終於亡國滅種！

說得最近一點，就是本年三月十五日被德國滅亡了的捷克斯拉夫，也給予我們很大的教訓。什麼教訓呢？就是他們在國家危急存亡的當兒，還不知道努力民族的團結共禦强敵。所以這次捷克的不戰而亡，大都因爲他們國內的斯洛伐克民族與捷克斯拉夫民族的糾紛，以致受德國的離間和利用，葬送奮鬥了百餘年而完成的民主共和國！

又如我國南宋時候，有一句流行的話：「議論未定，而金兵渡江」，第一句十足的表示當時我國民族的不團結；第二句就是證明國內民族不團結的結果。歷史上告訴我們：在汴京傾覆以後，首都已經南搬了；然而所有的文武大臣，還是不斷的爭論着「戰」、「和」、「避」、「守」的問題；在靖康之間，是李綱主「戰」，吳敏主「和」，唐恪主「避」，何㮚主「守」；在南宋，建炎紹興之間，主戰的，還是李綱張浚之流；主「和」的有汪伯彥，黃潛善和秦檜；主避的有呂元直，朱勝非；主「守」的有趙鼎等。在這種情形之下，當然是議論紛紜，意見錯綜，對於當時的「戰略」與「政略」的運用，却是疏忽了。使得軍事上宣告失敗，政治上陷於慌亂的危境，就在這種紛亂矛盾的情形之下，很迅速的葬送了國家的命運和民族的幸福！

團結！我們民族需要更大的團結，要用全民族的力量，才能克服當前在抗戰上的一切艱苦困難，才能爭取抗戰的最後勝利！

(3)不求和，不妥協，奮鬥到底！

「這次的中日戰爭，是不宣而戰，將來也許不講而和」。這是一個外國記者猜測的。他所說的「不宣而戰」，是指日本帝國主義者的侵略手段；所說的「不講而和」，當然是有些不放心我們，不放心我們的抗戰能不在妥協求和之下結束。中國的抗戰，原是十分有氣節有决心的民族革命行動，根本是談不到「妥協」，談不到「求和」的；要不然，我們爲什麽不在抗戰以前妥協求和而在血染半壁江山的今天？

有人說：「我們雖是弱國，但我們的力量，不可估計太高，亦不可估計太低；估計太高，將輕於嘗試，估計太低，則將趨於消沉」。這個「估量」，的確不容易，像歐戰開始，原來德國是想用其最大的武力，在最短期間內打敗法國軍隊而直攻巴黎的；因爲當時德國估量自己的武力，必然可以做到；但是不知道會遇到比利時軍隊在里愛日（Liege）的抵抗，以及法國繆斯河（Meuse）的立定抗戰陣線，所以原來計劃就不能實現，這是因爲德國人估量本身的力量太高，估量法國的力量太低，才至於此。現在的日本，也就犯了這個毛病，起初決沒有想到我們抗戰的力量能夠抗戰到現在；所以他在抗戰開始的時候，就是用着極猛烈的火力，企圖「速戰速決」；誰知道我們抗戰的戰士，在上海就給他一個教訓，使得他又要「速和速結」了！

但是我們也決不把日本的力量看得太小而固執的自信。因爲在這種抗戰的情勢之下，就縱或日本再怎樣的艱苦困難，他們都不得不打下去的。例爲德國在歐戰的時候，財政也是十分的困難，當時他不但要維持自己的軍費；同時還要接濟奧國和土耳其以及保加利亞的軍費；但是他還要打，非打下去不可！又像意大利打阿比西尼亞。當時軍事觀察者，多以爲阿比西尼亞多沙漠不毛之地，而且又有雨季，預測意大利軍隊，決難前進；但後來意大利軍隊的前進却很迅速，終不免阿比西尼亞的一敗塗地。

在這兩個史例的對照之下，我們可以認識前者的成果，是因爲弱小民族能够不顧一切的死拚到最後；而後者的失敗，就是因爲弱小民族，不能在壓迫者雷霆萬鈞的暴力之下，掙扎到底！

除此而外，還有「妥協求和」的動機，有的並不是爲了民族武力的不够抵抗，而是爲了領導抗戰者的利害關係。例如我國宋高宗和金人講和，他就全爲了要拒絕欽宗的回來，好讓自己做皇帝，因而在私人政權的爭奪之下，就簽訂了和約；但在求和之後，他又不想勵精圖治，只是苟且偷安，終於亡國！

（4）動員民衆，發揮人民威力。

動員民衆，發揮人民的威力，是完成民族革命最重要的一環。在歷史上運用民衆動員的力量來爭取民族抗戰勝利完成民族革命的例子，像土耳其的抵抗希臘就是的。在世界大戰以前，英國和希臘訂有密約，許以小亞細亞的士麥拿（Smyrna）給希臘；同時希臘也具有吞併土耳其的野心，在公元一九一九年（民國八年）的五月裏，希臘眞的派兵佔領士麥那，激動了土耳其民族的革命思想，於是土耳其的國民黨起來了，當時就在安哥拉（Angora）由凱末爾（Kemel）領導土耳其的民衆，一致舉起了恢復國權的旗幟，動員所有人民的武力，對希臘抗戰。

土耳其在抗戰的開始，因爲國民軍的倉卒應戰，加以英國的海軍助戰，所以土耳其節節的失敗；不過抗戰愈久，希臘愈是不利；而土耳其動員民衆而編成的新國民軍，終於轉敗爲勝，獲得民族革命的成功。

在「日俄戰爭」的時候，日本所以獲得勝利的，也就是因爲他能動員民衆的力量；當日俄初起開戰，大部份的日本人民，多是退職輟業，求爲志願兵，父送其子出征的時候，多是慷慨激勵：「我家尙沒有死國難者，你要戰死，爲家庭爭光」！當時日本海軍元帥東鄉平八郎始終不能打下旅順，最後他決定使用「封鎖政策」，目的想把俄國兵艦，困在港裏，使得日本的海軍，能够安全的在海上活動。那是一九〇五年二月二十四日，擬以五隻閉塞艦，招募決死的將卒七十七人，星夜前進；可是應招的，却來了二千幾百人；後來這種閉塞的工作，更形艱困了。仍不能制止俄軍的活動；同時日軍應征的，也日漸踴躍起來，最後一次，竟來了兩萬多人。所以日本陸軍省以前的整備局長小方少將曾這麼說：「日本軍隊過去一切勝利，主要應歸於精神力量，忠君的觀念，愛國心和優秀的紀律」。由此可以見到日本在「日俄戰爭」時候動員民衆的成績了。

還有，在我國歷史上，也可以找到動員民衆武力的例子，如晉代「永嘉之亂」，胡人由陝西、甘肅、山西一帶人據中原，除王竣、劉琨保守河北、山西的一部份土地而外，河淮一帶，到處都是「寨子」，在當時又叫「塢」，塢有塢主，塢主就是當時義軍的領袖，義軍就是當地老百姓組織起來的，所以東晉政府當局，往往授塢主以「太守刺史」的名義，讓他們自動的就地組織民衆保衞家鄉，等到祖逖出京口（即江蘇鎮江）渡江入淮的時候，他就號召塢民，成立了有名的「淮南軍」，又叫「北府兵」。北宋「靖康之亂」，太行山、五馬山以及河北、山東各地民衆組織的義軍，到處結成了山水忠義寨，在太行山最有名的集團，叫「忠義社」，當時，岳飛以韓家的佃農，運用着民衆的武力和金人堅決的奮鬥，成爲「忠義社」的最大領袖。他所以能恢復中原的，就因爲他能有這樣聲勢浩大的民衆武力。

一九三七年十二月六日，德國福根霍森將軍也這麼很有把握的說過：

『中國之無限潛力，即中國人亦不自知，日本軍事當局曾謂：「日本準備與中國作二十年持久戰爭」；中國實可答以「不必作二十年計算，即作五十年計算可也」。蓋以中國之資源，即令從事五十年戰爭，亦足以維持，尙有餘裕』。

（5）自信共信，抗戰不忘建國。

民族主義的浪潮，給世界各國民族都覺醒了。歷史告訴我們：民族革命的過程，不管是如何的艱難困苦，每個革命的人們，應該要具有堅强的民族自信心，應該由自信而共信的一致奮鬥。拿意大利說：

它在哈樸堡王朝的宰制之下，在羅馬教廷的壓迫之下，在拿破崙鐵騎的驅使之下，雖然受了極大的磨難，但是每次都給意大利民族加強了自信力，所以有馬志尼的爲國呼號，有加里波的繼續奮鬥，終於在一八六一年，意大利民族完成了偉大的民族革命。

我們民族自抗戰以來，就發現了許多沒有自信心的所謂「漢奸」，這些代表「認賊作父」的「漢奸」，不僅是沒有自信心，而且想藉敵人侵略祖國的機會，企圖作威作福；其餘還有些人，因爲沒有民族自信心，也就害起「恐日病」了。

福煦大將曾經說過：「只有自認打了敗仗的人，才是眞正打了敗仗」。因爲他有這樣的自信力，有這樣的把握，才能指揮一千萬以上的武力，握有全世界人的共信，使得英法美的武力，都交給他通盤的指揮運用。因爲他相信法國民族革命的意志堅決，所以能使物質的力量，從貧乏裏一天一天的補充起來，能使抗戰的武力，由弱小而强大起來。

像最近捷克斯拉夫的滅亡，大都是亡於他們民族沒有自信的力量，其實捷克是一個高度工業化的國家，又是製造軍火有名的國家，她機械化的軍隊，足能與德國鬥抗，所以希特勒觀察以後，也是大爲驚訝；又據倫敦三月十七日路透電：「德國吞併捷克，在經濟方面的影響，足敷最近代化軍隊四十師之用」。捷克既有這樣的力量，爲什麼還是不戰而亡呢？一句話，就是沒有民族革命的自信力。

任何民族革命的工作，一定要注意到具有兩件因果相關的工作，就是「抗戰」和「建國」。我們如果只注重抗戰而忽略了建國，縱使抗戰勝利，建國的工作，如不能順利的進行收效，那麼抗戰勝利的局面，一定不會持久下去的。請看一八九六年，意大利以爲阿比西亞可以移民，於是就開了大批軍隊向阿比西尼亞推移；但有阿多瓦（Adowo）一戰，阿國民族大敗意軍而獲得抗戰的勝利；可是他在抗戰取得了勝利以後，仍然不能脫離部落的形式，就爲了不能建立一個現在的國家，所以不到四十年，終於在意大利征服野蠻民族的口號之下而亡國了！

相反的，如果能够「抗戰必勝」「建國必成」的民族，他是不怕强暴力量的。最顯明的例子，如美國民族，他們在民族革命成功以後，很迅速的就在政治、經濟，與社會制度教育文化各方面，拚命努力，使得國家的力量日漸充實，使得國家的基礎，漸趨於鞏固，所以在三十六年以後，可以再戰英國；再過四十七年，可以宣佈「門羅主義」，稱霸美洲；如今成爲世界强國中的第一强國了。其他像波蘭，土耳其的復國，都是這樣的。

（四）

人類的歷史，已經發展到世界大戰的階段，和平的叛徒，正以「囊括四海，吞併天下」的姿態威脅人類生存。這時代的特徵，就是一切都是「戰」，戰爭指使着每個人的思想行爲，並且改造社會文化，轉動時代的巨輪。因此，任何民族，在這時代，都難免受戰爭的洗煉，一切的努力，將要在這空前的大戰之中爭取勝利！

歷史已經給我們看過：我們民族，如果不經過「鴉片戰爭」「日俄戰爭」的歷史教訓，我們在近百年間，也不會掀起這個偉大的「反帝運動」，也不會有「國民革命」的成績；同時如果沒有「五卅」以後的連串慘案，與連串喪權辱國的事件發生，也決不會有「九一八」事變，也決不會釀成「一二八」、英勇的淞滬戰爭；就因爲在一二八時代，帝國主義者的野心，給我們看淸了，於是更自信的掀起了「七七」以後「八一三」以後的民族抗戰運動。雖然我們的土地喪失了一半，雖然我們的民族慘遭空前未有的犧牲，雖然我們都在苦難的風雨之中；但是我們更自尊自信的，努力爭取祖國的生存和自由！

克里滿沙是七十多歲的老翁，因爲深知法國民族革命的教訓，所以他在歐戰一開始，就大聲疾呼的喚醒國人：

「現在開火了！死算什麽，必須勝！人人的軀幹，都應貢獻爲國家的干城」！當歐洲大戰到最嚴重的時候，也是法國最危險的時候，所以他又主張每一個法國人應該「頂天立地而生，頂天立地而死」！

法國民族爲了他這樣的激勵國人要認定革命的艱苦，要認定爲國家民族求生存的意義，所以更英勇更堅强的始終奮鬥着，爭取勝利！而他呢，早已爲法國人民尊稱爲「勝利之父」了！

如果華盛頓沒有認淸歷史上各個民族革命的失敗在於沒有民族的自信力，他在美國獨立戰爭發動的前夕，也決不會對全國將士這樣大聲疾呼：

「我們自己，我們國家的榮譽，都在要求着我們去作這壯烈的英勇的鬥爭。現在，我們如果極可恥的失敗了，那我們將沒有面目留在這世界上，讓我們倚着自己所信賴的神和他的幫助，由他手裏的勝利，鼓勵着我們去完成這偉大的神聖行動吧」！

二十八年十月十五日新政治第二卷第六期

七　權力與知識份子

——知識是教人求生呢還是送死？

人民的意志將要轉變歷史的行程！

（一）

古來，自然界就充滿着生的力量，人間始終維繫着力的關係。人類所以能生存、活動、創造，是由於他是動物，有活的本能，有天賦的力量。他靠着這個力量，能和洪水猛獸鬥爭，能和天爭，能和專制魔王爭，能和一切侵略的惡勢力爭。能够戰鬥，由於力；能够戰勝成功而達到目的，是由於力之過人。無論古往今來，人類的生存，都是由於力的表現；死，不過是力的消滅。任何民族，爲了爭取生存，一切都是「唯力是視」。弱者，難免弱肉強食；强者，誰敢侮辱？誰敢動手？誰敢侵略？誰敢吞併？

現在的時代是「大戰時代」，人類的活動以「戰」爲中心；世事隨着戰爭的發展而演變，戰爭的勝敗決定歷史的路程，決定文化的形態；決定人類的命運！現在是一切爲生，一切爲戰的局勢，各個民族之間是「爭於力」，是「爭於生存」，人類有力量才能生活，一個民族必須有其權力，才不致滅亡。

馬克斯所以認爲經濟私利應該看作社會科學上根本的動機，就因爲他看到人類不能離開物質生活；而人類所以要追求物質財富的，還是爲了發展生存的權力。管仲所說的「倉廩實則知禮節，衣食足則知榮辱」（管子卷一牧民第一），無非是指出物質經濟對人類生活的重要，就是說人們衣食無着，其他的一切，根本就談不到。孫中山先生曾說：「權的作用，就是要求維持人類的生存；人類要在競爭中求生存，便要奮鬥。由此便知權是人類用來奮鬥的」。足見得沒有權力的人，就不能維持生存，墨子曾這麼澈底的昭示我們：「賴其力者生，不賴其力者不生」（非樂），所以每個人都有其「生存權」；每一民族，也無不以其國家的組織來集中及發展其整體的權力而維繫其生存，促進文化的發展。我國法家學說向極注重權力，主張人君應以「務力」爲其大職。如所謂：「力多則人朝，力小者朝於人，故明君務力」（韓非顯學）；所謂：「國之所以重，主之所以尊者，力也」（商君書愼法）；又所謂：「民愚，則智可以王；民智，則力可以王，。民愚，則力有餘而不足；世智，則功有餘而力不足。民之性，不知則學，力盡而服」（商君書開塞）。就是認爲民族和社會國家的關係，是在乎權力的充實，也是說明權力和政治的作用，並且指出權力的基礎是「知識」，知識就是力量。

知識份子代表着民族的智慧，是人民權力的中心。在這大戰時代，爲了勝利，爲了和平，爲了人類的歷史和前途，我們怎能不關心全民族戰鬥的權力？我們怎能忘懷今後的知識份子？怎能不希望知識份子憑他知識的深信負起「知識的責任」！

（二）

人類之所以爲「人類」，就因爲有組織社會的能力。荀子曰：「水火有氣而無生，草木有生而無知，禽獸有知而無義；人生有氣、有知亦有義，故最爲天下之貴也。力不若牛，走不若牛，而牛馬用爲何也？曰人能羣彼不能羣也。人何以能羣？曰分；分何以能行？曰義。故義以分則和，和則一，一則多力，多力則强，强則勝物」（王制）。這是說明人類的能够征服自然、利用物質，大多是因其具有組織能力；人類之所以具有及需要組織能力，是爲了要適應環境創造時代，達到共同社會生活的目的，滿足人類權力和生存的慾望。

例如人類的家庭組織，就在撫育民族的新生命，由培養民族精神而崇高其民族人格；人類國家的組織，也就是「安內攘外」意志與力量的結合；所謂「政治」，就是這種活動的形態；而「政府」，即其活動的機關。克練（Kjellen）說：「國家爲民族的僕人，其目的在求民族的幸福」；霍夫丁（Hotfdinl）所謂「國家爲有組織之民族」，都足以說明社會組織與民族前途的重要；正爲了社會組織——尤其「國家」，是民族意志和人格的表徵，相關民族權力的提高（興國）和喪失（亡國），所以眞正的國家，必爲「民族國家」（National State）。

現代的根本精神，是科學的精神，現代人類的生活，是羣體的生活，要使社會組織發生最大的民族權力，必須提高民族的科學精神，普及科學知識，以科學方法組合起來；一方面要有直的系統，由上而下，具有層層節制的統屬關係，然後才能靈活運用，有如身之使臂，臂之使指；一方面要有橫的連繫，使整個組織的各部份，彼此連帶相關，然後才能互助合作，使整個組織發生最大的效能。

一個人要想對團體、社會、國家民族有所貢獻，必須加强其組織的智識能力；世間也惟有有知識能力的人，才能算是一個健全的社會份子，才能維護其生存和自由。巴克爾所以認爲知識的進步是人類文明的原動力，是社會進化的法則的最大根據，就是在此。那麼怎樣才可以達到這個要求呢？我以爲在社會組織方面，應該要有這三個條件：就是合理的分業和科學的分工以及公正的分職。

(甲)合理的分業

人類需要智、能力，是爲了要經營各種足以維護生存和自由的事業，而社會事業的進步，又有賴許多人的共同努力。

就主觀方面說：每個人都有每個人天賦的特性或特殊的天稟。例如：有的人長於教育工作，有的人長於政治工作，有的人長於工業、農業或商業……我們要在事業上適應各人的天稟、迎合各人從業的興趣，在個人方面，實行分業的需要。

就客觀方面講：要使社會上各種事業日漸發達，必須根據人才經濟的法則，使各個人以其全副的時間精力，專門經營一種最有興趣最能勝任的事業，這正如墨子所說的「各因其力所能至而從事焉」。好比：有的人因其能力相當，宜於專門從事學術工作，有的人宜於專門於農業，有的人宜於專門於工業、商業等；不僅如此，在每種事業裏，還有再分業的必要，例如在農業之中，有的宜於經營農作，有的宜於經營林業、漁業或畜牧、園藝之類。社會事業的分工愈專，個人的能力愈有進步，事業愈有成就。

周官太宰所謂：「以九職任萬民：一曰三農生九穀，二曰園圃毓草木，三曰虞衡作山澤之材，四曰藪牧養蕃鳥獸，五曰百工飭化八材，六曰商賈阜通貨賄，七曰嬪婦化治絲枲，八曰臣妾聚斂疏材，九曰閒民無常職轉移執事」。就是希望每個人能够以其所能各事其事的意思。尤其在各種事業日盛一日的現代，更加需要合理的分業，以求人才上的經濟。

(乙)科學的分工

「分工」的要求，在使得各個社會份子有一定的勞動，由發揮羣衆的人力而增進工作的效率，促進社會上各種事業的發展，使得社會大衆能够各盡其能，各事其事。亞丹斯密斯（Adam Smith）在「國富論」中以爲分工爲生產效率增進的唯一原因；杜鑑（Emith Durkeim）曾謂分工爲社會聯帶（Solidarite Sociafe）的來源，同時也是道德秩序（Laordre Morae）的基礎，而近代歐美學術的日新月異，也就大多得力於此。因爲一個人如要研究一個問題而想窮其究竟，發現新的眞理。無怪乎施莫奈（S. Schmoller）堅信人類的分工，是發展文化增加幸福的最大工具了。

雖然分工爲人類社會組織的基本形態，但是社會分工往往會發生許多弊病；例如有些社會上的敗類，儘管有其應做的事業，可是他們會以各種卑劣的手段，逃避各種應有的勞動，任官廢棄；因而有形無形之間，就增加了他人的勞動和社會的損失。例如地主、資本家、軍閥、貪官汚吏、盜匪、乞丐等等。馬克斯在「資本論」裏曾這麼明白的指出：「以工錢爲收入泉源的單純的勞動力所有者，以利潤爲收入泉源的資本所有者，以及以地代爲收入泉源的土地所有者——即工資勞動者，資本家及地主這三種人，形成了那立足於資本主義的生產形式上面的近代社會的三大階級」。既然有這種弊病，就得力求社會分工的科學化，以求其合理；否則，這種流弊是永無休止的，早遲都要引起人民大衆的社會革命！

「合作」，就是適應這種需要的基本組織，使各人的分業和分工有所協調；人類所以能够分工，就是因爲社會是互助合作的機體。故社會大衆的合作，應該能適應社會大衆的分工。同樣的，科學的分工，是包括了局部聯繫和各部份間合作的；不合作不聯繫就不能分工，既分工就一定要聯繫合作，分工愈細，聯繫愈要密切，合作愈要有力。足見得分工而不合作或合作而不分工，都是社會羣衆之間的矛盾、衝突、混雜、紊亂、糾紛、鬥爭的原因。因此，如果分工積極發展，各走極端，而合作聯繫的程度不能相繼並進，各種事業之間，勢必失去聯繫和諧的作用，例如在生產方面，只管過度的生產而不顧分配的合理，自然要驅人民於桎梏。而布格萊（C. Bougie）所謂「現代科學缺乏組織性」的呼聲，就是由於學術方面過重於分工而產生的糾紛狀態所致。這些分工的病態，不僅減少分工的效益，且足以摧殘人們合作的機能和組織，製造所謂階級鬥爭的因素。

因爲社會事業經過分工合作以後，一般人就可以「待農而食之，虞而出之，工而成之，商而通之」（史紀貨殖列傳）。如東不能互助合作，社會上將要發生什麼現象呢？正如周書上所警示我們的了：「農不出，則乏其食；工不出，則乏其事，商不出，則三寶絕；虞不出，則匱財少」，所謂「出」，就是獻出各人事業上應有工作效力或勞動價值，足見得無事而食的人，不能算是現社會所需要的份子。

如果只知局部的分工不顧全體聯繫和合作的人，不只是不能合乎科學時代和整體社會的要求，而且違反歷史的教訓。有如管子所謂：「作內政而寄軍令」，即在指明軍政合作的必要；其透澈的說明爲：「卒伍政定於里，軍旅政定於郊，內政既成，令不得遷徙，故卒伍之人，人與人相保，家與家相愛；少相居，長相遊，祭祀相福，死傷相恤，禍災相憂，居處相樂，行作相和，哭泣相哀。是故夜戰其聲相聞，足以無亂；晝戰其目相見，足以相識，驩欣足以相助。是故以守則固，以戰則勝」。因此，只顧分工不求合作或只求合作而不分工的人，多是離羣索處、自唱孤高、違反社會進化法則的自私自利的行爲。

（丙）公正的分職

照上面所說的兩點，我們可以得到一個概念：人類所以要分業與分工的，完全是爲了要使每個人都有一定的事業和工作；但是要使各人對其工作與事業負有服務上一定的職責，才能加强工作的效率，促進事業的發展，分別他對社會的貢獻如何。所以在社會組織上又有分職的需要。職責的分別，是爲了羣衆之間的調和與社會秩序的安定和民族權力的發展。管子說得好：「夫民必知義，然後中正；中正，然後和調；和調，乃能處安；處安，然後動威；動威，乃能以戰勝而守固」（五輔）。

我國對於人們分職的注重，由來已久，最好的代表，有如公羊成公元年解詁所謂：「古者有四民：一曰德能居位曰士，二曰辟土殖穀曰農，三曰巧心勞手以成器物曰工，四曰通財鬻貨曰商」。漢書食貨志所謂：「學以居位曰士，闢土殖穀曰農，作巧成器曰工，通財鬻貨曰商」。因爲各人職務和責任的不同，以致也就擬定了所謂士、農、工、商的名分了。

但是自古迄今，一般人大都把各個社會份子職責的不同，以爲分級的根據，甚而把人類分爲幾個等級；而今天階級歧視與社會鬥爭的事實，直接了當的說：就是根源於這個觀念和心理的伸張。我們認爲：分職是爲了要明定各人的責任，同時也是爲了堅强社會的有機組織。如果每個人都能盡其職責，既能分工又能合作，既能自立，又能立人，社會組織的健全和社會事業的進步，自是必然。過去以及現今，一般人所以把一樣的人分爲幾種不同等級的主要原因，大多是一班社會上弄權倚勢的敗類，假手階級的高下，由壓迫他人侵害他人的卑劣方法，逃避自己的勞動，滿足自私自利的慾望。甚至造成一個「無能政府」，你想：一個奴才的天下，對於人民還有什麼供獻？

孫中山先生曾說：「聰敏才力愈大者，當盡其能力，以服千萬人之務，造千萬人之福；聰敏才力小者，當盡其能力，以服十百人之務，造十百人之福」，我們眞的能爲十百人或千萬人服務造福，自然會得到十百人或千萬人的敬愛和擁護，因爲「恭敬之心，人皆有之」（孟子語告子章）；旣能得到他人的敬愛和擁護，大衆自然也就會服從我們的指揮和領導。因爲「服務是人類本能的一種」，（馬克狄葛W.mcdougall氏語）因爲替人民大衆服務，增進社會公共福利，已給人類有所覺悟，將變成爲一種人世間的道德。這分明表示：盡忠職責和服務羣衆，是領導羣衆發動羣力的最好方法，而强迫他人的階級統治與壓迫，不僅使羣衆發生畏避仇視的心理，不能使任何人達到目的；且足以激起羣衆的公憤，釀成所謂階級鬥爭的相反結果。在君主時代，因君主貴族的濫用威權引起了平民革命；教主濫用神權，引起了宗教革命；資本家過於剝削他人，又引起了無產階級的大革命。

但是應該如何分配各人的職責才可以補救這個缺憾呢？我們以爲至少要本在「公正」的原則，「公正」，就是怯除人類自私天性的發展，而培養人類公益的美德；所謂「政者正也」，這就是說：至少要以各人聰敏才力的大小，安置一個適當的地位，使其担負一個適當的職責，以免「資才湮沒，奴才僨事」的流弊；若是「賢者而在下位」，或「不賢者而在上位」，（所謂上位下位，在此不是階級之上下，而是組織系統的上下），那就是由於職責分配的不正；不正，社會的組織就失去了中心，就要亂，故曰：「其身正，不令而行；其身不正，雖令不從」。所謂「其身正」，就是他的智識才力，確能勝任其職責，所有工作和行動，自然就能夠稱職盡責，其所經營的事業，也就輕而易舉的易收效益。這樣的人，當然會敬業、樂業，當然可以「不令而行」。相反的，「其身不正」就是他的智識能力，不能勝任他的職責，不能勝任的結果，一切工作和行動，也就不能達到應有的效果，如此，當然難以稱職盡責，其結果，就是「雖令不從」。還有，在個人方面說：自己也應該要問問自己的能力，是否可以勝任這樣重要的工作？是否能負如此重大的責任？所謂「不在其位，不謀其政」；「樊遲問稼，子曰：『吾不如老農』；請學爲圃，曰『吾不如老圃』」（論語）。這就是孔子自量其力自甘敬賢的表示。

可見得分職的本質，既不是貧富的等差，也不是收入的分配；而是根據於生產手段及編入生產過程中人員的分配，在整個社會分工的原則上，沒有什麼高下，只有事業上相互的連繫與統屬；在人類服務這個目標之下，也沒有什麼貴賤可分，只可比較其對社會人羣與國家民族供獻的大小。

說到這裏，我們應該得到一個問題的解答：人類社會分業、分工、分職的根本目的是什麼？我的解答是這樣：「堅强社會的組織，增進社會大衆福的利，充實民族國家的權力」。德國學者屈讓次克（H. Jreitske）所謂：「國家不過爲由法律統一的民族的獨立權力」，其本旨卽在說明發展民族的權力，是人類組織國家的根本任務。

管子曾說：「任力有五務，五務者何？曰：君擇臣而任官，大夫任官辯事，則舉措時；官長任事守職，則動作和；士修身功材，則賢良發；庶人耕農樹藝，則財用足，故曰：凡此五者，力之務也。夫民必知務，然後心一，心一然後意專，然後功足觀也。故曰：力不可不務也」（五輔）。由此可見要社會組織加强及充實民族國家的力量，必須使羣衆的分業、分工和分職日求其合理化科學化和公正化。

（三）

知識，可說是人類最高智慧發展的結晶及經驗的成果。它是人類精神生活和物質生活的一種力量，是一切文化創造的基礎，所謂「知識份子」，顧名思義，就是具有現代知識的份子，並無特殊階級之可言。列寧曾說：「知識份子所以稱爲知識份子，就是因爲他是更加覺悟的，更加堅決的，更加確切的反映和表現一切社會內各階級利益各政治集團的發生」（列寧全集五卷三五四頁），其在我國通常被稱爲「士」。無論知識份子或是士，多是智力的勞動者，是生產的職事者。說文有謂：「士，事也」；白虎通謂：「士，事也。任事之謂」。「士」和「事」不可分，古即通用，如「大攻、大事、大僕」的「大事」，就是「大士」的意思（見古籀篇古銅器齊子中姜鎛）。許愼說文解字中有謂：「儒，柔也；術士之稱」，足見得知識份子或者是士，應該有一種生產的技術，應該能事其事。這樣說來，凡能事其事的，凡是有職事可言的，都是「士」，都是知識份子。沒有技術，無職事可言者，就不能說是士或是知識份子。因此，知識份子應該有其一定的職務和事業。無怪乎孟子這樣說：「士無事而食，不可也」。

知識份子的知識技能，固不限於文事，知識份子的職事，也不出生產建設的範圍，但每一個時代知識份子的知識能力和職務，都受文化環境的支配，例如封建時代的禮、樂、射、御、書、數的所謂「六藝」，就是知識份子當有的知能；當時，無論以「禮樂」從事祭事，以「射御」從事戰爭，以「書數」從事牧民，都各有所司；而卜、巫、醫、藥、婚、喪、刑罰等生養死葬的事務，也分別「職事之人」。足見得知識份子，自古以來大都是學者專家之流，是國家民族的中堅份子，是「坐而能言，起而能行」的君子儒。包括教師、著作家，也包括工程師和農場技師，包括藝術家、官吏、律師，也包括武士和一切的科學工作者，他們不僅在精神文物的創造和生產，並且產生使用的行爲和生產的價值。

可是等到大多數的知識份子從事政治以後，就是由「士」變爲「大夫」以後，知識份子的長處數多不重生產技術而精習做官的官術了。「學而優則仕」，是知識份子走到官場的必經之道，但「士君子」之爲封王所養，實是文化歷史上的最大損失。「士大夫」的「士」，只知道如何攢營，如何逢迎，如何做官發財；至如何努力學術，如何做事服務，早已視爲分外了。

事實雖屬如此，但知識份子不可免除的責任，畢竟是「道義的責任」，畢竟是「知識的責任」（Intellectual Responsibility）。

（甲）知識份子的地位和作用

我們先說我國知識份子的社會地位和作用。談到地位，「士爲四民之首」的一句話，已足顯其崇高了；而「天地君親師」的神位，把「先生」——就是知識份子放在老百姓早晚祈禱之列，也可表示其尊貴的程度。正因爲有這樣崇高的社會地位和同神聖樣的尊貴，以致全國各地，都有「文廟」或「孔廟」的設置；這更是說明：大家不但是敬仰現在的知識份子，而且崇拜百年千年以前的知識份子。

其所以如此的，也因爲我們的知識份子，與整個社會的組織和革命運動以及歷史的發展，都具有極大的作用。小而言之：一個人出世以後，首先要請先生取一個名字，上學就要請先生教書明理；訂婚和結婚，也要請先生算命合婚，製書婚帖；生病要請教醫生；過年祝壽，要請先生撰寫吉語對聯；就是死了以後，也還得請先生看看風水地理，這是說明人的一生和知識份子都有不可分離的作用；大而言之：知識份子和國家大事，更息息相關了。即以近百年的史實而論：洪秀全、馮雲山、李秀成等，是科舉時代的寒士，却也是「太平天國」革命的主要人物。譚嗣同、林旭，劉光第等，是受了歐洲近代思想的平民知識份子，却也是「戊戌政變」中的有力脚色，孫中山先生是接受現代科學知識和民主思想的新進的知識份子，也是中國推翻滿清政府倡導「國民革命」的首領，這些已經足以說明我國各種反帝反封建革命運動的推進，大都是由於「爲民前鋒」的知識份子來領導人民大衆所促成的。

正因爲知識份子在歷史演進中有這樣的作用，故每一個政治領袖，無不想法把握着知識份子，以便發揮政治上的權力。遠自春秋戰國時代，由於當時列國諸侯的紛爭，爭霸天下，於是想盡方法，竭力拉攏當時聰敏才智之士，從優以養，作爲輔弼之徒，以資就手利用。或使參議政事，或以詩文之美誇張聖朝勳績，以正人民的視聽或掩天下耳目。蘇東坡在「戰國任俠論」裏還麼說：

「春秋之末，至於戰國，諸侯卿相，皆爭養士，自謀夫說客談天雕龍堅白同異之流，下至擊劍扛鼎雞鳴狗盜之徒，莫不賓禮，靡衣玉食，以館於上者何可勝數，越王勾踐有君子六千人；魏無忌、齊田文、趙勝、黃歇、呂不韋皆有客三千人；而田文招致任俠姦人六萬家於薛；齊稷下談者亦千人；魏立侯、燕昭王、太子丹皆置客無數；下至秦漢之間，張耳、陳餘號多士，賓客厮養皆天下豪傑；而田橫亦有士五百人，其略見於傳記者如此，度其餘尚倍官吏而半農夫也」。

據他估計，當時被養知識份子的數目，竟達官吏的一倍，農夫的一半。事實上也是如此，例如當年孟子的栖栖遑遑席不暇暖，無非由於他憑一己的知識能力，爲其主子奔走；先秦之有蘇秦、張儀人物的出現，也是由當時環境逼得他們非要那樣不可。還有，秦始皇所以能統一天下，大都得力於商鞅、李斯和趙高、王綰之流；劉邦之所以能由平民而爲君主，當然與張良、蕭何、韓信（史紀：「若韓信者國士無雙」）、曹參、賈誼等人具有密切關係，這些例子，也可以表示知識份子與我國歷代政治社會的作用之大了。

（乙）知識份子應有的新認識

人類組織社會之需要，是由於人類不能獨立生存；組織社會的基本原則，就是要能爲社會服務，爲人民大衆謀福利。所謂士、農、工、商或工、農、商、學、兵等名分，在本質上講，只是社會分業、分工、分職的形態，根本不是什麼階級。而一切階級的觀念和階級的鬥爭，實是社會組織當中的一種病根。何以說這是一種病根？因爲如柏拉圖、喜爾得布藍（Hildebrand）等絕對擁護階級者的說法，老早不成立了。前者以血統來定人類之高下，認爲人類天生就有貴賤的區別；說僧侶武士爲金銀質，而奴隸則爲銅鐵質，因而限制銅鐵質的人與金銀質的人通婚，甚至於來往；並且令金銀質的努力於哲學的創造。後者全是以所謂神意來定人類之高下，說政權爲惡人受魔鬼的主使而發明；並且自以爲「上帝授余以權力」，以神權爲絕對壓迫的藉口和工具。在此，我們無須旁證博引，凡是稍有知識的人，當不難知其說法之荒謬，也決不會再縱容這種社會的病態的，正爲了這個，以致先有耶穌的反階級運動的博愛平等之學說，盧梭的「民約論」，美國的「獨立宣言」，說自由平等是人類天賦的東西，以及馬克斯、恩格思以階級鬥爭消滅社會階級的學說，都是由於人們公認的眞理。

但在我國，孟子所說的「勞心者治人，勞力者治於人；治人者食於人，治於人者食人」，却變成了一種錯誤的傳統觀念。所謂「天子重英豪，文章教爾曹，萬般皆下品，惟有讀書高，更是一般「讀書人」——知識份子引以爲肢耀的；但也有許多人完全否定知識份子作用的——也就是以爲知識份子完全不能生產。例如袁枚所說的：「天下先有農工商，後有士，農登穀，工製器，商通有無，此三民皆養士也；所謂士不能養三民，兼不能自養也」（原士）。顧炎武也說：「余出游四方，嘗本其說以告今之人，謂生子不能讀書，實爲商賈百工技藝食力之流，而不可求仕（士大夫）；猶之生女不得嫁名門貴族，實爲賣菜傭婦」（亭林詩文集常熟陳君墓誌銘），這全是由於我國歷代「士風」與「政風」的不善而激起的反響；也就是由於知識份子的不能「君子自重」，而遭社會羣衆的輕視及摒棄的結果，同時也是社會對知識份子的一種有力的警戒和要求。再說，知識份子是富有知識的人，應該能自養而且能養人，應該能自立而且能立人。這時代，人民大衆對於知識份子的希望極爲殷切，知識份子應該有一種新的認識。

第一、所謂「養」，是一種勞動生產應有的經濟報酬，凡是有勞動生產活動的人，無論有形無形，無論是勞力或勞心、於精神或物質，都有其相當的供獻，也就是有其所養的物質資源的價值在。所以我們要斷定知識份子能否自養或者養人，是否完全不能自養甚而爲人所養，應該根據他工作事業的性質，以及勞動（勞心或勞力）的價值而言。

第二、所謂「士」，言其本質，無論古今，都可以當爲知識能力的解釋。「士」或是「知識份子」，根本沒有階級意味，「武力鼎士」（前漢鄒陽傳），「拔擢天士」（前漢李尋傳），「孔子之宋，匡人以甲士」（家語）的「甲士」，普通所說的「大力士」、「兵士」、「武士」、「壯士」（史紀）；項羽紀：「壯士賜之巵酒」），又說明了士不一定都是文人；而通稱的「女士」（大雅：「釐我女士」），「士男士女」，便可以打破男子本位「士」的觀念。但在我國，以往一般人所說的「士」，大都只指一些能詩能文的份子以及爲臣爲相的仕宦之徒（士大夫）。其實於今實不可同日而語。固然有「文學士」，但也有日衆一日的「工學士」、「農學士」、「商學士」和許多進步的「文學家」——例如學工、學農、學商的大學畢業生。不但超碩的「士」是如此；即是有更高造究的「碩士」、「博士」，在學術的研究上，也是分門別類的。足見得今天的知識份子，是包括各種社會份子的；也就是說：各種社會事業，或工或農或商，都有其專門的知識份子。所以知識份子，是整個社會構造中的知識份子，並不是和農、工、商等份子對立的，如果還有人認爲知識份子與一般人不同，我以爲只是各人知識能力上的等差。

第三、知識份子的正氣與革命精神。我國的知識份子，自古迄今，很多是自失靈魂沒有正氣而做權貴應聲虫的，既不能以其所學所見爲經國濟世之用，復多阿諛逢迎，助奸作惡。爲一官半職，竟多稱「乾兒義孫」以求之；凡是利祿所至，雖走胡走越，不以爲恥。而歷史上與異族求和妥協自取滅亡的主要份子，也是一班無正氣無遠見的苟且偷安的「士大夫」。例如劉敬、叔孫通之流，平時則以辯士門客求養於世主；戰時，則主降主和，危害國家民族。前者遺後代對外稱「臣」、稱「姪」、稱「兒皇帝」之大辱；後者曾徵魯諸生爲漢做朝儀，其中有兩生不從，且指出其不恥。曰：「公所事者，且十主，皆面諛以得親貴，吾不忍爲公所爲，公所爲不合古，吾不行，公往矣，無汚我！」（見史紀叔孫通列傳）足見得叔孫通之流，大多是沒有正氣操守的。現在正是我們民族革命戰爭的時代，知識份子對於自己應守的氣節和應有的正氣，應該有所激勵與振奮。要能「見危授命」，「臨大節而不可奪」。

第四、士風與政風的影響。知識份子應該要憑其所學出其應有的見解，由優良的士風而造成清明的政風。近幾十年來我國大多數的知識份子，也感到這一點的重要而轉變了。一方面由於帝國主義者繼續不斷的侵略我國，造成許多喪權辱國的史實，使知識份子感到國家民族前途的危險，由危險的警覺而激起了強烈的革命意識，以致掀起了全民族反帝反侵略的抗戰運動；一方面由於過去政府的腐敗，專制封建勢力的毒禍，使知識份子感到政治前途的黑暗和危機，以致產生了民主自由社會革命的思想以及這種思想學術的接受和英勇無比的鬥爭。孫中山先生民權革命學說的成就，就是這種思想的具體表現；還有，像在戊戌政變中爲憲法而奮鬥流血的譚嗣同，其所以那麼不顧一切的犧牲奮鬪，無非是爲了知識上的警覺和眞理的認識：人民在政治上應該有其平等，在思想學術上應該有其自由。如果有人妨礙這種平等剝奪這種自由，不惜以身殉道，進行流血鬥爭，如譚嗣同爲了不贊成變法者妥協，即主張流血革命，以武力獲取政權，甚至主張以暗殺手段消滅敵手。變法失敗，譚氏慷慨就義，並且英勇的說：「各國變法，無不從流血而成，今中國未聞有因變法而流血者，此國之所以不昌也。有之，請自嗣同始！」（仁學）這是如何的胆識？今天的人類，大多是「唯力是視」，一個人有了力量以後，才談到權利，才有自由生存的保障；一個民族，亦必有其革命的權力，才足以對外求共存，內求自存，才足以防止一切殘暴的戰爭，維護世界的和平。無疑的，知識份子應該盡一己之所能，負起對社會國家應負的責任——知識的責任。

（甲）關於思想學術

思想學術，是產生力量的基礎。因爲思想的本質是經過根據事實加以嚴格邏輯淘溶和科學的鍛鍊所構成的一種有組織有系統的精神結晶，不是幻想、空想。知識份子要努力於思想學術，必須注重民族國家的價值觀，要以發展民族文化爲最高任務，以充實國家生命力爲研究之準則。「爲民族文化而思想學術」，「爲國家民族的權力而思想學術」，「爲和平而思想學術」，應該是今後知識份子努力的第一個信念。

我國「經世致用」的學術主義，由來已久。但自清朝實施「文字獄」以來，一般知識份子受到了莫大的打擊以後，歷宋、元、明、清的書院之風，已一變而爲無聊的訓詁考據了。但至今日，「經世濟民」的學風，實有提倡的必要。顧亭林所說的「君子之爲學，以明道也，以救世也」。尤足爲訓。當前國人提倡未久的「民族文化運動」、「大衆文化運動」、「科學文化運動」等，都應該加是更大的努力；因爲「眞理爲生命之外表，一切學術思想之形成，都由於生命需要的促進與裁制」；「一切學術觀念之促成，都由於民族生命之促進與裁制」（尼采語）。

（乙）關於政治信仰

所謂「信仰」，不是迷信，而是「知識的深信」（Intellectual Conviction）。就是由知識上得到的信仰，也就是堅決維護正義服從眞理的表現。故人類的信仰，是發生力量的源泉，也就是實施政治的先決問題。法國革命以「自由平等博愛」爲號召，使其人民爲自由平等而戰鬥；美國獨立革命，以「民治主義」「民族自決」爲旗幟，使其人民，視死如歸的奮鬥不已；蘇聯革命，以「社會主義」及「唯物辯證法」爲根據，使其人民都英勇的堅決的爲建設新蘇聯而努力。我們旣是要充實民族國家的權力，就應該改善政治；要改善政治，勢必要有完善的理論做信仰的根據。信仰所以能發生力量，就因爲它能使人類本住一個意志努力到底；同時能使羣衆由一致的意見產生分工合作的效果。而政治上的主義，就是指示人民社會分工和合作的法則，基於此，當前的知識份子對於建國的主義首應加以廣博深切的研究，無論三民主義、共產社會主義、資本主義等政治學說，應該根據我國的國情和人民大衆的實際需要立論闡揚，因爲「民無信不立」，我們知道今後的國際關係必須循合作的途徑，必須是「天下一家」的趨勢，全世界各民族間必須自由解放無威壓迫，始可和平相安，而政治的必是民主、主義經濟的必是社會主義，亦無疑義。

（丙）關於羣衆輿論

羣衆輿論所以能控制個人的思想行動支配社會人事的，是由於它是羣衆意見的代表。故輿論之發生力量，是由於羣衆意見的一致集中，「千人所指，無病而死」（漢書引里諺），就是這個意思的說明。

凡是賢明的政治領袖，無不設法重視羣衆輿論力量的。因爲它平時可以維護社會秩序，給政府法律以極大的幫助；戰時，更是集中民族力量的主要工具。賴思威（Laswell）曾指出這一點：「物力與人力的動員還不够，我們還需要見意的動員」（大戰時宣傳方法）。美國有一次競選，凡是參加的人，都一致的發表各人政治上的偉論；當時正是久旱不雨的天氣，人民的心理，普遍的望雨如渴，其中有一個競選的人知道了這是民衆心理的共同傾向與要求，于是登台就說：「假如我被選，上帝保佑明天下雨」。果然，他因此而當選了。足見得要利用羣衆的輿論，又必深知人民的意見和羣衆的心理。

顧亭林曾說：「天下風俗最壞之地，清議尚存，猶足以維持一二，至於清議亡，而干戈至矣」；美國前總統傑佛遜曾說：「寧可生於有輿論而無法律的國家，不願生於有法律而無輿論的國家」，這是說明了一國輿論何等的重要？但要有眞正的輿論，必須要使人民言論自由。同時辯別輿論之正確及可靠的程度，又要根據領導輿論者的提供和政治領袖的判斷。孟子曾提出這樣的意見：「左右皆曰賢，未可也；諸大夫皆曰賢，未可也；國人皆曰賢，然後察之；見賢焉，然後用之。左右皆曰不可，勿聽；諸大夫皆曰不可，勿聽；國人皆曰不可，然後察之；見不可焉，然後去之。左右皆曰可殺，勿聽；諸大夫皆曰可殺，勿聽；國人皆曰可殺，然後察之；見可殺者，然後殺之；故曰國人殺之也」，這實在是尊重輿論的民主精神；以事實爲判斷輿論可靠與否的條件，以羣衆一致的輿論爲執行一切權力的最大根據。國人如果全都眞正的認爲可用，當然可用；認爲可去，當然可去；認爲可殺，就非殺不可。管你什麼皇親國戚！

我們要使輿論能代表羣衆的意見，當前的知識份子，除要根據現實表達大多數人的意見而外，還要聞人之所未聞，見人之所未見，言人之所未言，言人之所不敢言，加强輿論針砭時弊。所以培養人民言論自由的風氣，領導羣衆的輿論，實是知識份子應負的責任。

道德和宗教、政治、經濟以及整個倫理等，都有息息相關的力量在。因而宗教範圍人的方法，就是深植人類的道德觀念與行爲；政治家爲了組織人民，無不竭盡心思，利用道德上法律的作用。馬克思之認爲道德法典爲經濟權力表現根據的，就因爲經濟之發展，必須要有道德的基礎。道德實是確定社會羣衆相互關係的工具，是調和民族生活的因素。以言事實，則民族道德的提高，可以防止民族間的鬥爭，減除私鬥內戰；可以提高民族氣節，使各人由有所不爲而有所爲。平時，持正秉公，凜然不可犯；戰時，則挺身而出，砥柱中流，使會社崇正闢邪，明順逆，別忠奸，由肅清內奸而防止外侮，可以使各人各有分際，各守其業，各盡其職，以使社會分工日趨嚴密，經濟利益得有合理的分配，基於此，民族道德的對內，具有安定社會秩序的權力；對外，又是代表民族權力與人格的一種形態。

我國今日的知識份子，在民族道德上，應該負有領導與標榜的責任，使民族道德對社會國家，發生大的作用和力量。

第一、要堅强民族道德的意志。孔子教人謂「匹夫不可奪志」；詩曰：「武士載旆，有虔秉鉞，如火烈烈，則莫我敢遏」！一個民族，必須在道德上有其共同的意志，才能培養及砥礪民族的氣節，文天祥所謂：「地維賴以立，天地賴以尊，三綱實繫命，道義爲之根」，可見其重要。過去陳更新烈士與陳可鈞、陳興華兩烈士，爲了要達到革命的任務、堅定各人的操守和氣節，曾立訂了這樣的盟約：「驅異族，復漢疆，創民國，三者君若不爲，我當殺君；我若不爲，君當殺我。宗旨既定，盟誓既立，海枯石爛無改也」，這是何等崇高堅定的革命意志和道德？亦惟有如此，才能做到「舉世譽之而不加勸，舉世毀之而不加阻」的境地；才有「雖千萬人吾往矣」的道德勇氣；才足以堅定「富貴不能淫，貧賤不能移，威武不能屈」的決心。

第二、要注重道德的訓練。一個偉人的成功，一定要經過許多的磨折和患難；因爲要身歷許多險惡艱苦的環境，才能振奮他的道德精神，提高他的品性與人格。劉勰所說的：「臨軍之日，則忘其親；援鼓之時，則忘其身；用能無天於上，無地於下，無敵於前，無顧於後」，這就是說道德訓練成功的結果。因爲張睢陽有這種訓練，故雖在臨刑以前，還這麼從容的高呼：「南八，男兒死耳，不爲不義屈！」這是何等的氣概？

（戊）關於國家領袖

領袖，可以說是民族意志的代表，國家權力的重心和時代的先導。管子曾經這麼說：「古之聖王，所以取明名廣譽，厚功大業之顯於天下，不忘於後世，非得人者未之嘗聞；暴王之所以失國家，危社稷，覆宗廟，滅於天下，非失人者未之嘗聞」。這是說明國家領袖的得人失人與其功名及社會國家的關係，如果領袖不得人，只有貽害人民爲禍國家：「故善爲政者，其君子，上中正而下謟諛；其士民，貴武勇而賤利得（賤苟得非法之利）；其庶人，好耕農而惡飲食」（惡非必要之飲食）。而其結果呢？「上必寬裕而有解舍，下必聽從而不疾怨；上下和同而有禮義，處安而動威，戰勝而守固」（五輔第十）。這樣，就是民族財力武力的充實，社會秩序的安定，教育文化的提高。

孟子也曾說到領袖的重要。所謂「天下烏乎定？曰：定於一」（一個領袖）。尤其在民族對外抗戰的時候，爲了全國人力財力的集中與充實，更要提高國家領袖的權力，使其隨機應變。例如：假設商朝沒有伊尹訓政的成就，恐怕等不到辛紂的起來，早就會覆滅了；周朝如果沒有周公統攝的功績，即無赧王，也會絕亡的；西漢如果不經過霍光的艱苦奮鬥，無須王莽的篡位，也會遭到亡國的禍害。南宋之所以還能維持一個偏安的局面，是因爲岳飛、韓世忠等人的苦鬥；但終因爲南宋沒有偉大的領袖，以致當年在朝弄權的奸臣，像秦檜之流，謀殺忠良，毫無顧忌的賣國降敵，終於使僅有的半壁河山，也非放棄不可！吳三桂、洪承疇、耿精忠等把握重兵的邊將，所以變成漢奸，無非是由於當時熊廷弼、袁崇煥等被殺、孫承宗等放逐以後，國中無人。無怪乎崇禎皇帝吊死煤山，所謂領袖，終是「亡國之君」，一班作威作福的官僚，也就成爲「亡國之臣」了！

英國文學家君格瓦特爾（John Dinkwotel）在其名劇「林肯」（Abraham Lincoin）描寫林肯被共和黨推選爲大總統以後，曾嚴肅的獨自跪在美國地圖前面祈禱，表示人民的希望和國家的大事，都已集中在他身上，不禁下跪祈禱上帝保佑他能達到人民的希望，完成他對國家的責任。這種領袖的至誠，是如何的感動人民？岳飛所以能大敗金兀朮，也是由於他能使當時的人民對他有眞正的認識和堅定的信仰，才那麼奮不顧身的服從他的指揮。宋史有語：「宋高宗紹興五年……韓磁湘開德澤潞晉絳汾隰之境，皆期其興兵與官軍會，其所揭旗，以岳爲號，父老百姓爭挽車牽牛，載糗糧以饋義軍，頂盆焚香以迎候者，充滿道路，自燕以南，金人號令不行，兀朮欲簽軍以抗戰，河北無一人從者，乃嘆曰：「自我起北方以來，未有如今日之挫折」」（宋史卷三百六十五）。於此可以想見當年民氣之盛和岳飛的威望了。

天下惟有開誠求言接受羣衆意見的領袖，才能用人，才能聽賢者之言，才能發揮其政治上最大的權力。劉邦與李世民，儘管同是我國歷史上的領袖，但是前者就不及後者那末喜聞社會人士的輿論，廣納羣衆的意見，善用國家的人才。無疑的，今天的領袖，必須樂聞國人之言，廣用朝野之賢，朝野的知識份子，才會出諸至誠的樂爲其用，獻其心力，構成「智伯以國士待我，我以國士報之」（史紀）的道義關係；大多知識份子如此，全國的人民，自然競相愛戴和擁護了。

但是要使領袖發揮最高的政治權力，知識份子應該以適當的方法出其所見，使領袖能知道他的左右人物的功罪，一般文武官僚是否在欺騙領袖？是否是利用領袖只圖一己的升官發財，弄權作惡？使人民對政府和領袖失去信仰，同時要使領袖洞悉民情體諒人民的痛苦，尊重人民的意見，公正的處理國事。不爲一黨或一政治集團或某一特殊階級的利益而有所偏私，也就是要使領袖能爲人民大衆的利益爲國家民族的前途而領導羣衆共同奮鬥！

（五）

今天，全國人民陷於水深火熱之中，我們的國家已血染半壁河山，戰爭將要更殘酷的擴展，和平難免更大的威脅。但人類畢竟需要和平反對戰爭，「國家」不過是達到「天下一家」的一座橋樑。身爲民族中堅人民先驅的知識份子，必須深入羣衆，瞭解人民的意志和痛苦，應該以「人溺己溺，人飢己飢」的胸懷爲人民大衆作忠實的服務！

任何國家的權力，都掌握在人民大衆的手心，如果說意志是歷史進化的中心，那麼人民的意志就要扭轉歷史的行程，創出一個新的世紀了！人類必須和平相安，才能使文化進步，今天人民大衆都在拚命抵抗侵略的强暴，將來我們要集合所有的力量捍衛和平，發揚人民的意志！

知識是敎人求合理幸福的生活，謀文化的發展；知識不是敎人可恥的送死，不是敎人爲少數暴徒、野心家愚弄奴役，讓那些罪魁拿人民的生命作爲爭權奪利的賭本，那麼，我們就不該助長戰爭罪犯吃人的行爲，應該憑知識的深信負起知識的責任，依照人民的意志，轉變歷史的行程！

三十年三月二十八日力行月刊第三卷第三期第四期

後記

這本「民族文化史論」，是我親自校對的，最後看看，還不免錯處，有的是雖然校出，但並沒有能够改正；有的却是由於我的不够仔細，沒有看出。由于排印的疏忽，書內漏掉兩頁（六五——六六），但這兩頁的文字內容並無遺誤，這些，都要請讀者原諒指教。

當我讀完這本書樣本以後，深感爲文不易，校書亦難。不由自主的撩起許多感想，憶起抗戰期間許多人民英勇忠貞，生聚教訓的情形，但人民毫無怨言。那時候，誰會料到中國會鬧到這個地步？當年，我們鼓舞人民抗戰的熱忱，希望大家忠於國家，忠於民族；今天，覺得更要爲人民呼籲，大家應該忠於人民！救救人民！

但誰都知道：世界上最愚蠢的民族就是不能防止內戰。其實人類並非生而就有什麼仇敵，如果一定說有，恐怕只是那與生俱來的「權利觀念」和那好爲「人王」的領袖慾望。然而江山無私，人民何辜？每個人果真都能爲人民着想，做做好事，世界上還有什麼戰爭？人間還有什麼叛徒？還有什麼人造反？

吃飯，分明是人類起碼的要求，各人都有神聖不可侵犯的生存權利，可是少數暴徒强豪，竟不擇手段殘忍無比的去剝奪人民這種權利，使得人民大衆無以爲生，走頭無路，這樣，天下怎能太平？人類還有什麼正義？

現在是人民最痛苦的時候，人民大衆憤怒了！現在是人民要求意志伸張的時候，知識份子應該瞭解人民，同情人民，發揮人民的力量，創新文化，爲一個新的世紀催生！要不然，大家讀聖賢書，所爲何事？

三十七年十一月十日

『民族文化史論』勘誤表

頁	行	誤	正	頁	行	誤	正
一	八	」	「	六八	四	忠的	忠孝
四	四	沙阿	沙陀	七〇	一四	吃得若	吃得苦
五	七	宋室	宗室	七〇	一七	地力	地方
八	一	得	的	七一	二	盈廬	盈盧
一三	九	說	誰	七二	一四	東摯	東郡
一四	二	N	M	七四	一	民文	民族文
三二	一二	態度的	的態度	七四	四	烏	鳥
四五	一	場	鍚	八二	一五	佳	未
五〇	一五	妄	忘	九七	七	末	性
五〇	一五	現	觀	一〇四	四	詞	調
五二	六	態	況	一〇五	四	亦	六
五三	七	文	父	一一二	九	宜	宣
五六	五	馬羅	羅馬	一二〇	八	大	太
五六	八	之	點	一二九	六	大職	天職
五八	一一	譚嗣氏	譚嗣同氏	一三三	七	如東	如果
五八	一七	題間	間題				

繆鳳林著

新中國文化叢刊第二組

中國民族之文化

新中國文化出版社印行

中華民國廿九年五月初版

新中國文化叢刊第二組 中國民族之文化

每册定價國幣叁角

（外埠酌加運費匯費）

著作者 繆鳳林

印刷者 新中國文化出版社 西安香米園德化里

發行者 新中國文化出版社 西安香米園德化里

中國民族之文化

——一個歷史學者對於中國民族文化問題的總解答——

繆鳳林

（一）

中國民族有沒有文化？如有文化，有的是什麼性質的文化？在世界文化史上占什麼地他的造詣，他的貢獻，是否比得上其他世界文明種族？他的中心的結晶是什麼？較諸世界上他種文明民族的文化，是否有其獨特的優點或缺點？我們抱如何的態度，始能對他有正確的認識？

這都是二十年來論壇上所常常討論的問題，到了今日，除了第一點有了一致的結論——中國民族確有文化——以外，其餘的問題依然是『仁者見仁、智者見智。』本文的目的，並不是對於所有上列各問題，一一作詳盡的解釋；只就個人的見地，提供若干點意見，由了這種意見，或者在討論中國民族文化各種有關問題時，可以得到比較正確的態度和認識。

（二）

要明白中國文化對於世界的貢獻及其所占的地位，最好用比較的方法。例如『紙張』和『印刷』，是人類文明進步的兩大原動力；但此兩者皆中國民族所發明，且由中國而傳播及于西亞及歐洲各民族。近代歐洲學者論述中國文化的，每喜提及『紙張』和『印刷』，且有詳密研究作爲專書者：卽因此二者爲中國獨有之發明，在世界文化上，在全人類的文化貢獻上，占有甚高的地位故。又如商周時代的青銅器（卽鐘鼎等彝器），歷代的『法書』『名畫』，宋明及清的磁器，或爲世界上獨有的藝術品，或在作風上特異于他國作品，也極易引起異域人士的鑒賞和愛好。民國二十五年參加倫敦世界藝術展覽會的中國出品，數量上雖有可觀，就質量上說，第一流的作品並沒有多少，但是參觀的人都個個讚不置口。又如論語中所記的孔子的議論，我們驟然讀去，常常覺得他平淡無奇，但在十八世紀，經了耶蘇會教士的翻譯介紹，孔子學說傳入了英國，有一位丁特爾（Matthew Tindal）先生拿耶蘇經上的話和孔子的話比較研究，却發現了孔子的話實較耶蘇經上所說尤近情理。譬如耶蘇經上說，『你應當愛你的朋友，恨你的仇人』；又說，『你應當饒恕人家的毀傷，自七次以至七十個七次』；又說，『要是你的仇人餓了，你應當餵他；要是他渴了，你應當給他飲料』。這三說，互相矛盾，基督教徒費了多少思索，總找不到眞實的解釋。丁特爾就引了孔子之說，『惟仁者能好人，能惡人』，以爲最無毛病。當時英國人反對基督教的，無論是攻擊傳統的思想，或是辯護自己的主張，每每借重孔子，因爲基督教徒相信上帝，相信『啓示』，相信心內的神秘，心外的神秘，以及其他一切的神秘，他們以爲必如是，方可將靈魂超度。但是，看呀，孔子絕口不談神怪，他的學說完全根據理性，不帶半點兒神秘意味，而信奉孔子的中國人，也不見得都在九幽地獄。這樣一想，人們只須善用理解就得了，又何必要神秘？又何必定要信奉基督敎爲唯一的眞正的宗敎？（語本范存忠孔子與西洋文化，載國風第三號聖誕特刊。）

（三）

以上就中西文化的比較而言；若再拿日本來做我們比較的對象，更可顯得中國文化的悠久深厚。據晚近倭國考古學者的研究——例如濱田耕作氏的東亞文明之黎明——我們簡漢時候，日本尙全爲石器時代，到了東漢，西部日本如九州等處，因受中國文化輸入的影響，由石器時代入金屬器時代之黎明期，東部日本則仍爲石器時代。因爲日本開始輸入中國文明的時候，中國早已由銅器時代進至鐵器時代，日本遂亦由石器時代一躍而進至鐵器時代之黎明期：銅器時代在日本古史上是找不到的。唐朝時候，在倭史上爲很著名的盛世。政治方面，開始由多數野蠻割據的部落酋長共戴一大酋爲君主；制度學術宗教文物等方面，亦無一不自唐輸入，由學習而做傚。倭人木宮泰彥做了一部『中日交通史』詳細研究這一段史實，所得的結論，是，『日本中古之文化，全係由唐移植之文化，無論何人，決無異議』。傳世最古的日本古史，爲『古事記』和『日本書紀』（省稱記紀），皆爲八世紀初葉盛唐時期的作品，時日本民族尙只有語言，沒有文字，『阿』『伊』『烏』『惡』等倭音，除漢字外，亦無法表示，所以『記』『紀』兩書，皆用漢字：古事記猶僅以漢字記其國語，書紀則全用漢文，惟略帶倭氣而已。到了八世紀末九世紀初，留唐學生僧侶吉備眞備空海等返倭，始取漢字偏旁及草書，造作一種假名，以爲表示語言的符號，而漢字仍舊用如故。一直到了今天，國號『日本』，年號『昭和』，自倭酋名字（裕仁）以及書籍報紙，無一不用漢字。倭人現在嘗誇稱他的文明，試問世界上只有語言沒有文字的民族，是否夠得上『文明』的稱號？不僅此也，凡漢文中仁義道德陰陽性命及職官法律典章制度等名辭，在日本語裏，除了由中國傳去的『音讀』（漢讀）以外，都找不到涵義相同的『訓讀』（日本音）。又凡漢文中對義如異文的，實字如『川』『河』之類，虛字如『夙」「長」之類，日本皆同一訓讀，同一音讀，不用漢文，亦莫能分別。是證倭人雖有語言，但語言中並沒有高度文化的名詞，也不包含着同義異言的變化。為了這種原故，德川幕府時代的著名學者，如物茂卿（一六六一——一七二八），如太宰純（一六八〇——一七四七），一方面認識了中國文化的優越，一方面深慚日本言文的淺陋，因而發出『必去和訓而後能為漢文，必習華言而後能去和訓』的呼聲；不獨主張文字須徹底廢絕假名，即語言亦須做傚中華。物茂卿嘗題孔子像贊，自稱曰：『日本國夷人物茂卿拜手稽首』，又嘗說：

「昔在邃古，吾東方之國，泯泯乎罔知覺。有王仁氏，而後民始識字，有眞備氏，而後經藝始傳，有菅原氏，而後文史可誦，有惺窩氏，而後人人知稱天語聖：四君子者，雖世尸祝乎學宮可也。」

王仁為五世紀初首傳漢籍至日本的百濟學者，吉備眞備為八世紀中最著名的遣唐學生，歸國時曾帶去大量經籍，菅原道眞為九世紀末日本著名儒宗，藤原惺窩（一五六一——一六〇九）為德川幕府初期始倡儒學的名宿。日本的開化——沐浴於中國的文明——要算這四人功績是最大的了。

有人或者以為關于近代的機械文明，倭人程度確比我們為高。這亦可分兩方面來解釋。第一，近代的機械文明，是歐洲人的產物，日本完全傚做他人，絲毫不能以此自豪。第二，德川幕府時代（一六〇〇——一八六七），儒學大盛，由了儒學的沾溉，始養成倭人吸收當代文明的能力。井上哲次郎曾說過：

類」在明治維新之際，處士活動，欲盡于國家，而致力與新文明之開拓者，以儒教之徒一爲最多，如藤田東湖，橫井小楠，佐久間象山，吉田松蔭，橋本左內等皆是。此等諸士，非朱子學派，則屬於陽明學派。蓋日本民族受西邦文化，領會西邦學術，不可無其素養，是素養，在德川時代，儒教實成其地也」。（見日本開國五十年史儒教篇）這樣說來，原始的日本民族，除了原始人的獸性，粗淺的生活技能及簡陋的語言而外，實一無所有；日本人之由榛狉而進于顯明，而植身于世界强國之林，全屬我中國文化直接或間接的孕育之力。我們只要看『中國强了幾千年而高麗猶在，日本强了不過二十年，便把高麗滅了』」（見民族主義）七七抗戰以來，我們對被俘的倭兵是如何的仁慈，倭人對我們非戰鬥員是如何的殘暴：『文』『野』之判，眞是相去霄壤。倭人既是野蠻人的代名詞，從而『東亞的民族，只有我們中國有獨立的文化，日本是沒有文化的』，實在是眞切不磨的定論。

（四）

用比較的方法，雖能看出中國文化的貢獻，並令人想像其偉大，但不能使人明白他的全相。要對中國文化有一個概括的觀念，我們還得先確定『文化』一詞的含義和內容，及民族化文成立的條件，次看中國文化，和這些標準究竟符合到什麼程度。現在就用這種方法逐步來討論。

什麽是文化？什麽是民族文化？淺顯的說：文化就是人類所有精神的物質的各種創造各種成就的總稱。漢儒白虎通義說：

『古之時未有三綱六紀，民人但知其母，不知其父，能覆前而不能覆後，臥之詓詓，行之吁吁，飢即求食，飽即棄餘，茹毛飲血而衣皮葦』。

譙周古史考亦說：

『太古之初，人吮露精，食草木食，穴居野處，山居則食鳥獸，衣其羽皮，飲血茹毛，近水則食魚鼈螺蛤，未有火化，腥臊多害腸胃』。

原始的人類，就是像這樣赤裸裸一無所有的。從這種景象，生活居處，禮樂刑政，學藝思想，演進到今日世界的樣子，都是仰仗人類自力的創造，也都是人類智力及體力的成就。所有的創造成就，不外精神及物質兩類：『文化』就是這一切一切的總稱。又因創造文化的人類，分爲許多不同的民族國家，爲研究便利計，凡隸屬于某一民族或國家的人民，他們所創造的所成就的總和，就稱爲某一民族或某一國家的文化。

講到文化的內涵，除了野人時代即已發明的求生技能及語言遊藝等而外，略可分爲下列的十類：

一、文史　聲音發于天籟，人所不學而能。以某聲表某意，爲羣所共喻而公認，是曰語言。語言而表以符號，以通今而傳後，是曰文，文字的記載，即爲史。

文史的發明，實爲人類偉大的成就。世界各民族，皆各有其語言，惟文史最初僅極少皦的優秀民族有之，餘皆取資於他人者，前說日本襲用中國的文字，即其最顯著的一例。自有文史，人類乃能以前人的經驗成就，傳諸後人，遞遺遞襲，繼長續增。有史時代的歷年，雖不及史前時代的百一，而人類在有史以來的進步，較之史前時代，殆不可以數字計度：即因一有文史一無文史的緣故。

二、政治　政治即人羣的各種組織；由氏族社會而部落諸侯，而小大邦國。邦國的建立，亦爲人類重要成就之一，禮樂刑政，乃至一切典章制度，皆隨邦國的建立而興起而演進。

三、經濟　經濟爲人類生存的基礎，舊名「食貨」。漢書食貨志云：「食謂農殖嘉穀可食之物，貨謂布帛可衣及金刀龜貝所以分財布利通有無者也」。這係農業經濟時代的說法；此處經濟兩字取最廣義說，漁獵游牧乃至農工商賈等一切經濟活動與組織皆屬之。

四、科學

五、哲學

六、倫理

七、宗敎

宇宙人生的大問題凡二：曰眞與僞或是與非，曰善與惡或當與不當。前者爲一切科學哲學之所研究，後者爲一切倫理宗敎之所探討。于森羅萬象之中，認定其一部分的現象，從事究密而有系統的敍述，隨所研究而立名，是曰科學。例如研究天體現象的曰天文學，研究動物現象的曰動物學，研究植物現象的曰植物學。質言之，科學就是一科一科的學問，某一種科學，就是人類對於某種部分現象完密而有系統的敍述。講到哲學，他的敍述宇宙對象與科學同，而其範圍則迥異。科學所敍述者，爲某一部分的現象；哲學所敍述者，則爲宇宙萬有全體的現象，哲學上每有『唯心』『唯物』『唯識』『唯意』等等學說，所謂『唯』，就是宇宙萬有無不包括在內的意思。這兩者所研究的，概屬眞僞是非問題；倫理宗教，則與此頗有不同。批評人生行爲價值的高下，何者爲德行，何者爲非德行，並論究至善的性質與修養的方術者，曰倫理。信仰並崇拜超乎人以外的一種勢力——自牛鬼蛇神以至唯一眞宰皆是，——由這種勢力，可以詔告人類行爲何者當爲，何者不當爲，規定人生行爲的正鵠，並指示人羣以達此正鵠的途徑與方法者，曰宗教。他們所探討的，完全爲善惡當否問題。

科學哲學與倫理宗教的分別：前者唯研究其固有的對象，明其眞相而揭櫫之；後者則于承認某種現象後，還而論此種現象的當否，價值的高下，何種現象爲至善，達之之道又何若。倫理宗教亦有敍述宇宙人生各種現象的時候，但在這時候，只可說他是科學或哲學；反之，科學哲學於敍述某種現象後，亦有進一步論斷此種現象的價值者，這時候，他們又進而爲倫理或宗教了。人類的精神文明，重要的即爲此四者。

八、工藝

九、美術

工藝品的範圍甚廣，以器之質料分，有石器木器竹器貝器陶器磁器銅器鐵器玉器漆器……等等；以器之類別分，有兵器什器禮器樂器明器……等等。美術大致可分為兩種：一種是純藝術性的，如文學音樂書畫金石等，一種是工藝品之含有美術性者，凡上述工藝品形製之進步者，皆同時可為美術品。

此兩種可各分為若干小類，每一小類又包括若干品物，若一一列舉，其數殆盈萬千，今亦無人能一一列舉之也。

十、人物　人物雖不能視同他類文化品物，然實為人類一切成就中的最大最要者，以歷史上的偉大人物，殆為民族文化的結晶，一民族文化價值的高下，亦恆視其所造就人物的偉大與否也。

文化的內容，大致不外此十類。講到民族文化成立的條件，即一民族有無文化或是否為文化民族，則以下列三種標準定之：

第一、是否能以自力創造上述種種文物政教學藝人物。

第二、與他文化民族接觸時，是否能吸收他民族的文化，以補其缺。

第三、前人之已創造已吸收者，是否能繼續顯揚，並不斷的創造吸收。

這三者的有無多寡，和程度的深淺高下，各民族間極不齊一；即同一民族，在各時代亦極不一致。因此在世界上有未開化的野人，有半開化的人種，有有高度文化的民族；同為有高度文化的民族，其文化程度非特至不齊一，即優劣與性質，亦每相去懸絕，且同一民族在文化上的地位，亦每隨時代而升降焉。

（五）

我們現在且根據上述文化的內容和民族文化成立的條件，來看看中國文化的全體。講到文史的發明，我中國民族須遠溯要義農軒堯的時代，距今約自四千年以上至五千年。文字最初的形態，現在雖不能考見，殷商時代寫刻有文字的龜甲獸骨，遺存至今日者，尚不下十萬片，距今亦在三千年至三千五百年左右。歷史的紀載，若夏代史官所掌的圖法，（見呂氏春秋先識覽）殷代先人的『典』『冊』，（見尚書多士篇）以及周人所傳的『先王遺訓』『典圖刑法』，（見國語周語下）今雖百無一存，但傳世的尚書，皆為虞夏商周史官所紀錄，安陽發掘的獸骨刻文，亦有商代史官的長篇紀事。現存的史籍，從黃帝以來有年可稽的，約四千六百餘年，從周共和行政以下，則按年明白可譜，（至今年為二千七百八十一年）春秋魯隱公元年以下，則每年有日月可譜。（至今年為二千六百六十二年）至若史書體裁的詳密，篇帙的繁富，紀載所包地域的廣大與所含民族分子的複雜，全世界各文明國中，皆無其倫比：中國實為世界上歷史最完備的國家。講到政治和經濟，則政治上最要的國家的組織及行政的設施，經濟上農工商貿等的活動，自西周至春秋戰國，已日趨完密與發達。至秦漢統一海內，出現了空前的大帝國，政治上一方面中央集權，在職官，職方，歲計，交通等種種制度設施上着着實現，一方面又提倡地方自治，在縣區域內之鄉亭地方行政上亦充分表現。當時以一個政府開始轄制萬數千里的中國，而又能使天下之治，若網之在綱，有條而不紊，並且永遠奠定了我偉大國家的統一基礎：中國民族的政治天才，在那時代可說已有了充分的表現了。因爲「海內爲一，開關梁，弛山澤之禁，是以富商大賈周流天下，交易之物，莫不通得其所欲」：（史記貨殖列傳語）經濟上亦出現了「人各任其能，竭其力，以得所欲」的爭競發展狀態。據史記貨殖列傳所稱：

「陸地牧馬二百蹄，千足羊；澤中千足彘；水居千石魚陂；山居千章之材。安邑千樹棗；燕秦千樹栗；蜀漢江陵千樹橘；淮北常山以南河濟之間千樹萩；陳夏千畝漆；齊魯千畝桑麻；渭川千畝竹；及名國萬家之城，帶郭千畝，畝鍾之田，若千畝巵茜，千畦薑韭。此其人皆與千戶侯等。」

這都是指的「不窺市井，不行異邑，坐而待收」的產業家。

「通邑大都。酤：一千釀；醯醬千坻；醬千甔。屠，牛羊彘千皮。販：穀糶千鍾；薪藁千車；船長千丈；木千章；竹竿萬個。其軺車百乘；牛車千兩；木器髹者千枚；銅器千鈞；素木鐵器若巵茜千石；馬蹄躈千；牛千足；羊彘千雙；僮手指千；筋角丹沙千斤。其帛絮細布千鈞；文采千匹；榻布皮革千石；漆千斤；蘖麴鹽豉千荅；鮐鮆千斤；鯫千石，鮑千鈞；棗栗千石者三之；狐鼦裘千皮；羔羊裘千石；旃席千具；佗果菜千鍾；子貸金千貫；節駔會。貪賈三之，廉賈五之。此亦比千乘之家」。

這又是指的通邑大都的富商大賈。傳又稱蜀卓氏，程鄭，宛孔氏，曹邴氏等皆以鐵治致巨富，「若至力農畜工虞商賈，爲權利以成富，大者傾郡，小者傾縣，下者傾鄉里者，不可勝數」：我們也可想像當時各方面經濟發達的程度了。餘如「科學」「哲學」及「宗教」，就發達的程度上說，似乎比較差些；但科學中如天文，律曆，醫學，及算術，哲學中如先秦的諸子，魏晉的玄學，宋明的理學，宗教如喪服祭祀的儀文度數及其所寓的精義，亦各有其獨特的發明和貢獻。倫理思想，尤致廣大而盡精微，極高明而道中庸，卓然立人道的極則，爲我民族文化眞正的中心所在。以言工藝美術，獨特的造詣，除了篇首所稱『造紙』『印刷』『靑銅器』『法書』『名畫』及『磁器』外，若文學中的詞賦駢體，音樂中的琴瑟笙管，石刻中的石經碑版，以及建築織造等等，可列舉者尙多。最後談到人物，則如曾滌笙氏聖哲畫像記中所舉的三十餘人——『文周孔孟，班馬左莊，葛陸范馬，周程朱張，韓柳歐曾，李杜蘇黃，許鄭杜馬，顧秦姚王』，——其德行事功學業，多昭如日星，置之世界任何文明國家史乘中，與其最優秀之人物比較，殆無愧色；然其人皆未受外國文化的影響，（程朱雖受佛學的影響，亦係中國的佛學，而非印度的佛學。）完全由吾國文化陶鑄而成者也。中國民族文化的內容，大致如是。

（六）

復次，根據民族文化成立的條件——創造，吸收，及繼續——來衡論中國文化，最好從縱的方面來觀察。一部中國文化史，大致可分爲三個時期：自上古以迄秦漢，爲吾民族獨立創造文化的時期；自東漢以迄明季，爲印度文化及伊蘭文化輸入吾國與吾國固有文化相柢梧而融合的時期；自明季以迄今日，則爲歐西文化輸入吾國，與吾國政教學藝相激相盪而卒相合的時期。大抵第一時期多創造，第二第三時期則多吸收與繼續。我們現在所要特別注意的，就是自漢以後，吾民族雖時時吸收外族的文化，但一方面古代的文化，依舊不斷的繼續保存，且能于繼續保存之中，時時加入新的貢獻；另一方面，固有的文化創造力並未衰退，各種各別文化的發明和進步，依舊隨時處處表現。又被吸收的外族文化，吾民族亦能以自力融合之，傳播之，發揚之，使之改變爲中國文化；乃至某種外來文化在其發源地已凋零衰落者，吾民族仍能保持之，繼續之，使勿墜失焉。

普通講國史的，每以春秋戰國爲吾國文化史上的黃金時代，從此以降，吾民族文化有退步而無進步。這種論斷，實大背于歷史事實。誠然，先秦時代百家爭鳴的盛況，漢以後是稀見的了；但漢人也自有他獨特的貢獻，爲先秦所不能及的。漢世海內統一，疆域遼廓，當時政治的設施，經濟的繁榮，僻壤的開闢，文化的廣播，皆與其國勢相應，現出突飛的進步。以史學論，如司馬遷的史記，上下數千年，紀表書傳，綱舉目張；如班固的漢書，包舉一代，囊括靡遺。以文學論，詩文辭賦，多創爲新體，而賦體尤極瑰偉宏麗之致。大之宮室都邑，小之一名一物，莫不鋪陳刻畫，窮形盡相。這都是先秦人士所望塵莫及的。漢初閭里書師傳習的蒼頡篇，僅有三千三百字，到了平帝時揚雄作訓纂篇，增至五千三百四十字，至東漢和帝時賈魴作滂喜篇，又增至七千三百八十字，到許愼作說文解字，則增至九千三百五十三字。此中所增的字，有的出于採輯，有的出於創造，現在雖不能精確推定；但前後三百餘年間，民間通用的字，由三千餘增至九千餘，這不是文化的進步是什麼？後漢書蔡倫傳說：

『自古書契多編以竹簡，其用縑帛者，謂之爲紙。縑貴而竹重，並不便于人。倫乃造意用樹膚麻頭及敝布魚網以爲紙，和帝元興元年（西元後一〇五年）奏上之，帝善其能。自是莫不從用焉。故天下咸稱蔡侯紙』。

蔡倫爲一宦者，史稱『倫有才學，加位尚方令，監作秘劍及諸器械，莫不精工堅密，爲後世法』：實際上就是一位著名的工程師。他這樣的發明了紙張，使全人類皆蒙其福利；他獲得了世界上第一個紙張發明者的令譽，中國也就成了「紙的母國」。這又不是漢人在文化上特異的貢獻嗎？後漢書張衡傳又說：

『衡善機巧，尤致思于天文陰陽歷算。爲太史令，遂乃研覈陰陽，妙盡璇璣之正。作渾天儀，著靈憲算罔論，言甚詳明。順帝陽嘉元年，（西元後一三二年）復造候風地動儀，以精銅鑄成。圓徑八尺，合蓋隆起，形似酒尊，飾以篆文山龜鳥獸之形。中有都柱，傍行八道，施關發機。外有八龍，首銜銅丸，下有蟾蜍，張口承之。其牙機巧制，皆隱在尊中，覆蓋周密無際。如有地動，尊則振龍，機發吐丸，而蟾蜍銜之。振聲激揚，伺者因此覺知。雖一龍發機，而七首不動，尋其方面，乃知震之所在，驗之以事，合契若神，自書典所記，未之有也。嘗一龍機發，而地不覺動，京師學者咸怪其無徵。

後數日驛至，果地震隴西，于是皆服其妙。自此以後，乃令史官記地動所從方起」。張衡曾作二京，南都，思玄諸賦，爲東漢最著名的文學家，他的科學造詣，却又驚人到這步田地。同時崔瑗稱之曰：『數術窮天地，制作侔造化』。他眞可當之而無愧了。到了東漢末年，又出一位神醫華陀。後漢書華陀傳說：

『陀精于方藥，處劑不過數種，心識分銖，不假稱量，針灸不過數處，裁七八九。若疾發結于內，針藥所不能及者，乃令先以酒服麻沸散，既醉，無所覺，因刳破腹背，抽割積聚；若在腸胃，則斷截湔洗，除去疾穢。既而縫合，傅以神膏，四五日創愈，一月之間，皆平復』。

像華佗這樣的治病，乃至張衡所造的渾天儀，地動儀，在現在科學家看來，並不算頂難的事。但我們要注意的，這都是第二世紀出現的紀錄，不獨爲中國前史所無，在同時期的世界史上，也沒有同樣的記載；我們一方面要說他們是驚人的奇蹟，一方面也可想像漢代文化進步的程度了。

由東漢而魏晉南北朝，因爲夾雜了五胡亂華及鮮卑入主等史跡，一般通稱爲中古黑暗時代，但就文化上說，進步的方面依然很多。第一，佛敎——古印度最主要的文化——自西漢末傳入中國，這時代達到了極盛的狀態，使吾國社會思想以及文藝美術建築等等皆生種種的變化，單純的禹域文化，也就變成複雜的混合文化。當時第一流的思想家，若道安，若慧遠，若僧肇，若道生……等等，全做了佛門的信徒；他們一方面在佛敎史上，在思歷史上，樹立了一己的不朽地位，同時也奠定了「中國佛教」的基礎。再就拓拔氏入主中國一件事來看，鮮卑民族一方面接受了漢族的文化，使中華民族增加不少新的分子，為隋唐時代繼續的張本，一方面在顯揚佛教上，也建立了不可磨滅的勞績。楊衒之洛陽伽藍記所載永寧寺的壯麗：『僧房樓觀一千餘間，殫土木之功，窮造形之巧，西域沙門菩提達磨云，此寺精麗，遍閻浮所無也』；現在是不可見了。但大同雲岡及洛陽龍門的石窟造像，號稱為犍陀羅藝術最精作品的，到現在依然為全世界人士所瞻仰贊嘆。第二，魏晉之世，清談的風氣很盛，以言語論，吾國實以這時代為最進步。清談所論的多為玄理，遂演成一種「玄學」。玄學所依據的，雖不出周易老莊（當時稱為「三玄」）諸書，因講習論著，日加邃密，產生了不少新的義理。我們讀王弼的易注老子注，郭象的莊子注，可以概見。他如皇侃的論語義疏，張湛的列子注等，亦皆富有玄義。又因談玄者多與釋子相周旋，釋子亦相率研究老莊，佛教遂與吾國學說融合，加入了中國文化的範圍，而不覺捍格難通了。第三，古樂在這時代是淪亡了，但西域的龜茲樂卻大量的輸入，佔據了太常雅樂的地位，樂理亦多與古樂相通。「反切」「五聲」「四聲」及「字母」等，後世稱音韻之學的，也就統是這時代人所發明的。六藝諸子之學，這時代是比較衰退了，但南北諸儒的義疏，為唐人五經正義的淵源所自，對於經學的貢獻很大。研究諸子的，像晉世魯勝的注墨辯，也是當「興微繼絕」（魯勝自序語）而無愧。以史學論，從前不過是六藝的附庸，現在卻獨立成為大國。文學之事，也有異常的進步，聲偶色澤，均由鍛鍊而趨於工麗。隋書經籍志著錄當時現存的書，史部凡一萬三千二百六十四卷，集部凡六千六百二十二卷，數目皆較六藝經緯及子部爲多，（六藝經緯凡五三七一卷，子部凡六四三七卷）十九皆這時代人的作品，如合亡失的書合計，作者的衆多，篇章及體裁的繁富，眞是不可殫述了。第四，就算學方面說，隋書律曆志載宋末南徐州從事史祖冲之的圓周率，「以圓徑一億爲一丈，圓周盈數三丈一尺四寸一分五釐九毫二秒七忽，朒數三丈一尺四寸一分五釐九毫二秒六忽，正數在盈朒二限之間，密率圓徑一百一十三，周三百五十五，約率圓徑七，周二十二」。據近人茅以昇君的研究，這是第五世紀世界最精的圓率，其時印度僅有三一四一六，歐人亦纔至三一四一五五二之率，觀此皆有愧色也。（中國圓周率略史，載科學三卷四期）第五，就製造方面說，如諸葛亮之作木牛流馬，其術雖奇，只不過一種運載米穀的車子，形製如牛馬，惟能自運轉而已。若魏世的扶風馬鈞，則嘗作指南車，作十二躡綾機，作翻車百戲，作發石車等，傅玄序之曰：「馬先生之巧，雖古公輸般，墨翟，漢世張平子（衡），不能過也」。第六，就美術方面說，畫家如顧愷子，陸探微，宗炳，張僧繇，書家如鍾繇，王羲之，獻之，趙深，他們的造詣，都是前無古人的。而北魏鄭道昭雲峯山上下碑及論經詩諸摩崖，在今山東益都及掖縣的，論書者稱「其筆力之健，可以剸犀兕，搏龍蛇，而游刃於虛，全以神運，自有眞書以來，一人而已」。（見葉昌熾語石卷七）

由南北朝而隋唐五代，而南宋元明，一般講歷史的，對於唐代武功，雖頗贊揚，學術則不甚稱許，五代宋明更卑卑不足數。但在這遙遙的千年之中，文化方面的發展，實在更僕難數。我們現在且就通常所知道的普遍史實，約略的說幾件。

第一，就宗教方面說，佛教的大師，若隋時開創天台宗的智顗，唐時開創法相唯識宗的玄奘，以及華嚴宗的賢首，佛宗的慧能（六祖），律宗的道宣，都是佛教史上稀有的賢哲。而玄奘在印度曲女城大會標舉眞唯識量，竟十八日，無問難者，歸國後翻譯經論七十四部，一千三百三十五卷，尤爲中國佛教界空前絕後的人物。又西亞的三種宗教（火祆教，景教，摩尼教），火祆教的傳入中國，雖始于北朝，而至唐始盛；景教摩尼教則皆唐代傳入，所謂「伊蘭文化」的東傳，實以唐時爲最盛。至宋代有一賜樂業教（猶太教）之東來，元代又有也里可溫教（基督教）之傳入。這都是增加禹域文化的複雜性的。就中基督教經了明末耶穌會士的東來顯揚，西教的精義——敬天愛人，悔過遷善——由是輸入，西方的學藝亦隨之以俱來。吾國之吸收眞正的西洋文明，實肇端于是，在文化史上實可大書特書者。

第二，就文學美術方面說，唐代文士，由模仿而創造，備極文章的能事，故論吾國的詩文，實莫盛於唐。若杜甫，李白的詩，韓愈，柳宗元的文，眞可說前無古人，後無來者。講到文學上新的體裁，詞起於唐，漸盛於五代，至兩宋遂爲倚聲極盛時代。唐世受西域音樂的影響，始有大曲，經宋至元，元曲遂集中國曲的大成，明人又推廣其範圍，綜合各種文體，一入之于曲中，崑山魏良輔又自製新調，號曰崑曲焉。唐人的短篇小說，製作尙多，而長篇章回體的小說，則始于宋代，到明代而大盛，今世所傳三國演義，水滸傳，西遊記與金瓶梅等，都是明人的作品。講到繪畫，唐代以前，吾國繪畫以綫條為主，唐吳道玄始以凹凸法滲入人物畫中，山水樹木亦別開生面。至王維創水墨山水，注重暈染，遂開後來南宗風氣。吳王實為唐代畫家的雙璧。五代時有荊（浩）關（仝）董（源）巨（然）四大家，今故宮博物院各藏其巨幅山水，實為藝術界無上精品。宋代繪畫，尤為進步，朝廷之提倡，與士大夫之好尚，皆非前代所及，而其作品亦「無體不備，無美不臻」，論者並謂「大地萬國之畫，當西十五世紀前，無有我中國若：中國之畫，亦至宋而後變化至極」。（康有為萬木草堂藏畫目序）以言法書，隋唐皆置書學博士，以書為教，故書名者特多。近世發現高昌磚誌及敦煌石室的經卷，多隋唐人書，此種尋常流傳文字，亦皆雅健深厚，後人鮮能企及，不但著名書家，如歐虞褚顏，卓然各成家法，為後世所宗仰已也。唐時已有以名人書字摹勒上石者；拓石的方法亦始于唐，這兩者皆至宋而大盛，「碑」與「帖」由是成為專門之學，亦書法史上最可紀念的事。此外如音樂歌舞，亦以唐為最盛，自北朝輸入西域音樂，至唐遂現出空前的盛況，上自帝王卿相，下至優伶工人，精音者甚多，故中國講梨園者，必始于唐也。

第三，就算學發法方面說，代數學的發明，為這時代算術史上最可紀念的事。唐初王孝通著緝古算經，算理甚深，實為後世「立天元一法」所本，然尚未立專名。至南宋理宗時，秦九韶著數學九章，首章大衍，即言「立天元一法」之名，元李冶的測圓海鏡言之益詳。「立天元一法」就是西人的代數術根方，代數學西名Algebra，用中文翻譯，就是「

東來法」的意思，西洋的代數學，根本是由中國傳去的。講到曆法，元世祖時代郭守敬的造詣，實在前無古人。據元史本傳所載，當時設立測驗所二十九處，東至高麗，西極滇池，南踰朱崖，北盡鐵勒，由守敬主持其事。其後守敬主修的新曆告成，行世垂四百年，『自三統以來，爲術者七十家，莫之倫比也』。（阮元疇人傳語）至明末西法東來，徐光啓又據之創修新曆，沿用至清季，毫無疑誤。明史天文志云，『明神宗時，西洋人利瑪竇等入中國，精于天文曆算之意，發微闡奧，運算製器，前此未嘗有也』。

第四，就工藝製造方面說，最重要的，是雕版印書的發明，萌芽于唐世，至五代兩宋而大盛。北宋仁宗慶曆中，布衣畢昇又發明活字排印之法，時爲西元第十一世紀中葉，距德人葛登堡（Gutenburg 一三九七——一四六八）之發明活字版，蓋先約四百年。其次爲火器，吾國自隋唐時已有火藥，至南宋初虞允文與金人采石之戰，以紙爲霹靂礮，中實以石灰硫磺，投水中，而火自水跳出，紙裂而石灰散爲煙霧，眯其人馬，卒此以大敗金亮。這種不過如今日爆竹之類。孝宗時，魏勝又創製砲車，施火石，可二百步，其火藥用硝石硫磺柳炭爲之，是爲近代用火具之始，時當西曆第十二世紀。到了十三世紀末，蒙古人得回回人製大砲，其製益精；歐洲人之用礮火，即由元代自東方傳去的。又其次爲磁器，始于晉世，至唐代而盛行。五代並有著名的柴窯出現，『其瓷青如天，明如鏡，薄如紙，聲如磬，滋潤細媚，製精色異』。所謂『雨過天青雲破處，者般顏色作將來』者，（曾見藍浦景德鎮陶錄）實爲古來諸窯之冠。到了宋代，定汝官哥諸窯，所出品物，各有他的特色，陶磁工藝，達到了盡美極妍的時代。明代則以景德鎮的瓷器爲最有名，江蘇宜興的名陶，亦始于明云。餘如宋哲宗時李誡奏上的營造法式，詳載當時宮殿戶牖柱階爲井建築雕刻彩畫塗壁之法，爲吾國言營造學者最完美的書籍；明代宣德中所造的各種銅器，(俗稱宣德爐)每銅一斤，煉十二次，僅存銅精四兩，和以各國各地絕精之物，又以赤金水銀等物塗而薰之，爲自有銅器以來最精的製品；明季宋應星所著的天工開物，凡食物被服用器以及冶金製器丹青珠玉之原料工作，無不具備，說明之外，各附以圖，亦爲十六世紀前世界言天產工業最詳明的巨著。

第五、就史學地學方面說，史學如唐劉知幾的史通，杜佑的通典，宋司馬光的資治通鑑，馬端臨的文獻通考，都是奕世著作家宗仰的名著；而宋袁樞的通鑑紀事本末，于「人別」「年別」的歷史外，別創「事別」的一種體裁；餘如年譜的述作，金石的研索，亦多始于宋人，皆于史學界大有貢獻。地學方面，有唐德宗時賈耽所作的海內華夷圖，「廣三丈，從三丈三尺，率以寸，折成百里，別章甫左衽，奠高山大川，縮四極于纖縞，分百郡于作績」。(舊唐書本傳)圖于貞元十七年(西元八〇一)表獻，實爲九世紀初世界史上未有的盛事。耽之圖雖今不傳，西安碑林所存南宋初僞齊阜昌間的禹迹圖，華夷圖，實爲耽圖之摹本，據西人研究，其精緻尙遠過于西洋後出之圖。又吾國地志之作，雖始于魏晉之世，而實大盛于宋，不論寰宇總志，郡邑地志，宋人撰述者，指不勝屈，到了明代，差不多全國各地，皆有志乘。以備史料，以覘文化，莫不信而有徵。這又是吾國學界所可自發的一件事。

第六、就教育方面說，唐初始有「書院」之名，至五代而有講學之書院，北宋初有白鹿洞，嶽麓，應天，嵩陽等四大書院，南宋及元，儒者多任書院講學，書院之建，所在有之，其風氣殆盛于國立大學及地方州郡之學校。因為學校多近于科舉，師弟子不能自由講學，所以一般淡于榮利，志在講求修身治人之法者，必于學校之外，別闢一種講學機關，一面經濟獨立，一面保持講學自由，這種講學機關—書院—之設立，實在是中國教育史上的一大進步。其次，宋代儒者，自安定胡瑗，泰山孫復以下，濂洛關閩，以迄元初之仁山（金履祥）草廬（吳澄）魯齋（許衡）靜修（劉因）：見于黃宗羲全祖望合編之宋元學案及王梓材之宋元學案補遺者，合師弟學侶講友而併計之，不下數千人。雖其學術各有淺深純駁之差，要皆躬行實踐，不事空談，或以平生得力受用之處，著書立說，或師弟講習，隨時指示，或訂為數條學則，詔人遵守。質言之，無一不講求修身為人之道，也就沒有一個不是有名的教育家。就私家教育說，趙宋一朝，可說是中古史上最盛的一個了。

餘如唐代的朝報，為世界最早的報紙，「飛錢」為匯兌的濫觴，北宋的「交子」為紙幣的發軔，以及宋明兩代的理學心學等，都可以看出各時代文物的進步的。至于清世各種學藝的整理和進步，更不待煩言。由了這種種的事實，我們可以說：以中華民族的聰明睿智，無論在任何時代，皆有創造文化的力量。這種力量無論何時皆能有所表見，不過表見有各種不同的方面，所謂「不用于此，必注于彼」罷了。我們研究民族文化的，當就各種不同的文化，通觀各時代不同的造詣，以闡明其演進與變遷的迹象，再也不可固執某種成見，或僅僅認定數端來目論了。

（七）

現在我們要研究中國民族文化的中心問題了。由了以前幾節的討論，中國文化的複雜性，總是到了極點，但在這種種複雜的表見之中，依然有他運轉一切和支配一切的軸心存在。這軸心是什麼？就是中華民族建立的人倫道德和倫理思想。關于這一層，柳翼謀（詒徵）師在「中國文化西被之商榷」文中剖析得最為清楚，茲具錄如左：

「世界各國皆尚宗教，至今尚未盡脫離。吾國初民，亦信多神，而脫離宗教甚早。建立人倫道德，以為立國中心，綿綿數千年，皆不外此，此吾國獨異于他國者也。尚宗教，則認人類未圓滿，多罪惡，不尚宗教，則認人類有圓滿之境，非罪惡之藪：此其大本也。其他支葉，更僕難數，要悉附麗於此。是故吾國文化，惟在人倫道德，其他皆此中心之附屬物。訓詁，訓詁此也；考據，考據此也；金石所載，載此也；詞章所言，言此也。亙古亙今，書籍碑板，汗牛充棟，要其大端，不能悖是。戰國時代，號為學術林立，言論自由之時，然除商鞅反對禮樂詩書善修孝悌廉辯十者之外，其他諸家雖持論不同，而大端無別。儒墨異趣，而墨家仍主君惠臣忠父慈子孝兄弟和調。老子之學，似不屑屑言倫理，然所謂六親不和有孝慈，國家昏亂有忠臣者，正是嫉多數人之不孝不慈不忠，致令此少數人獨擅孝慈忠臣之名，非人應不孝不慈不忠也。商鞅之說，于後世絕無影響，惟魏武嘗下令舉不仁不孝而有治國用兵之術者，斯皆偶見乎史，不爲通則。其他政敎禁令，罔或逾越聖哲信條。是故西方立國以宗敎，震旦立國以人倫，國土之恢，年禩之久，由果推因，孰大乎此」。

「其于道德，最重義利之辨。粗淺言之，則吾國聖哲之主旨，在不使人類爲經濟之奴隸。厚生利用，養欲給求，固視爲要圖。然必揭所謂義者，以節制人類私利之心，然後可以翕奪而匡國。至其精微之處，則不獨昌言私利，不恥攘奪者，羣斥爲小人；卽躬行正義，舉措無訧，而其隱微幽獨之中，有一念涉于私圖，亦不得冒純儒之目。故吾國之學，不講超人之境，而所懸以爲人之標準，最平易，亦最艱難。所陳克治省察之功夫，累億萬言而不能盡，由其塗轍，則人格日上，而胸懷坦蕩，無怨無尤，無入而不自得。西方人士，日日謀革命，日日謀改造，要之日日責人而不責己，日日謀利而不謀正義，人人爲經濟之奴隸，而不能自拔于經濟之上。反之，則惟宗敎爲依皈，不求之上帝，則求之佛國，欲脫人世而入于超人之境，而于人之本位，漠然不知其定義及眞樂」。

「由此而觀吾國之文學，其根本無往不同，無論李杜元白韓柳歐蘇辛稼軒姜白石關漢卿王實甫施耐庵吳敬梓，其作品之精神面目，雖無一人相似，然其所以爲文學之中心者，君臣父子夫婦兄弟朋友之倫理也，非讚美敎主也，非沈溺戀愛也，非崇拜武士也，非奔走金錢也。太白長吉之詩，或有虛無飄渺不可理解之詞，然其大歸，仍不外乎人倫道德。故論吾國文學，極其才力感情之所至，發爲長篇，累千百萬言，憂憂乎獨開生面者，或視西方文學家有遜色，而亙古相承，原本道德，務趨和平溫厚，不務偏激流蕩，使人讀之狂惑喪心，則實一國之特色。且以其所重在此，而流連光景，妙悟自然，又別有一種恬適安和之境。凡其審諦物性，撫範人機，純使自我與對象相融，而不徒恃感情之衝動，假物以抒其憤懣。故深于此種文學者，其性情亦因以和厚高尚，不致因環境之逼迫，無聊失望，而自隳其人格，以趨極端之暴行。此在感情熱烈意志燥擾之人讀之，或且視爲太羹玄酒，索然寡味，不若言之激切偏宕者，有極强之激刺力。然果其優游浸漬于其中，由狡憤而漸趨平緩，則冲融愉樂之味，亦所以救濟人生之苦惱也」。

柳先生的論據，自聖哲精義，推及政教禁令文學訓詁金石考據，以及一般學術思想，是非常廣博的。我們現在再試從各方面來觀察中國文化的種種特異現象，這種現象，都是因了以人倫道德爲文化中心而產生的。

第一，因爲以人倫爲中心，不尚宗教，我們古代所有「天神」「地祇」「人鬼」及「物魅」的祭祀，迄未能進步成一有組織有教理有完密儀制的宗教。今世所流行的宗教，如佛教，如耶教，如回教，以及歷史上的火祆教，摩尼教，景教，猶太教等，無一而非外來。「道教」可說吾國漢代以後產生的惟一宗教了，然研究道教史者，皆知其釋典儀制與組織，無一非襲取佛教，祇能說是依傍佛教而成立的雜教，決不能算作獨立的真正的宗教。儒家崇尚祭祀祖先，其經典時亦有富于宗教意味的文句，如禮記祭義云：「致齊于內，散齊于外。齊之日：思其居處，思其笑語，思其志意，思其所樂，思其所嗜，齊三日乃見其所爲齊者。祭之日：入室，僾然必有見乎其位，周還出戶，肅然必有聞乎其容聲，出戶而聽，愾然必有聞乎其嘆息之聲」。世人甚且有以祖先教爲中國國教者。然報本反始之禮，完全受了倫理思想的影響而來，與一般崇尚神祇的宗教，性質迥乎不同。明末清初，耶教傳入中國，耶蘇會士亦主張「中國人之祭祀祖先，出于親愛之義，孝思之念，所爲報本反始之禮，而非以求福佑，立祖先牌，非謂祖先之魂在上，不過子孫追遠，稍抒如在之懷」，（康熙三十九年西教士閔明我等奏摺語）因謂崇拜祖先與信奉耶教並不衝突，信教者，亦得祭祀祖先：即以一爲宗教，一非宗教的原故。

第二，因爲崇尚人倫道德，所有哲學思想，亦皆以倫理爲中心，專以探討宇宙萬有爲職志的形而上學及在西洋哲學思潮中佔重要地位之本體論認識論，在中國哲學史上是找不到有系統的論著的。至如古希臘哲學中之柏拉圖之觀念論，中世紀新柏拉圖派之神秘主義，近世德國哲學中之理想主義，如康德黑智兒之超絕哲學等，在中國更是毫無蹤跡可尋。大易的文言繫辭，可算孔子哲理最深的作品，亦不過以易理解釋人事，分別何種行爲爲德行，何者非德行，以勉人爲君子，勿爲小人而已。宋儒若周濂溪之言無極而太極，程明道之言乾元一氣，張橫渠之言太和，言理一分殊，以及朱子陸象山之辨太極無極繁，雖涉形而上學之範圍，亦不過以之爲倫理學的根據，質言之，依然是倫理學的推廣，而非純正的形而上學也。

第三，學術方面，除倫理學外，以史學爲最發達，典冊的繁富，體制的詳審，在世界文明民族中，皆首屈一指，則以史冊所記，全係人事，可使觀者自擇其善惡得失，以爲勸戒的緣故。宋神宗序司馬溫公資治通鑑云。「朕惟君子多識前言往行以畜其德，故能剛健篤實，輝光日新。書亦曰，王人求多聞，時惟建事。詩書春秋，皆所以明乎得失之迹，存王道之正，垂鑑戒于後世者也，……司馬光論次歷代君臣事迹，起周威烈王，訖于五代，……其所載明君良臣，切摩治道，議論之精語，德刑之善制，天人相與之際，休咎庶徵之原，威福盛衰之本，規模利害之效，良將之方略，循吏之條教，斷之以邪正，要之于治忽，辭令淵厚之體，箴諫深切之義，良謂備焉」。

我常說中國的史學，大部分不啻廣義的倫理學。因爲中國文化以倫理爲中心，全國學者的精力所偏注者在此，史學也就異常的發達了。

第四，中國的政治學，亦非常精密詳備，而所有的學理殆無不與人倫道德息息相關。大學所言八條目　可說是世界最完善的政治哲理，但其內容，卽自個人的「格物」「致知」「誠意」「正心」「修身」而推之「齊家」「治國」「平天下」。中庸的哀公問政章，可說是孔子最具體的政治主張，首言「人存政舉，人亡政息」，接言「爲政在人，取人以身，修身以道，修道以仁」，又推之仁之親親，義之尊賢：只不過說明一切政治皆以人爲本，靠人來運用，而此運用的人，必需修養人格，並以推己及人爲推行的根本。下文言君臣父子夫婦昆弟朋友之五達道，知仁勇之三達德，而曰「好學近乎知，力行近乎仁，知恥近乎勇，知斯三者，則知所以修身，知所以修身，則知所以治人，知所以治人，則知所以知天下國家」，又詳言自「修身」「尊賢」「親親」「敬大臣」「體羣臣」「子庶民」「來百工」「柔遠人」至「懷諸侯」之九經，如此反復的來說明爲政之道，由各個人對家庭對社會和對國家完滿的責做起，而爲政欲達到完滿負責的效果，必先對于人格有完滿的修養，亦惟對于人格有完滿修養的人，始能負担治人和治天下國家的責任，並使天下之人從最親近到最疏遠的都能各得其所。像這樣偉大的政治學理，實際上就等於將倫理學推廣到政治方面，應用到政治上去，不是以人倫道德爲立國中心的中華民族，是不能產生的。

第五，就美術工藝方面說，我國亦有偏重人事的特殊傾向。原來世界上偉大宗教的建立，一部分是靠教理和教士，一部分亦有賴于文學音樂建築雕刻及圖畫等美術工藝的助力。我們只要讀佛教耶穌的讚美詩篇，聽信徒們的歌唱，參觀各大寺院教堂宏偉的建築，以及富有宗教性的名畫和雕刻，卽可明白了知。中國何以不能產生偉大的宗教？美術工藝方面缺乏宗教性的作品，也是一大原因。我國文學以倫理爲中心，柳先生已詳細的說過了。講到雕刻圖畫，在佛教未傳入以前，或未受佛教美術影響的作品，石刻如山東嘉祥縣紫雲山之漢武梁祠石室畫像，肥城縣之漢孝堂山石窟畫像，圖畫如屈原天問及王延壽得靈光殿賦所載的壁畫，雖有山海神靈，雜物奇生，要以歷史故事的寫真爲主，沒有重大的宗教意味。講到具有宗教性質的建築和音樂，首推歷代的宗廟及郊祀的樂章；但不論就形式和內容說，都是結構從同，千篇一律。自漢以來，號稱舉國一致的崇奉孔子，唐宋以降，孔廟之設，遍于全國；但我們在今日，尋不出一所富有神秘意味的孔廟建築，找不到一個有藝術價值的孔子雕刻或一張圖畫，更沒有一首全國家喻戶曉的讚美詩，乃至爲學士大夫所能歌唱的崇聖樂章。我們看了這種現象，就可知道中國文化是如何偏重人事的了。

第六、因爲偏重人事，所有科學的研究，多以實用爲主，我國較發達的科學，亦遂僅有天文醫藥等實用科學，研索名理及純粹的理論科學的，可說絕無僅有。像古希臘哲人爲知識而求知的態度，及發明的各種論學方法，如所謂「定義」，所謂「概念」，所謂「歸納法」，所謂「演繹法」，在中國正統的思想家中是沒有的。像歐几里得（Euclid）所著的幾何原本，先以「自明理」「定義」及「設準」爲始基，然後及于各種「命題」，始自不占位置之「點」，終至包括一切形體，而又敍次井然，一絲不紊，堪稱人類智慧最偉大的成就，但在中國是找不到的。近世大物理學家，如加里雷及牛頓號的發明和貢獻，在中國更是毫無蹤跡可尋的。由于純理科學的缺乏，因之由理論科學所引生之實驗科學，機械文明，及其展轉產生之新經濟制度和文物，亦皆付諸闕如。

我們看了這種種現象，並與西方文化作比較的研究，一方面知道了中國文化中心的結品，同時還可明白中國文化的優點和缺點——優點是倫理政治思想的卓越及文史的發達，缺點是純理科學及窮理致知態度的缺乏。因為古希臘人的窮理致知，在當時並沒有產生什麼應用科學和機械文明，中世紀時，歐人又多棄理智而尚信仰，雖有哲學，其哲學亦不過神學之奴僕，故并世界古代及中世文化史上，中國文化的缺點，並不十分顯著；同時，我們文化的成就，確實非他民族所能企及，由是吾民族文化，遂占了甚高的地位。但是一到了近世，吾民族對於世界文化上無甚新的重大的貢獻，而西人則由理論科學引生了無數的實驗科學，和無限止的機械文明，及其輾轉引生的新經濟制度及文物；又因窮理致知的習慣，使人類的知識得到空前的發展和進步：這兩點做了西洋近代文明的骨幹，我們既兩付缺如，閉關又未能真真同完全的吸收，故近世文化史上，我民族不免有文化落後之感，這是無可諱言，且亦不必諱言的。我們只要看近年來向國際宣傳中國文化的時，凡以古代中古的文物做中國文化的代表，二十四年選擇參加倫敦世界藝展會的陳列品時，英國方面的委員亦主張以十八世紀以前的中國出品為限，我們可以知道近世的中國文明是如何衰落的了。

（八）

最後，我們對于今後的中國民族文化及文化有關的各種問題，應該抱如何的態度，始能有比較正確的認識？我以為下列六點，是討論這問題時最初步最基本的出發點，述之以作本文的結論。

第一、我們當認中華民族確為一文化民族，過去對于創造吸收及繼續顯揚文化等方面，表現出無比的力量，亦曾經立過不少的光榮的及在世界貢獻的文化史實。故凡譏刺吾國固有的文化，甚或鄙夷吾民族，將吾炎黃華胄，視同非美諸洲的野人：這種人不是愚昧無知，就是別具心肝。

第二、在倫理文史政治乃至美術工藝諸方面，中國文化確有特異的成就，我們今後應努力保存，與續的發揚光大，並謀在此數方面對于全世界文化民族有所獻替，至今日吾民族所最需要者，則為民族主義，民族主義的根底，全在史書，故史學為今日最應倡導的，亦今後最應永遠保存的民族文化。

第三、在哲理與科學及窮理致知的態度上，我中國民族確有不及西洋民族之處，吾人今後應儘量吸取他人之長，補吾之短，我民族在文化方面，今後是否能與西洋民族並駕齊驅，濤于同進・重藝的綱鍵，卽在此數方面，是否能迎頭趕上。吾人當力戒虛驕之弊，不能以固有的文化自滿，亦不能謂凡中國文化，一切皆高于也人。

第四、民族文化成立的條件，爲自力創造，爲吸收融合，爲繼續先業，過去若漢唐時代，近世若歐洲各國，其文化之隆盛，皆以具足此三條件故。吾民族今後欲躋身于世界各文化國之林，欲建立新的民族文化，其途徑亦不外此三者。吾人欲對于文化事業有斷貢獻，其努力的方面，亦不外此三者。

第五、文化爲人類所有今確精神的物質的成就之總得，其內容甚繁，任何個人卽對于某一類文化中的一子目，亦不能盡識其精微。因之吾人亦絕不能希冀有包辦一切文化的「文化專家」，或具足一切文化知識的「文化人」、凡與正從事于文化研究者，只能就其所研究者，效涓殊之貢獻，集合多數人各別的貢獻，而民族文化于以建立。故建設中國民族文化，應自多數各盡其點滴的貢獻始。至晚近熱心文化之士，因爲不明白文化內複雜性，輒以某中文物或思想概括整個文化，至欲以少數人的集會，來負擔建設整個民族文化的涵義，亦有對于任何各種文化並無特殊的貢獻或了解、而慕「文化」的美名，自歸曰「文化人」者。吾人於前者深爲對于真正文化的進步，並無何補助益；于後者則似不如名之曰「野人」之較爲適當也。

第六、某一時代的特殊文化，對於當時與此種文化有關係者，必有普遍與深切的影響，並在其生活上起種種重要作用者，如太古的石器，商代的甲骨，宗周的鼎彝，兩漢的經學，南北朝隋唐時代的佛敎，宋明的理學，近世歐美的機械文明之也。今後從事文化建設事業的，當舊幽現時代對于一般有普遍與深切的影響者，無對國民生活方面可以引生重大的作用，相效樂・至若古文物的研究，雖關係義內史學範對，苟其所研究者，對于現時成將寒並繼何極的關係，足以影響國民內生活，實非一般人所急需，我們當一般考齊鼎發者，專以總敗爲學，毫無古人子子孫孫永寶用的觀念，是則對于研究者自身內生審上，亦不能起重要作用，實與骨董之學，了無分別・我人不應提倡是種學問，更萬不能以是種學問來作中國民族文化的代表・